无锡市地方税务年鉴

（2014—2015）

无锡市地方税务年鉴编纂委员会

2016年3月

方志出版社

图书在版编目（CIP）数据

无锡市地方税务年鉴. 2014—2015 /无锡市地方税务年鉴编纂委员会编. -- 北京：方志出版社，2017.5
ISBN 978-7-5144-2401-0

Ⅰ. ①无… Ⅱ. ①无… Ⅲ. ①地方税收—税收管理—无锡—2014-2015—年鉴 Ⅳ. ①F812.753.342-54

中国版本图书馆CIP数据核字（2017）第073644号

无锡市地方税务年鉴（2014—2015）

编　　者：无锡市地方税务年鉴编纂委员会
责任编辑：李　静
出 版 人：冀祥德
出 版 者：方志出版社
地址　北京市朝阳区潘家园东里9号（国家方志馆4层）
邮编　100021
网址　http://www.fzph.org
发　　行：方志出版社发行中心
电话（010）67110500
经　　销：各地新华书店
印　　刷：南京凯德印刷有限公司
开　　本：889×1194　　1/16
印　　张：13.75
字　　数：434千字
版　　次：2017年5月第1版　　2017年5月第1次印刷
印　　数：0001～1000册
ISBN 978-7-5144-2401-0　　定价：280.00元

2014年12月，时任江苏省委常委、无锡市委书记黄莉新（中）一行莅临办税服务厅，亲切慰问奋战在年终结算一线的税务干部

2015年12月，无锡市委副书记、市长汪泉一行莅临办税厅检查指导工作

2014年12月，江苏省地方税务局局长江建平到局调研指导工作

2014年6月，市地税局党组书记、局长丁源赴基层调研办税服务厅建设

2014年1月，时任市地税局党组副书记、副局长徐学良走访慰问结对共建贫困村

2014年7月，市地税局党组成员、副局长胡建光赴基层调研作风建设

2015年4月，时任市地税局党组成员、副局长李檬为大学生助创基地揭牌

2015年9月，市地税局党组成员、纪检组组长邵云赴锡山区开展“三解三促”调研

2015年2月，市地税局党组成员、副局长王晓东在第一办税服务厅调研建设情况

2015年4月，市地税局党组成员、总经济师严郓为“阿福小税官”教育活动基地揭牌

2015年12月，市地税局党组成员、总会计师李青赴纳税服务局看望慰问一线干部职工

2014年6月，在党的群众路线教育实践活动中，市地税局党组召开专题民主生活会

2015年1月，市地税局党组组织召开征管改革动员大会

2015年8月，市地税局党组中心组举行“三严三实”专题学习研讨

2014年1月，阿福税收宣传品牌获得全市思想文化工作创新奖

2014年3月，地税干部深入重点企业服务实体经济

2014年4月，@无锡发布、@无锡地税微博粉丝体验团参观办税服务厅

2014年5月，举办全市地税系统法制竞赛

2014年4月，开展道德讲堂系列活动

2014年5月，向市民介绍二手房转让税收政策

2014年9月，全市地税系统以多种形式纪念建局20周年

2014年10月，地税干部向外籍人员宣传个人所得税政策

2014年11月，开展专项活动倾听纳税人意见和建议

2015年3月，“爱心妈妈”志愿团走进结对学校，践行雷锋精神

2015年4月，开展“小蜜蜂”骑行活动，倡导绿色生活理念

2015年5月，举办“舌尖上的地税”干部职工烹饪大赛

2015年6月，无锡市“纳税人之家”在市工商联正式成立

2015年7月，国地税联合服务青年创业

2015年8月，党员服务队打造“服务+”服务模式

2015年8月，开展“二维码扫一扫小微企业税收优惠即知晓”活动

2015年9月，税务干部服务电商企业

2015年10月，开展"议案论法"行政争议案例评析活动

2015年10月，全市地税系统第五届运动会成功举办

2015年10月，"智慧定制 专享服务"无锡地税移动服务平台成功发布

2015年12月，加强廉政教育，构筑防腐"防火墙"

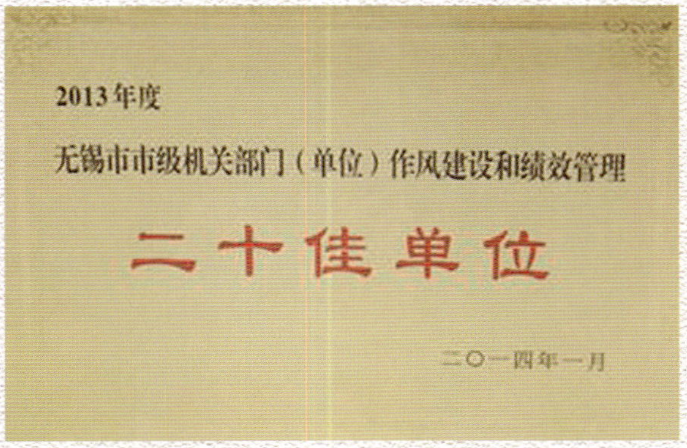

2013年度无锡市作风建设和绩效综合考评“二十佳单位”

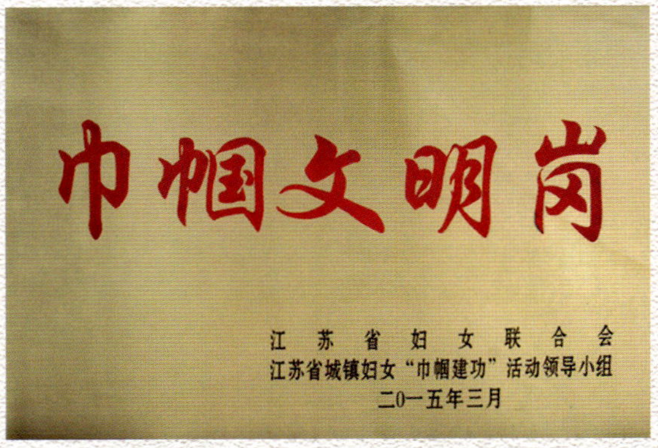

第一税务分局、宜兴地方税务局第一税务分局、第三税务分局综合管理科荣获“江苏省巾帼文明岗”荣誉称号

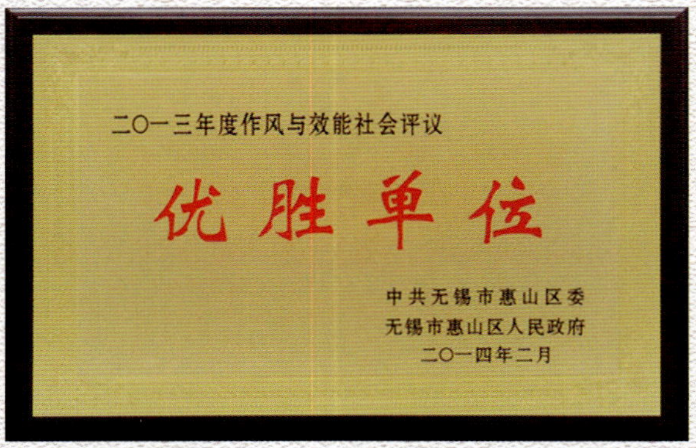

惠山地税局连续10年获得区作风与效能社会评议第一名

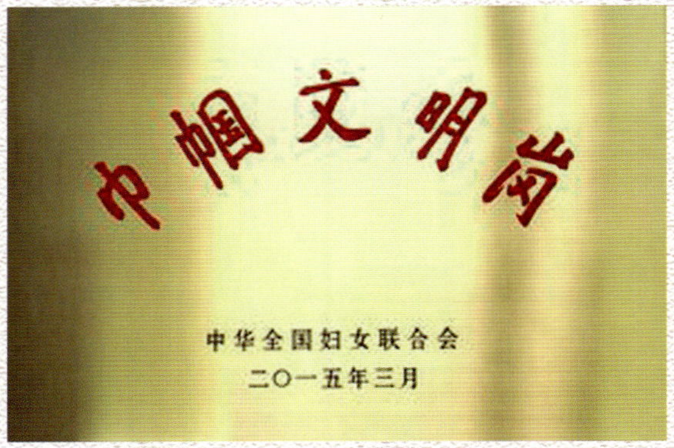

惠山地税局荣获“全国巾帼文明岗”荣誉称号

江阴地方税务局第一税务分局、锡山地方税务局第一税务分局、第一税务分局办税服务科分别获得2015年度江苏省工人先锋号

无锡地税局“纳税人之家”喜获“江苏省第四批优质服务品牌”称号

无锡地税局荣获“江苏省五一劳动奖状”

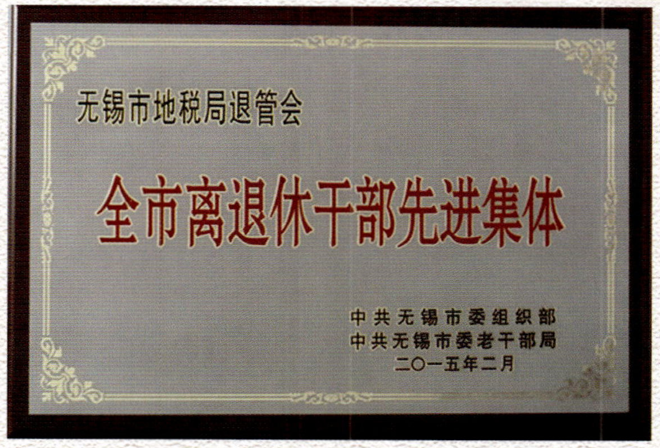

无锡地税局荣获“全市离退休干部先进集体”

无锡地税局荣获全省地税系统“2014年度工作先进单位”

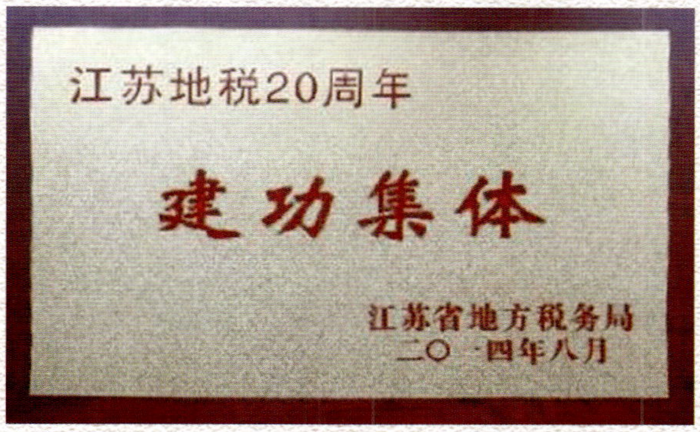

锡山地税分局、惠山地税分局被授予“江苏地税20周年建功集体”

锡山地税局团总支荣获“全国五四红旗团支部”称号

宜兴地税局荣获国家级“职工书屋”

无锡市地方税务年鉴编纂委员会

主　任：丁　源

副主任：胡建光　邵　云　王晓东　严　郓　李　青

委　员：(以姓氏笔画为序)

丁超其　尤正明　任东飚　李　军　纪　珑

严卫中　余立平　张叶军　张　珏　张晓阳

张农高　陈其英　陈　倩　陈　波　杨玮冰

周伟根　庞德征　钟小新　倪丽英　高　元

顾建碧　蒋永成　蒋震宇　缪　序　潘　涛

无锡市地方税务年鉴编纂办公室

(江苏省无锡地方税务局史志办公室)

主　任：严　郓

副主任：任　未

编　辑：徐乃桂　朱　凯

编辑说明

一、《无锡市地方税务年鉴》是地方性年鉴，旨在按年度收集和记载无锡市地方税务工作的状况及发展历程，为税务工作的开展提供系统、翔实、可借鉴的资料，为各级领导干部决策、社会各界了解、关心和支持地方税务事业提供参考，为广大经济工作者开展税收理论研究提供权威资料，同时为编纂史志做准备。

二、《无锡市地方税务年鉴（2014-2015）》汇聚了2014-2015年无锡市地方税务工作的主要资料，2014年设16个类目：（一）2014年大事记，（二）2014年概况，（三）税政管理，（四）征收管理，（五）税收法治建设，（六）稽查管理，（七）风险管理、（八）（规划财务），（九）纳税服务，（十）税收信息化建设，（十一）行政管理，（十二）干部队伍建设，（十三）督查内审，（十四）党建及群团工作，（十五）基层单位工作，（十六）附录；2015年设15个类目：（一）2014年大事记，（二）2015年概况，（三）税政管理，（四）征收管理，（五）税收法治建设，（六）稽查管理，（七）规划财务，（八）纳税服务，（九）税收信息化建设，（十）行政管理，（十一）干部队伍建设，（十二）督查内审，（十三）党建及群团工作，（十四）基层单位工作，（十五）附录。

三、本卷中的业务用语，单位名称特定称谓用当时名称，其余用现行称谓标准。计量单位与数字按国家统一标准使用。所获表彰荣誉均以文件制发时间确定其所属年份。

四、本卷采用的稿件由江苏省无锡地方税务局各有关人员撰写，并经编委会审阅。

五、凡是连续条目均为同一作者撰写的，均只在其所撰写年月的最后一条署名。

（2014年）

2014年大事记

概　　况

税政管理

其他地方税种管理

基金（费）管理

征收管理

税收法制建设

稽查管理

风险管理

规划财务

纳税服务

税收信息化建设

行政管理

政务管理

事务管理

干部队伍建设

人事管理

基层单位工作

江阴地方税务局

宜兴地方税务局

锡山地方税务局

惠山地方税务局

第一税务分局

第二税务分局

附　录

（2015年）

2015年大事记

概　　况

税政管理

流转税管理

所得税（国际税收）管理

其他地方税种管理

基金（费）管理

征收管理

税收法制建设

稽查管理

规划财务

纳税服务

税收信息化建设

行政管理

事务管理

干部队伍建设

人事管理

绩效管理

思想文化建设

廉政建设

督察内审

党建及群团工作

基层单位工作

江阴地方税务局

宜兴地方税务局

锡山地方税务局

惠山地方税务局

第一税务分局

第二税务分局

第三税务分局

第四税务分局

第五税务分局

第六税务分局

第七税务分局

税收风险监控局

稽查局

附　　录

2014年大事记

1月

1月8日 省局纪检组组长陶孙贤赴惠山局调研指导工作。

1月10日 召开2014年度党风廉政责任制检查考核暨述职述廉述法大会，局党组书记、局长丁源代表局领导班子及其个人作了述职述廉述法报告。

1月20日 省委常委、市委书记黄莉新、市长汪泉、常务副市长黄钦分别对地税工作作出批示。省委常委、市委书记黄莉新指出：过去的一年，全市地税系统围绕中心，服务大局，积极应对严峻的宏观经济形势，坚持依法征收和服务发展并举，地税收入持续稳定增长，为促进全市经济持续健康发展作出了积极贡献。希望全市地税系统在新的一年里，坚持服务发展，深化改革创新，进一步提升税收服务管理水平，为"四个无锡"建设作出新的更大的贡献。市长汪泉指出：过去一年，全市地税工作全面发展，收入水平实现"四大突破"，取得了显著成绩。谨向全市广大地税干部致以衷心感谢和诚挚问候！希望新的一年里，全市地税机关再接再厉，以深化改革为动力，进一步提高税收服务水平，构建和谐征纳关系。常务副市长黄钦指出：市地税局主动作为、强化征收、优化服务，较好地完成了2013年地税征收任务，实现了历史性的"四大突破"，可喜可贺。望新的一年里，地税系统的干部职工再接再厉，再创佳绩。

1月23日 省局党组成员、副局长陈筠亲切慰问看望退休老干部老领导。

1月24日 召开全市地方税务工作会议，回顾2013年工作，分析当前形势，研究部署了2014年税收工作任务。局党组书记、局长丁源作了题为《勇担改革使命，提升履职站位，更加坚定有力地推进税收管理现代化》的工作报告。

1月28日 市委常委、常务副市长黄钦一行到无锡地税局驻行政服务中心窗口，亲切看望和慰问工作在窗口一线的干部职工。

2月

2月7日 在市委、市政府召开的"项目建设深化年""基层组织建设深化年""作风建设深化年"动员大会上，无锡地税局以2013年度作风建设和绩效综合考评C类第四名的佳绩喜获全市"二十佳单位"称号。

2月17日 在全市信息化和无线电管理工作会议上，无锡地税局被评为2013年度无锡市信息化工作先进集体，税务数据防泄露安全管理平台获评2013年度无锡市信息化示范应用项目，政务外网获评2013年度无锡市优秀政府网站。

3月

3月11日 局党组书记、局长丁源一行赴响水开展"城乡结对、文明共建"活动。

3月17日 召开全市地税系统党的群众路线教育实践活动推进会，市局党组书记、局长、市局教育实践活动领导小组组长丁源作动员部署讲话，省局第一督导组组长唐卫平到会讲话，省局第一督导组副组长丁一宁出席会议。

3月21日 省局党组成员、副局长陈茂峰到地税局专题调研绩效管理工作。

3月31日 以"微博粉丝体验"活动启动税收宣传月。

4月

4月1日 省局党组成员、纪检组组长陶孙贤和副巡视员唐卫平一行赴锡山地税局视察指导工作。

4月9日 全省地税系统办公室工作会议在无锡地税局召开，省局党组成员、副局长张滢一行出席会议。

4月10日 全省地税系统2014年度规划财务工作会议在无锡地税局召开，省局党组成员、副局长张滢一行出席会议。

4月23日 在第九届全国税收动漫大赛评比上，锡山地税局创作的《税收储备你我的幸福》荣获税收公益动漫短片二等奖，江阴地税局创作的《税手扶持，相伴一生》荣获税收公益动漫短片优秀奖，惠山地税局创作的《纳税让幸福接力》荣获税收动漫宣传片二等奖。

4月28日 无锡市政协副主席王锡南到局开展调研，召开了无锡市政协密切联系群众活动座谈会。

4月25日 召开与国税、公安联合打击发票违法犯罪活动新闻发布会。发布会邀请了纳税人代表、无锡市新闻媒体工作人员及税务稽查、公安经侦部门干部代表50余人参加。

5月

5月1日 被江苏省总工会授予“江苏省五一劳动奖状”。市局党组书记、局长丁源先后出席江苏省、无锡市“五一国际劳动节庆祝表彰大会”，省委常委、省委组织部部长杨新力，省委常委、无锡市委书记黄莉新分别向江苏省无锡地方税务局授予“江苏省五一劳动奖状”荣誉奖牌。

5月7日 国家公务员局副局长吴云华、国家表彰奖励办公室主任、国家公务员局考核奖励司司长薛虹一行赴惠山地税局调研指导工作，省人社厅副厅长、省公务员局局长周广侠和副局长黄鹤飞、省地税局副局长陈茂锋、市局局长丁源等陪同调研。

6月

6月18日至20日 省地税局党组成员、纪检组组长陶孙贤赴宜兴地税局第三税务分局驻点调研，开展“三解三促”活动。

7月

7月3日 与市总工会联合举办的“精彩税月·与法同行”税收法制技能竞赛团体决赛在无锡教育电视台中心举行。

7月26日 道德讲堂无锡总堂“德·税行·天下兴”活动在市地税局举行。市委宣传部副部长、市文明办主任尤文科，市纪委常委傅国芳，市级机关党工委书记周艳阳，市局党组书记、局长丁源等出席活动。

8月

8月7日 河南省地税局数人到市地税局交流纳税服务工作。

8月20日 在省局召开的“江苏地税20周年总结表彰大会”上，锡山地税局、惠山地税局被授予“江苏地税20周年建功集体”；第六税务分局张新华被授予“江苏地税20周年建功个人”；黄蕾、蒋保足、蒋敏惠、王健、徐自强、任未、龚韵等7人被授予“江苏地税岗位标兵”等荣誉称号。

9月

9月23日 省局党组成员、副巡视员唐卫平带领省局党的群众路线教育实践活动第一督导组深入江阴地税局调研指导工作。

10月

10月10日 省局党组成员、纪检组长陶孙贤一行赴江阴地税局调研指导工作。

10月30日 省局党组成员、副局长陈筠在市局党组书记、局长丁源，市局党组成员、副局长胡建光的陪同下，深入惠山局调研指导绩效管理工作。

11月

11月21日 全省地税系统苏南片区机关党建和作风建设座谈会在无锡地税局召开。

11月25日至27日 省地税局副巡视员唐卫平一行到宜兴地税局开展“三解三促”驻点调研活动。

12月

12月11日 省地税局局长江建平一行到无锡局调研指导工作，听取了无锡地税工作情况汇报，重点了解了无锡局在组织收入、绩效管理、税收信息化、纳税服务等方面的特色、亮点工作，并到办税服务厅、惠山地税局开展调研，现场观摩了惠山局“稽查参事团”活动情况。

12月22日 《经济日报》要闻版以《贴身企业专业辅导》为题刊登了江阴地税局“IPO税援团”服务企业的做法。

12月31日 省委常委、市委书记黄莉新，市委常委、市长汪泉，市委常委、副市长黄钦，市委常委、新区党工委书记许刚等省、市领导亲切看望和慰问岁末仍坚守在税收服务一线的基层干部职工。

工作概况

【概述】 2014年，全市地税系统在省地税局和市委、市政府的领导下，围绕“改革创新添动力，提升站位谋发展”工作主题，开展“提质增效年”活动，完成了年度目标任务。

面对挑战和压力，组织收入实现了新的突破：收入总量突破900亿元，达到927.6亿元，同比增长7.7%；地方税收突破500亿元，达到543.98亿元，同比增长6.3%；公共财政预算收入突破400亿元，达到411.3亿元，同比增长5.4%，完成了市委、市政府和省局下达的收入目标。加强进度监控和统筹管理，按经济税收、管理税收、政府税收分类确定绩效目标；完善收入质量监控体系，创新建立税收增长质量风险预警机制，细化微观评价指标，全年税收质量运行良好，税收均衡入库系数优于全省平均3个百分点；建立税收分析报告制度，全年发布税收分析报告25篇，其中2篇得到省领导、市主要领导批示。突出专项管理，全年管理型税收突破42亿元，同比增长51.5%，对税收收入增量贡献率达44%。市地税局堵漏增收的做法和成效被总局专题推介，先后两次得到省局主要领导的批示肯定。探索搭建自然人股权转让系统框架，征缴自然人股权转让个人所得税2.5亿元；加强个人投资者个税利股红管理，征缴入库税款18.6亿元；实施建筑项目预清算，全年办理项目3881个，补缴税款2561万元；加强存量房交易税收管理，在全省率先上线存量房评估系统省级集中版，全年评估存量房2.9万套，评估调整比例55%，增加税款1.7亿元；全面清理“房土”两税税源，两税税源登记比例在全省领先；江海船舶车船税实现全面委托代征。突出风险管理，实施风险识别预分析机制，对计划推出的风险管理事项进行预分析；加强税源管理事项统筹，推出《税收风险应对操作规范与指引》，自主创新开发风险任务管理及绩效评价系统，全局风险管理产生绩效30.4亿元，同比增长66.2%，居全省前列。突出团队运作，实施企业所得税后续管理中复杂事项的团队化运作，年度汇缴入库企业所得税10.5亿元，同比增长63.7%；实施土地增值税清算团队管理，在全省率先上线土地增值税申报管理软件，引入建筑造价第三方审计，清算入库税款4.22亿元，同比增长62%；实施境外上市企业涉税风险团队化核查，补征29户境内重点关联企业相关税收7300万元，户数及金额在全省领先。

首创组织绩效和个人绩效同步推进、双轮驱动的新模式，推出以“一个意见、三个办法”为重点的绩效管理制度体系，分解至分局、科室、个人。该模式得到国家公务员局领导、省局领导高度肯定，并在省地税局简报进行了专题推介。在全省率先推出征管基础业务规程，明确每个事项的任务来源、业务流程、操作规范和相关文书。推行税源管理事项“清单式管理”，启动建设进户事项统筹管理平台。强化上下联动的征管指标监控分析机制，税种认定及时率、中等风险应对贡献率、滞纳金加收率等指标名列全省前列。构建专业化模式下纳税服务联动机制，深入开展便民办税春风行动，推出企业设立登记六部门联办制度。推进“无线地税”服务品牌建设，开通“无锡地税”

微信服务平台，“纳税人学校”推出“QQ微课堂”“掌上学校”等新举措，全年参训4.2万人次，同比增长20%。“纳税人之家”的转型升级，得到省局局长江建平肯定；建立“纳税人需求响应中心”，推出神秘客户现场检测、隐形观察员、服务与执法事项回访三项制度。助推企业上市的IPO税援团工作经验被《经济日报》要闻版宣传报道。推动政府出台《征管保障工作考核办法》，全年采集第三方数据1400万条，实现管理绩效7亿元，其中通过分析利用国土局土地出让合同信息和容积率调整信息，补征契税1.2亿元。开展大数据情报收集，通过采集分析12家在港交所上市无锡企业的股权变动信息，查补股权转让个人所得税1亿元。实施“涉税数据1+6深度分析应用”项目，受省局委托开发数据质量管理平台。大数据研究成果《税收数据终端泄露防范》一书，由中国税务出版社出版发行。

强化执法监督，规范执法行为。落实各项税收优惠政策，全年依法减免税收48亿元。其中，为7207户次企业减免所得税32亿元。简化小微企业免税手续，全年为1万户小微企业减免税款4500万元。取消非许可类行政审批事项，原行政审批事项全部转为行政确认事项，形成了权力清单。开展全面及专项执法督察3次，及时通报预警。开展廉政风险专题教育，促进安全履职。出台《行政强制工作规程》，明确税务行政强制的依据、程序、文书等操作指南。建立与法院的联动执行机制，征收入库不动产拍卖税款1600万元。建立与社保部门的联席工作机制，清理社保欠费5400万元。组建税收法律专家顾问团，对行政争议和疑难案件提前介入指导。稽查全年查补税款4.1亿元，同比增长20.8%，查处百万元以上大要案23件。

深入开展党的群众路线教育实践活动，聚焦“四风剖析”。推出“菜单式”培训，开展“塑造阳光心态、促进安全履职”调研，开展“激发基层活力、提升管理绩效”主题活动和“精彩税月”岗位练兵、技能比拼活动。打造“吴韵税风”文化品牌，简朴、隆重纪念建局20周年。用动漫、微电影演绎税收故事，“阿福”税宣品牌荣获全市思想文化工作创新奖。被江苏省总工会授予“江苏省五一劳动奖状”，惠山地税局、锡山地税局被授予“江苏地税20周年建功集体”，各板块在年终作风建设评议中均获得第二及以上的好成绩。

（朱　凯）

人事情况

一、人员机构概况

无锡地方税务局机构设置和负责人

局长、党组书记　丁　源

副局长、党组副书记　徐学良（2014年1月转任调研员）

副局长、党组成员　胡建光（2014年6月转任副局长，同时免去纪检组组长）

副局长、党组成员　李　檬

纪检组组长、党组成员　邵　云（2014年6月任）

副局长、党组成员　王晓东（2014年9月转任副局长）

总经济师、党组成员　严　郓（2014年9月任）

办公室

主　任　纪　珑（2014年7月调任人事处处长）

副主任　高　元　汪泽峰

任　未（2014年10月任）

政策法规处

处　长　张　珏（2014年10月调任规划财务处处长）

副处长　杨玮冰

税政管理一处（基金管理处）

处　长　薛　枫

副处长　余立平

王向新（2014年2月调任税收风险监控局副局长）

王晓东（2014年2月任）

税政管理二处

处　长　杜庆祖

副处长　彭明浩（2014年9月转任主任科员）

周　廉

规划财务处

处　长　李　军（2014年10月调任第一税务分局局长）

张　珏（2014年10月任）

副处长　徐　益（2014年2月调任江阴地税局党组成员、江阴地税局四分局副分局长）

沈治国

曾丽萍（2014年2月任）

征管和科技发展处

处　长　钟小新

副处长　蒋　萃

李　俊

数据管理处

处　长　蒋震宇

副处长　韩　林

陈　波

督察内审处

处　长　陈其英

副处长　惠　煜（2014年2月任）

基层工作处

处　长　尤正明

副处长　唐　枫

人事处

处　长　蔡莉萍（2014年7月提任镇江地税局党组成员、纪检组长）

纪　珑（2014年7月任）

副处长　董　芳

监察室

主　任　王　琦

副主任　缪　序（2014年2月任）

机关后勤服务中心

主　任　张叶军（2014年2月任）

副主任　张叶军（2014年2月担任机关后勤服务中心主任）

周　雄（聘）

电子税务中心

主　任　韩　林

耕地占用税和契税管理所

所　长　倪丽英（2014年11月不再兼任）

李　军（2014年11月兼任）

新区耕地占用税和契税管理所

所　长　徐　忠

机关党委

书　记　丁　源

副书记　胡建光

陈　倩

周　进

工　会

副主席　严　郓

团　委

副书记　戴　炜

风险评估分局

局　长　许竹芳

副局长　蒋伟康（2014年2月调任惠山地税局党组成员、副局长）

王向新（2014年2月任）

稽查局

局　长　潘　涛（副处职）（2014年10月调任第三税务分局局长）

蒋永成（副处职）（2014年10月任）

副局长　朱　宏（正科职）

张晓阳（正科职）

稽查一分局

副局长　张　平

第一税务分局（纳税服务局）

局　长　倪丽英（2014年10月调任第二税务分局局长）

李　军（2014年10月任）

副局长　路　平

何　杰

吴志峰

徐　忠

第二税务分局

局　长　任东飚（2014年10月调任江阴地税局党组书记、局长）

倪丽英（2014年10月任）

副局长　赵建东

缪　序（2014年2月调任监察室副主任）

武　亮（2014年2月任）

第三税务分局

局　长　严　郓（副处职2014年10月提任无锡地方税务局党组成员、总经济师）

潘　涛（副处职2014年10月任）

副局长　周伟根（正科职）

包一铮（正科职）

第四税务分局

局　长　赵伟泉

副局长　王诚平

富春雨

第五税务分局

局　长　侯　平

副局长　刘　帆

向　峰

第六税务分局

局　长　华维真

副局长　周晓良

丁超其（2014年2月任）

第七税务分局

局　长　蒋　平

副局长　王首婉

蔺卫新（2014年2月任）

江阴地方税务局

局长、党组书记　蒋永成（2014年10月提任无锡地税局稽查局局长）

任东飚（2014年10月任）

副局长、党组副书记　顾敏明（正科级）

副局长、党组成员　陈增伟（正科级）

钱敏郁

纪检组组长、党组成员　张农高

分局长、党组成员　顾　恩

副分局长、党组成员　徐　益（2014年2月任）

宜兴地方税务局

局　长、党组书记　庞德征

副局长、党组副书记　潘曙光（正科级）（2014年5月任党组副书记）

副局长、党组成员　程旭伟

纪检组组长、党组成员　储永宝

副局长、党组成员　许永明

锡山地方税务局

局长、党组书记　严卫中

副局长、党组成员　吴晓红

副局长、党组成员　陶　江

副局长兼纪检组组长、党组成员

张　益（2014年2月任）

惠山地方税务局

局长、党组书记　李　青

副局长兼纪检组组长、党组成员

蒋　苏

副局长、党组成员　唐春晖

副局长、党组成员　顾建碧

副局长、党组成员　蒋伟康（2014年2月任）

二、2014年江苏省无锡地方税务局机构设置图

（根据锡地税发〔2011〕29号文《关于推进税源专业化管理改革的实施意见》）

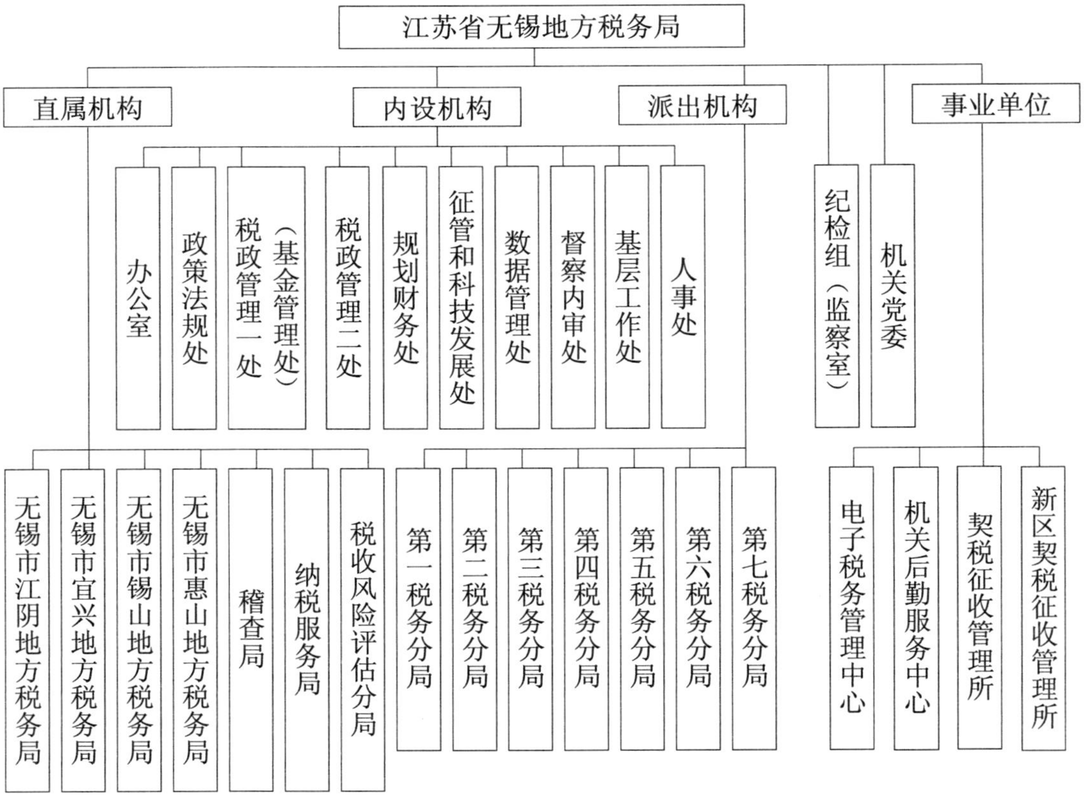

各项收入概况

2014年江苏省各市地方税收分税种完成情况

表1-1

单位：万元

指标 \ 下级单位	税收收入合计	营业税	企业所得税	个人所得税	城市维护建设税
全省合计	51702759	20838654	5039415	7658072	3863321
苏南五市	28360759	10508792	3009869	4944231	2405592
省直属征收局	1110143	511172	310223	215171	45005
南京市	7030958	2508728	810317	1282349	721852
无锡市	5439755	2102863	588886	961020	470742
徐州市	3604203	1661235	170066	234460	273818
常州市	3402501	1174721	421357	606291	235585
苏州市	10307868	3641848	1024762	1835890	828359
南通市	4790142	1821983	462880	1046515	254273
连云港市	1994152	971970	94332	122432	110431
淮安市	2459508	1081884	112833	188574	163137
盐城市	3273693	1559707	234996	288306	188657
扬州市	2244447	959357	205804	256121	165836
镇江市	2179677	1080632	164547	258681	149054
泰州市	2019341	935392	194484	195526	168127
宿迁市	1846371	827162	243928	166736	88445

2014年无锡市地方税各税种收入比重表

表1-2　　单位：万元

项　目	全　市		市　区		江阴、宜兴市	
	税　额	比重（%）	税额	比重（%）	税额	比重（%）
地方税收入合计	5439755	100.00	3271322	100.00	2168433	100.00
一、省级税收	396760	7.29	238218	7.28	158542	7.31
1.营业税	396743	7.29	238201	7.28	158542	7.31
2.企业所得税	17	0.00	17	0.00	0	0.00
二、市县级税收	5042995	92.71	3033104	92.72	2009891	92.69
1.营业税	1706120	31.36	1056189	32.29	649931	29.97
2.土地使用税	218849	4.02	108990	3.33	109859	5.07
3.企业所得税	588869	10.83	276174	8.44	312695	14.42
4.个人所得税	961020	17.67	589520	18.02	371500	17.13
5.城建税	470742	8.65	289285	8.84	181457	8.37
6.印花税	107603	1.98	59950	1.83	47653	2.20
7.土地增值税	282372	5.19	199111	6.09	83261	3.84
8.车船税	48347	0.89	28473	0.87	19874	0.92
9.房产税	292023	5.37	194151	5.93	97872	4.51
10.资源税	2716	0.05	0	0.00	2716	0.13
11.契税	317615	5.84	195383	5.97	122232	5.64
12.耕地占用税	46719	0.86	35878	1.10	10841	0.50

2014年无锡地方税收分产业完成情况表

表1-3　　　　　　　　　　　　　　　　　　　　　　　　　　单位:万元

产　业	累　计		
	实　绩	同　期	增　减(%)
税收收入合计	5439755	5115255	6.34
一、第一产业	639	162	294.44
二、第二产业	1914904	1942548	-1.42
(一)采矿业	2717	2478	9.64
(二)制造业	1151214	1118612	2.91
(三)电力、燃气及水的生产和供应业	57745	47840	20.70
(四)建筑业	703228	773618	-9.10
三、第三产业	3524212	3172545	11.08
其中:(一)批发和零售业	220213	242600	-9.23
(二)交通运输、仓储及邮政业	56685	47712	18.81
(三)住宿和餐饮业	90310	83493	8.16
(四)信息传输、软件和信息技术服务业	51659	60428	-14.51
(五)金融业	716909	619764	15.67
(六)房地产业	1554628	1362697	14.08
(七)租赁和商务服务业	434025	299481	44.93
(八)科学研究和技术服务业	51678	49886	3.59
(九)居民服务、修理和其他服务业	258535	334611	-22.74
(十)教育	5702	5077	12.31
(十一)卫生和社会工作	8101	6936	16.80
(十二)文化、体育和娱乐业	17969	18653	-3.67
(十三)公共管理、社会保障和社会组织	57798	41207	40.26

2014年无锡市地方税收入分级次分单位完成情况表

表1-4

单位：万元

项目	地方税收入合计				其中：省级				市县级			
	实绩	同期	增减额	增幅（%）	实绩	同期	增减额	增幅（%）	实绩	同期	增减额	增幅（%）
全市	5439755	5115255	324500	6.34	396760	346138	50622	14.62	5042995	4769117	273878	5.74
一、市区	3271322	3112276	159046	5.11	238218	200761	37457	18.66	3033104	2911515	121589	4.18
1.税务二分局	1009128	1051160	−42032	−4.00	1715	698	1017	145.70	1007413	1050462	−43049	−4.10
2.税务三分局	497127	472252	24875	5.27	3521	1970	1551	78.73	493606	470282	23324	4.96
3.税务四分局	268405	259201	9204	3.55	1526	775	751	96.90	266879	258426	8453	3.27
4.税务五分局	361883	293196	68687	23.43	207378	175735	31643	18.01	154505	117461	37044	31.54
5.税务六分局	80775	77771	3004	3.86	582	112	470	419.64	80193	77659	2534	3.26
6.税务七分局	198152	167770	30382	18.11	1263	522	741	141.95	196889	167248	29641	17.72
7.锡山地税局	406146	370283	35863	9.69	13498	12442	1056	8.49	392648	357841	34807	9.73
8.惠山地税局	449706	420643	29063	6.91	8735	8507	228	2.68	440971	412136	28835	7.00
二、二市（县）	2168433	2002979	165454	8.26	158542	145377	13165	9.06	2009891	1857602	152289	8.20
1.江阴市	1419540	1311546	107994	8.23	108806	97531	11275	11.56	1310734	1214015	96719	7.97
2.宜兴市	748893	691433	57460	8.31	49736	47846	1890	3.95	699157	643587	55570	8.63

2014年无锡地方税分注册类型完成情况表

表1-5　　　　单位：万元

注册类型	累　计		
	实　绩	同　期	增减（%）
合　计	5439755	5115255	6.34
一、内资企业小计	4561537	4240829	7.56
1.国有企业	763259	639556	19.34
2.集体企业	119191	121914	-2.23
3.股份合作企业	11236	13785	-18.49
4.联营企业	7777	5406	43.86
5.股份公司	2189511	1959145	11.76
6.私营企业	1470563	1501023	-2.03
7.其他企业	0	0	
二、港澳台投资企业	239990	227435	5.52
三、外商投资企业	464890	430381	8.02
四、个体经营	173338	216610	-19.98

2014年个人所得税分项目对比表

表1-6　　　　单位：万元

项　　目	累　计			
	实　绩	同　期	同比增减	增幅（%）
合　计	961020	860910	100110	11.63
1.工资、薪金所得	429886	371779	58107	15.63
2.个体工商户生产、经营所得	65034	55657	9377	16.85
3.企事业单位承包、承租经营所得	51783	54387	-2604	-4.79
4.劳务报酬所得	21378	18347	3031	16.52
5.稿酬所得	13	33	-20	-60.61
6.特许权使用费所得	1	92	-91	-98.91
7.利息、股息、红利所得	200025	212668	-12643	-5.94
8.财产租赁所得	3024	2023	1001	49.48
9.财产转让所得	184041	137848	46193	33.51
10.偶然所得	2121	1895	226	11.93

续表1-6

项　　目	累　　计			
	实　绩	同　期	同比增减	增幅（%）
11.其他所得	1881	4256	-2375	-55.80
12.税款滞纳金、罚款收入	1833	1925	-92	-4.78

2014年无锡企业所得税分产业对比表

表1-7　　　　单位：万元

项　　目	累　　计		
	实　绩	同期累计	增幅%
企业所得税合计	588886	581081	1.34
一、第一产业	0	0	
二、第二产业	342040	326762	4.68
（一）采矿业	0	1	
（二）制造业	224062	215794	3.83
（三）电力、燃气及水的生产和供应业	11332	8886	27.53
（四）建筑业	106646	102081	4.47
三、第三产业	246846	254319	-2.94
其中：（一）批发和零售业	36137	41833	-13.62
（二）交通运输、仓储及邮政业	14098	13890	1.5
（三）住宿和餐饮业	2004	2087	-3.98
（四）信息传输、软件和信息技术服务业	5171	3700	39.76
（五）金融业	16471	27008	-39.01
（六）房地产业	99541	87782	13.4
（七）租赁和商务服务业	38232	45035	-15.11
（八）科学研究和技术服务业	10536	12376	-14.87
（九）居民服务、修理和其他服务业	15532	14493	7.17
（十）教育	877	577	51.99
（十一）卫生和社会工作	981	417	135.25
（十二）文化、体育和娱乐业	3609	2661	35.63
（十三）公共管理、社会保障和社会组织	3657	2460	48.66

2014年无锡地方税收分税种完成情况表

表1-8　　单位：万元

项　目	累　计			
	实　绩	同　期	增收额	±%
各项收入总计	9275981	8613976	662005	7.69
一、地方税合计（含两税）	5439755	5115255	324500	6.34
（一）省级收入	396760	346138	50622	14.62
1.省级营业税	396743	346126	50617	14.62
2.省级企业所得税	17	12	5	41.67
（二）市县级收入	5042995	4769117	273878	5.74
1.营业税	1706120	1687348	18772	1.11
2.土地使用税	218849	195424	23425	11.99
3.企业所得税	588869	581069	7800	1.34
4.个人所得税	961020	860910	100110	11.63
5.城建税	470742	435922	34820	7.99
6.印花税	107603	110567	−2964	−2.68
7.土地增值税	282372	257321	25051	9.74
8.车船税	48347	43002	5345	12.43
9.房产税	292023	248149	43874	17.68
10.资源税	2716	2462	254	10.32
11.两税合计	364334	346943	17391	5.01
其中：1.契税	317615	290311	27304	9.41
2.耕地占用税	46719	56632	−9913	−17.50
二、非税收入合计	3836226	3498721	337505	9.65
1.社会保险费	3208192	2872417	335775	11.69
2.教育费附加	204107	193284	10823	5.60
3.其他基金费	423927	433020	−9093	−2.10
#一般预算收入（税收）	4111931	3902891	209040	5.36

2014年无锡地方税收入分地区完成情况表

表1-9 单位：万元

税　种	累　计		
	实　绩	同　期	±%
地方税收入合计	5439755	5115255	6.34
其中：市县级税收	5042995	4769117	5.74
一、市区地方税收	3271322	3112276	5.11
其中：市县级税收	3033104	2911515	4.18
1.市属	365290	338484	7.92
2.崇安区	149278	199110	−25.03
3.南长区	144152	178250	−19.13
4.北塘区	149857	143532	4.41
5.滨湖区	598616	539820	10.89
6.新区	757521	700977	8.07
7.锡山区	404014	371581	8.73
8.惠山区	464376	439761	5.60
二、江阴市地方税收	1419540	1311546	8.23
其中：市县级税收	1310734	1214015	7.97
三、宜兴市地方税收	748893	691433	8.31
其中：市县级税收	699157	643587	8.63

2014年无锡营业税分税目对比表

表1-10 单位：万元

项　目	累　计			
	实　绩	同　期	同比增加	增幅（%）
合计	2102863	2033474	69389	3.41
一、建筑业	458686	469022	−10336	−2.20
其中：建筑	344876	377297	−32421	−8.59
安装	24922	24681	241	0.98
二、交通运输业	11	24	−13	−54.17
1.陆路运输	8	14	−6	−42.86

续表1-10

项　目	累　计			
	实　绩	同　期	同比增加	增幅(%)
2.水路运输	0	0	0	
3.航空运输	0	0	0	
4.管道运输	0	0	0	
5.装卸搬运	3	10	-7	-70.00
三、邮电通信业	15606	32899	-17293	-52.56
1.邮政	360	3724	-3364	-90.33
2.电信	15246	29175	-13929	-47.74
四、金融保险业	396613	345961	50652	14.64
1.金融	352719	322797	29922	9.27
2.保险	43894	23164	20730	89.49
五、娱乐业	3042	3186	-144	-4.52
其中:按5%税率征收	3042	3046	-4	-0.13
按10%税率征收	0	0	0	
按20%税率征收	0	0	0	
六、服务业	305341	325653	-20312	-6.24
1.代理业	7098	6300	798	12.67
2.旅店业	12001	10928	1073	9.82
3.饮食业	53022	48404	4618	9.54
4.旅游业	1080	1090	-10	-0.92
5.仓储业	40	173	-133	-76.88
6.租赁业	62154	60922	1232	2.02
其中:房屋租赁	25217	20070	5147	25.65
7.广告业	2	10	-8	-80.00
8.其他服务业	169944	197826	-27882	-14.09
七、转让无形资产	1073	8234	-7161	-86.97
其中:转让土地使用权	1113	6486	-5373	-82.84
八、销售不动产	701997	723379	-21382	-2.96
九、文化体育业	5780	8142	-2362	-29.01
十、税款滞纳金罚款收入	214714	116974	97740	83.56

税政管理

流转税管理

【概述】 2014年，税政部门以组织税收收入为中心，以风险管理为导向，深化营业税税种管理，服务税制改革发展，持续提升营业税科学化、专业化、精细化管理水平。在交通运输业、部分现代服务业和广播影视服务业已经实施“营改增”，邮政速递业2014年1月1日起、电信业2014年6月1日起纳入“营改增”的情况下，入库营业税收入210.29亿元，同比增收6.94亿元，增长3.41%；其中省级营业税39.66亿元，同比增收5.07亿元，增长14.64%，市县级营业税170.63亿元，同比增收1.87亿元，增长1.11%。营业税占地方税收入比重为38.66%。在具体工作中，按月对营业税收入情况从征收总量、征收增量、分税目与周边城市进行比较分析，寻找征收盲区和管理薄弱点，同时对重点税目进行重点分析、剖析。为符合营业税减免税备案和审批条件的18530户纳税人办理减免营业税16.2亿元，其中为72户适用再就业税收优惠的纳税人减免营业税77万元。在落实原有月营业额2万元以下的小微企业暂免征收营业税政策的基础上，自10月1日起对月营业额3万元以下的小微企业免税，利用地税办税服务厅公告、涉税信息月报、地税网站、税企QQ群等渠道宣传新政，当年有4万余户次小微企业营业税纳税人免征营业税额达8000万元。

【开展邮政速递、电信业“营改增”】 1月1日起，邮政速递业纳入“营改增”，确认相关“营改增”纳税人131户；测算邮政速递业“营改增”对地税收入的影响，涉及年营业税额4000万元。6月1日起，电信业纳入“营改增”，确认相关纳税人50户；测算电信业“营改增”对地税收入的影响，涉及年营业税额3亿元。组织对新纳入“营改增”行业营业税征管质量进行回头看，厘清税款征收、避免遗留问题。

【进行建筑房地产业和养老服务业专题调研分析】 以提高税种管理科学性为目标持续开展税种调研分析。围绕无锡市建筑业、房地产业税收贡献情况进行专题分析，通过对两行业纳税主体数量、固定资产投资、商品房交易、劳动力投入情况等方面的分析撰写《对我市建筑业、房地产业税收贡献的分析与建议》（领导参阅件）向市政府进行专题汇报。开展养老服务业的税收政策调研，从养老服务模式、现行政策的问题、国外的经验、税收政策趋向等方面进行研究，并向省地税局报送《促进养老服务业发展的税收政策研究》。

【加强建筑项目预清算管理】 以税种管理促收入为目标加强建筑项目预清算管理。于7月进行阶段性的集中管理工作。对达到预清算条件的建筑项目，在开票环节直接通知纳税人进行预清算，实行源头控管；未及时办理的，由税源管理部门跟踪管理；对已达纳税义务发生时间的应缴未缴税款及时组织入库。共完成符合条件的项目预清算5572个，预清算率66.23%，通过预清算集中管理工作入库税款2000万元。

（余立平）

所得税（国际税收）管理

【概述】2014年，所得税（国际税收）部门围绕组织收入工作主线，发挥职能作用，落实各项工作部署，以风险管理为导向，推进所得税风险管理、自然人股权转让个人所得税征管、境外上市企业涉税风险核查等年度重点工作，入库企业所得税58.89亿元，同比增长1.3%，其中完成2013年度企业所得税汇缴33552户，汇缴入库企业所得税10.5亿元，同比增长63.7%。7207户次企业享受企业所得税优惠95.60亿元，折算成税款31.23亿元，其中395户企业享受研发费加计扣除10.03亿元；284户高新技术企业减免税款6.21亿元；对4483户次企业开展企业所得税重大事项、复杂事项、重点纳税人核查，调整金额5.69亿元；完成2013年度利润率超过税务机关核定的应税所得率20%的核定征收企业应税所得率调整工作；同时入库个人所得税96.10亿元，同比增长11.6%，其中完成年所得12万元以上个人所得税自行纳税申报、两处及两处以上取得工薪所得纳税人自行纳税申报工作，补缴税款6438.44万元；完成来自于1775户企业的8462名外籍人员的年度申报资料和数据的审核确认工作，补缴个人所得税903.14万元。组织个人所得税专业团队成员提出征管流程建设和信息化建设需求意见，并拟定征管操作流程讨论稿，对股权转让规范化操作搭建基本框架；落实企业职业年金政策的调研、宣传和备案工作，办理企业年金递延纳税备案175户；组织开展棚户区改造企业所得税政策执行情况及效应分析、建筑业外经证管理取消后企业所得税存在的主要问题及管理建议、重组业务企业所得税政策执行情况及效应分析调研、有限合伙企业合伙人的所得税征管、股权变更涉税事项的信息化管理等调研。

（严　亦）

【落实小型微利企业减免税新政】对符合条件的小型微利企业全面简化享受手续，不需办理自行申报手续，在预缴、汇缴申报时即可享受优惠。在国家税务总局扩大小型微利企业优惠范围后，进一步加大新政宣传力度，对11442户次符合小型微利企业条件的企业（含采取退税措施）减免税款5347.3万元，政策享受面达94%。

【落实固定资产加速折旧新政】10月，财政部 国家税务总局发布《关于完善固定资产加速折旧企业所得税政策的通知》，对“生物药品制造业，专用设备制造业，铁路、船舶、航空航天和其他运输设备制造业，计算机、通信和其他电子设备制造业，仪器仪表制造业，信息传输、软件和信息技术服务业等6个行业的企业2014年1月1日后“新购进的固定资产”“所有行业企业2014年1月1日后新购进的专门用于研发的仪器、设备”“所有行业企业持有的单位价值不超过5000元的固定资产”加速折旧的具体方法进行了明确。全市享受固定资产加速折旧政策企业52户，正常折旧额合计652.17万元，加速折旧额合计1863.02万元，实际享受金额为1210.85万元。

【组织开展企业所得税重大事项、复杂事项、重点纳税人核查】从3月份起，开展企业所得税汇缴申报后续管理（重点纳税人、重大事项、复杂事项）事项核实工作，推送5个批次、4483户次企业纳入后续管理。通过科学配置人力资源、充分发挥团队作用、统筹工作安排等措施，对151户次项目进行了调整，调整金额为5.69亿元。

（史文斌）

【组织开展企业所得税重点税源和高风险事项团队管理】将企业所得税重点税源和高风险事项团队管理与企业所得税汇缴风险管理结合，组建“跨行业、分类别、多层次”的企业所得税重点税源和高风险事项管理团队，进行集中脱产培训，以实务考核方式，由团队成员直接应对12户存在股权转让涉税风险的企业。引领和指导基层开展企业所得税风险应对，6–11月，通过风险管理平台分四批推送4043户纳入企业所得税风险管理，查补各类税款9616.17万元。

（严　亦）

【组织开展个人所得税自行纳税申报工作】通过加强宣传辅导、税源监控、申报服务，事前数据分析梳理，事中政策宣传提醒，事后征管排查核实等管理措施，79971名纳税人在法定申报期内办理2013年度取得年所得12万元以上自行纳税申报，比上年度增加5138人，增长6.9%，1669名纳税人申报补缴税款4150.13万元；18618名纳税人办理两处及两处以上取得工薪所得自行申报，比上年度同期申报人数增加750人，申报补缴税款2288.31万元。

【组织开展股息红利所得个人所得税预征管理企业年度结算工作】 6月，组织全系统各中等风险应对机构对42326户预征对象的结算申请按规定进行审核、签注意见，做好账务处理等相关辅导，补缴个人所得税8377万元。

【组织开展自然人股东转让股权的个人所得税核查】 通过加强日常股权转让事项跟踪管理、风险推送应对管理、低平价转让核定管理等综合管理措施，征缴自然人股权转让所得个人所得税1.85亿元。

（杨　玲）

【组织开展境外上市企业涉税风险核查】 制定《境外上市企业税收状况调研的工作方案》，召开"境外上市企业税收状况调研专题会议"进行专题部署。抽调素质高、年纪轻、精业务、会外语的复合型人才组成专项调研团队，采用"由外及内"的工作机制，排查线索、发现涉税风险点，确定29家境内重点关联企业作为调研及风险推送、应对的对象。通过调研核查，涉及应补缴税款1亿元，截至年底入库7400万元。

【开展国际税收情报交换工作】 加大对国外转来情报的查处力度，提高情报核查质量，有效维护国家的税收权益。同时主动向国外发出电子自动、自发和专项情报，履行国际税收义务。全年向美国、日本等四国主动发出税收情报305条，受理澳大利亚、日本专项情报核查2起。

（周　廉）

其他地方税种管理

【概述】 2014年，财产行为税征管工作紧紧围绕全省工作要点，认真贯彻落实科学发展观，以组织收入为中心，以风险管理为导向，以深化税种管理为抓手，在土地增值税清算、存量房交易税收管理和房土两税税源明细申报方面抓深抓实，促进了地方税收入的平稳增长。"九税一费"收入199.11亿元，同比增收15.80亿元，增长8.62%。一是加强土地增值税清算管理，全年征收土地增值税28.24亿元，增长9.74%。二是加强存量房交易税收管理，全面健全内控机制建设，评估存量房32478套，征收存量房地产交易税收18亿元。三是加强"房土"两税管理，以"房土"两税明细申报为契机，对"房土"两税税源进行了全面清理，实现登记即申报。四是积极宣传促进公共租赁住房发展、小微企业借款合同印花税等新政，严格执行省局简化涉税审批事项的要求，除土地使用税困难减免涉及省级审批权限外，其余减免税优惠均由办税服务窗口一次性完成审批或者备案手续，共为1417户（次）企业减免地方税收4.28亿元。

【加强土地增值税清算管理】 一是研究制定《无锡地方税务局房地产项目土地增值税管理办法》，从制度上对纳税人、税务机关在土地增值税征收管理中的权责进行规范、流程进行明确、操作进行统一，建立健全管理制度；二是对全市所有房地产开发项目开展了摸底清查，对应清算、可清算和在建项目建立了电子台账管理，对可清算项目全面加强清算力度；三是在全省率先上线土地增值税申报管理软件，对土地增值税落实风险管理任务推送；四是在土地增值税清算过程中，对涉及的建筑成本，通过招标委托专业评估机构进行审计。全年征收土地增值税28.24亿元，增长9.74%；其中土地增值税清算90个项目，补税31376万元。

【防范存量房交易税收风险】 1月，按省局部署率先上线存量房评估系统省级集中版，并根据市场状况对价格信息进行整体更新，更新标准房价格3057个。对房地产交易申报，实施受理人员审核、后台人员复核制度；对自然人的房地产交易申报信息组织定期抽查，确保申报征收环节资料受理完整、税款计算准确、操作程序规范。梳理存量房交易涉及的税收征管流程，在内部明晰征收和税源管理机关间职责区域分工，对转让涉及的所有税种实施全面清算，防止征管漏洞；与房管、国土等部门细化把关事项要求，对不征减免事项统一凭税务机关证明方可办证。深入开展房地产交易环节税收专项督察，包括房地产交易税收政策执行情况、岗责体系建立、征管流程运行、部门协作、评估系统使用情况等，最大限度提高工作效能、防范税收执法风险。全市评估存量房32478套，评估调整比例达55%，增加税款1.89亿元。

【"房土两税"实现明细申报】 以"房土"两税明细申报为契机，对"房土"两税税源进行全面清理，实现登记即申报。入库房产税29.20亿元，增收43874万元，增幅为17.68%；入库城镇土地使用税21.88亿元，同比增收23425万元，增幅为11.99%。

【船舶车船税全面委托海事部门代征】 按照国家税务总局工作部署，江阴地税局和江阴国家海事局签订了委托代征协议，实现全市江海船舶车船税的委托代征，征收船舶车船税92万元，增长35.29%。

（缪 凯）

基金（费）管理

【概述】 2014年，税政部门以贯彻落实《江苏省地方税务局社会保险费征缴管理办法（试行）》为契机，按照"税费同征同管同服务同考核"的总体要求，加强基金费征缴管理，优化纳税服务、注重欠费日常催缴、探索欠费联合催缴，提升基金费管理质效。一是市地税局、市社保基金管理中心联合制定下发《关于社会保险费欠费联合催缴的实施意见》，从各级联席会议机制、联合实地告知、欠费联合约谈、欠费联合公告等方面进行规范。对社会保险费当期新欠，明确由第一税务分局（纳税服务局）负责集中催缴，其他欠费由税源管理部门催缴。市地税局将社会保险费的欠费催缴，纳入系统管理，催缴过程留有痕迹，催缴文书全部纳入系统管理，按季对催缴情况进行通报。全年催缴8473户次，入库欠费7773万元，加收滞纳金58911户次。在日常工作中，采取协作例会制度、加大扩面征缴力度、推进信息深度利用等多方面开展协作联动，并向社保部门提供新办企业名单21403户，增加参保人数近10万人。全市征收入库社会保险费320.82亿元，比上年增收33.58亿元，增长11.69%。二是征收其他基金费62.8亿元，其中征收残疾人就业保障金3.19亿元，防洪保安资金5.28亿元，工作中把全年计划细化分解，层层落实，严格目标管理考核；在分解落实收入责任的基础上，严把税务登记注销关，申请税务登记注销的纳税人，缴清全部税费方能注销税务登记；对有欠费或未申报的纳税人，在发票领购环节控制发票领购数量或禁止领购发票。三是先后两次对全市社会保险费的征收情况进行专题分析，了解社保费参保登记、费源分布、征缴措施、增减因素，以《关于加强我市社保费征缴的分析与建议》（领导参阅件）向市政府作了专题汇报；调研报告《我市社会保险费征缴情况的调查与思考》被《无锡导刊》刊用。

【联合催缴社保费欠费】 5月27日，市地税、市社保中心召开社保费欠费联合催缴工作会议，下发并解读《关于社会保险费欠费联合催缴的实施意见》，推动欠费联合催缴工作有序开展。市地税、市社保中心联合约谈欠费大户51户次；联合公告社保欠费8批485户次；联合实地告知2户；清理欠费7773万元。

【社保费三方联网上线】 社会保险费征缴地税、社保、财政三方联网系统，经过前期需求编写、论证，系统开发招标、合同签订，系统测试，12月1日正式运行。社保费三方联网系统的运行实行了部门间社保征收数据的实时传递，提高了社保数据的安全性、准确性，优化了参保人员退休、转移的业务办理流程，提高了办理效率，强化了对社保基金的监督管理。运行首月，实现实时交互数据70多万条。

【减免防洪保安资金3.5亿元】 按照《市政府办公室关于调整防洪

保安资金征收政策的通知》要求：无锡市防洪保安资金征管范围内的企业，2014—2019年按照销售收入或营业税的0.05%征收防洪保安资金。据统计，按时减免防洪保安资金3.5亿元。

【残疾人保障金征收创新高】 按照《江苏省残疾人就业保障金征缴工作信息化管理暂行办法》的要求，全市统一采用"残联核定、地税征收"的残疾人就业保障金征缴模式。市地税局在对残疾人联合会提供应征数据进行有效性检验的基础上，采取欠费逐月分析、及时催缴，强化政策宣传，严格考核等征缴措施，促进残疾人就业保障金的征收。征收残疾人就业保障金3.19亿元，比上年增收1600万元。

（余立平）

征收管理

【概述】 着力推进税收征管改革创新，加强征管制度建设，组织人员制定《征管业务操作规程（办税服务、基础管理）》，规范日常征管行为；抓好日常征管质量的监控分析，加强纳税遵从类、纳税服务类、基础管理类、风险管理类、综合类等5大类24个指标管理，发挥征管状况监控指标对税源管理工作的监控和导向作用；进一步推进社会征管保障工作，强化外部信息采集，采集617.25万条外部门信息。加强税源管理事项统筹，发起税源管理任务89个；加强个体税收管理，组织开展个体营业税定额核定，实施个体委托代征工作站专项整治，规范个体委托代征管理。

【编写征管业务操作规程】 1月份，抽调全系统业务管理骨干12人成立业务规程编写小组，进行征管基础业务规程的编写和修订。按照税源管理事项清单，逐个事项进行梳理，分析论证当前该事项在实际操作中岗位节点、业务流程、操作要求等的合理性、完整性、规范性。对梳理后的每一个事项按征管程序和管理职能划分为办税服务和基础管理两大类，从任务来源、业务流程、操作规范、相关文书、资料归档等方面编写详细的说明和操作规范。形成税源管理事项清单化后的征管业务操作规程。

【建立征管问题收集和反馈机制】 为快速响应基层提出的问题和需求，提升征管效能，建立“征管情况收集与反馈制度”，在TPASS系统中构建便捷化的“征管问题收集与反馈”信息化流程，收集基层在税收征管、数据管理、风险管理发现的问题和建议，以及大集中系统应用与运维中的问题和建议。征管科技处负责涉及税收征管制度及深化征管改革方面问题的处理；数据管理处负责涉及数据管理方面问题的处理；风险评估分局负责涉及风险管理方面问题的处理；大集中系统运维方面的问题，由数据管理处与征管科技处共同研究处理。

【强化日常税源和征管状况监控】 3月，依托省地税局的税源与征管状况监控分析管理平台，确定无锡地税列入2014年分析通报的纳税遵从类、纳税服务类、基础管理类、风险管理类、综合类等5大类24个指标。日常征管中上下联动做好指标的监控分析，及时通报薄弱指标和管理的薄弱环节，研究明确相关事项的操作规程和处置要求。征管质量进入全省地税系统第一档次。

【统筹税源管理事项】 按照省地税局税源管理任务清单，市局征科处与税政一处、税政二处、法规处、规划财务处、数据处等业务处室共同研究制定《税源管理任务统筹管理办法》。综合考虑管理对象的产生规则、任务发起途径、应对部门等，对税源管理任务进行分类，明确“通知提醒、调查核实、评估检查、实体运作”四类事项，开发建设“事项统筹管理平台”，所有经统筹的事项全部纳入系统管理。先后发起的税源管理任务89个，其中通知提醒类5个、调查核实类18个、评估检查类21个、实体运作类45个。

【加强第三方信息采集】 根据《无锡市税收征管保障办法》，在4月份修改完善了第三方信息需求，对工商局、商务局、国土局、建设局、人民银行等33个部门，99张数据信息需求表进行了再次的调整和确认。协助市政府制定出台《无锡市征管保障工作考核办法》。共采集到工商局、国税局、人民银行、国土局、商务局、交通局等40个部门的数据617.25万条。其中建设局、住保房管局、燃气公司等单位实现了数据采集零的突破。

【组织开展大额欠税清缴】 组织各单位执行《关于进一步明确欠税管理工作规范的通知》和《江苏省无锡地方税务局行政强制实施办法（试行）》的有关规定，加大欠税清缴工作力度，规范执法行为。通过实施管理统筹方式，开展人工推送欠税任务的管理工作。机关和基层实施联动管理，着力压缩陈欠和清缴当期欠税，清理陈欠1.7亿元。

【组织开展个体营业税定额核定】 个体营业税定额核定工作全面采用风险管理理念，通过风险扫描识别，将票表比对中有差异的纳税户，作为具有风险疑点的对象，列入典型调查名单。纳税服务部门负责定额核定工作的对外宣传和解释工作；税源管理部门负责纳税户信息采集，并通过委托协管的形式由委托代征工作站进行信息采集和录入，经税源管理调查核实后进行定额核定和审批，核定个体营业税定额18271户，核定率99%，定额总额5.17亿元。

【实施个体委托代征工作站专项整治】 重点围绕“委托代征专户使用情况、私房出租开票情况、税款结报情况、资料归档管理”四个方面，对所有个体委托代征工作站进行实地检查。制定下发《江苏省无锡地方税务局个体委托代征工作站日常管理实施办法（试行）》和《个体委托代征工作站委托代征事项业务规程》，明确纳税服务局和税源管理局分别对委托代征工作站的代征工作和协管工作加强监督指导，规范委托代征事项的管理行为。加强代征税款专户专用的管理，要求按日将代征税款存入专户。细化私房出租开票资料审核要求，代征资料按月整理归档。升级改造委托代征系统和主题税源综合分析平台功能，实现代征信息和税款结报情况实时监控。

【制定深化征管改革方案】 根据省地税局完善和深化税收征管改革的要求，征管改革领导小组从无锡地税工作实际出发，深入基层单位进行调研，召开不同层次人员参加的座谈会8场次，充分听取各单位、各部门对深化征管改革的建议和意见。在此基础上，制定、优化无锡地税局深化征管改革实施方案。方案确定改革的重点是：对基础管理机构和风险应对机构进行分设，市区范围内设立1个税源基础管理分局，4个风险应对分局；纳税服务局、稽查局机构不变，在职能上进行微调；设立风险监控局、执法督察局；对机关部门的职能进行调整。通过深化改革，重点加强风险管理运行体系建设，增加风险监控部门和风险应对部门的人员配置，与此同时实施税源基础管理的集约化和执法督察内控的集约化，归并各分局内设的基础管理机构，新设执法督察局，由专门机构和人员实施税源的基础管理和税收执法的监督检查，促进干部高效履职和安全履职。

（陆文君）

税收法制建设

【概述】 2014年，税收法制工作着重抓好依法行政、税收法制建设、综合税政管理三方面工作。开展行政处罚法、强制法等法律知识培训，邀请省地税局专家、税校老师等对税务行政强制的实务与技巧、证据采集规范及省局相关文件要求进行讲解，提升干部依法行政意识。规范重大税务案件审理，审理重大税务案件18起，查补税款1.78亿元。聚焦财税体制改革、大学生就业创业、民营经济发展和小微企业政策落实等领导和社会关注的热点问题，做好做实政策执行和问题建议的调研工作。主动服务地方经济发展，先后开展地方企业税负情况、税收规范性文件的制定和监督管理、破产企业税收问题、法律顾问制度相关情况、城乡发展一体化有关税收情况的调研，参与《无锡市养老机构条例》《无锡市旅游促进条例》《江苏省企业技术进步条例》等文件的立法调研，对6件建议提案、39件政府部门征求意见稿进行回复。无锡地税局被市委、市政府评为“规范执法示范单位”，“推广网上办税服务厅，实现纳税服务零距离”法治无锡实事项目被市依法治市领导小组评为优质项目奖，在省地税局依法行政考核中，连续第3年位列优秀等次。

【开展星级“法治地税示范单位”创建活动】 继续推进“争创法治地税、争当执法标兵、提升执法水平、提高行政能力”为主题的依法行政层级创建，在全系统科（所）、分局中开展星级“法治地税示范单位”创建，将星级“法治地税示范单位”创建分为三星级、四星级、五星级三个等级，明确星级示范单位的评选条件、评选原则及后续管理办法，形成要求明确、能上能下的考核评选机制。12月，开展“法治地税示范单位”和“规范执法示范岗”申报评选，经考核验收，9家科（分局）被表彰为四星级“法治地税建设示范单位”、5家被表彰为三星级“法治地税建设示范单位”，28人被评为“规范执法示范岗”。

【组建法律专家顾问团】 9月，聘请市法制办、江南大学、律师事务所的5位专家学者为无锡地税法律专家顾问团成员。顾问团的成立促进原来的法律事务从事后化解转变为提前介入指导，从单兵作战转变为团队应对，从注重个别案件处理转变为更加注重理论研究和依法行政工作方式的创新。法律专家顾问团成立后从三个方面开展工作：一是通过以案说法等形式对干部开展宣传培训，提高防范风险的能力；二是协助开展法治课题调研，培养更高层次人才；三是对行政争议和疑难案件提前介入和指导，预防化解矛盾。

【开展税收法制技能竞赛】 5月起，与市总工会共同举办“精彩税月 与法同行”税收法制技能竞赛。技能竞赛分个人赛、团体赛两个阶段。个人竞赛分机上操作考试和书面笔试两个环节，主要考查参赛人员在行政强制、行政处罚、税收征管、行政复议、综合性税收政策等方面理论和实务水平。个人竞赛结束后，参赛人员总分前六名的锡山地税局、江阴地税局、惠山地税局、一分局、三分局、四分局进入了团体决赛。团体赛于7月3日在无锡教育电视台举行，6个代表队各选派3名选手参加，经过“基础必答”“快速抢答”“我选你答”“风险挑战”等6个环节的激烈比赛，最终江阴地税局、锡山地税局、第三税务分局获得团体一、二等奖。在个人赛中成绩名列前20的员工获得个人优胜奖，位列前三名的干部受到市总工会的表彰，其中锡山地税局干部张烽荣获"无锡市五一劳动奖章"，惠山地税局张莉、江阴地税局付琳燕荣获"无锡市五一巾帼标兵"。

【与法院建立执行工作联动机制】 为解决房地产拍卖环节税收管理问题，经过和两级法院7区2市执行局多层次多级别的沟通座谈讨论，7月，市地税局与无锡市中级人民法院联合签发《关于建立执行工作联动机制的若干意见》，明确人民法院依法协助地税部门征收处分被执行人房地产税收等工作，税务部门依法协助人民法院查询相关当事人的纳税信息等工作，双方建立工作联席会议制度，定期通报合作情况。联动机制建立后，7–12月征收入库不动产拍卖税款2147.48万元。

【全面规范税务行政处罚】 加强对税务行政处罚行为的日常考核和通报力度，利用大集中系统对1–2月份税务行政处罚实施情况进行考核通报，对存在问题及整改要求进行逐一明确。9月，开展书面案卷评查，在全系统内选取稽查类、日常征管类一般程序和简易程序57份案卷参加评审，通过通报及整改工作，推动执法行为再规范。开展多层次的税务行政处罚培训，从法律法规政策规定、实务操作两大方面提高税务干部行政处罚的能力和操作水平。

【探索开展税务行政强制工作】 5月，在全省地税系统率先出台《江苏省无锡地方税务局行政强制实施办法（试行）》，对征管法及行政处罚法赋予税务机关的行政强制措施进行归类，明确税务机关采取行政强制措施的条件、种类、执法程序等，对《中华人民共和国征管法》和《中华人民共和国行政强制法》规定不一致的情况下，根据法律适用原则，对查封、扣押的时限规定、费用承担以及冻结存款的时限规定等进行明确。制定《查封/扣押决定书》等27种行政强制税收执法文书式样，为基层提供操作指南。全年实施税收强制83户次，征缴税费2618.32万元。

【清理税务行政权力】 10月起，按照无锡市委、市政府《关于取消市级非行政许可审批事项的通知》《关于全面清理市级行政权力建立权力清单制度的通知》要求，全面取消非许可类行政审批事项，原行政审批事项全部转为行政确认事项，同时在2014年多次清理审批事项的基础上，对行政许可、行政处罚、行政强制、行政征收、行政确认和其他行政权力等进行梳理，形成136项权力清单，其中：行政许可4项，行政处罚56项，行政强制6项，行政征收19项，行政奖励1项，行政确认47项，其他行政权力3项。

【预防和化解数起行政争议】 先后化解了某制药公司涉税举报、公民于某涉税举报、公民荣某政府信息公开申请等争议案件，加强与行政相对人的沟通，充分听取相对人的意见，保障相对人的知情权和参与权，对争议案件中的违法和不当的税收执法行为及时进行纠正，妥善处理相对人反映的问题和需求，最终避免了矛盾的激化和升级。全系统未发生复议或诉讼案件。

（夏静宜）

稽查管理

【概述】 2014年，全市地税稽查系统深入实施“一级稽查”运行体系，优化人力资源配置，完善配套制度建设，借助党的群众路线教育活动的开展进一步规范执法工作，优化工作作风和工作能力，加强干部队伍建设，切实提高稽查效能，制订完善税收高风险快速应对办法等一系列制度，实行检查案件“项目化”管理，成立“办案中心”，组织分级分类检查、专项检查和整治，严厉打击发票违法犯罪活动，强化举报案件管理，通过稽查实现税收收入4.12亿元，同比增长20.82%，其中案件直接查补税款2.55亿元，同比增长11.22%，组织稽查自查入库税款1.57亿元，同比增长40.18%。查处100万元以上大要案23户，其中1000万元以上案件5户，有力地打击了税收违法行为。对房地产及建筑安装企业、办理出口退（免）税企业、股权转让交易企业、地方商业银行、高污染高能耗及产能过剩企业、高收入者个人所得税等174户企业进行税收专项检查，查补收入及罚款8912万元，提请中低风险应对入库11236万元。在打击发票违法犯罪活动工作中，重点核查发票的合法性和业务的真实性、关联性，开展案件的延伸检查，将虚开发票案件移送公安机关，严厉打击“卖方市场”违法行为。全市稽查系统检举工作网络运行机制得到完善，检举工作反馈疏导机制加强。规范全市稽查对外执法行为，统一税收政策执行及案件处理口径。锡山稽查局借助“纳税人之家”开展“稽查参事团”庭审活动获地税系统“纳税人之家”维权服务优秀案例特等奖；惠山稽查局积极探索稽查服务、纳税维权新举措，探索启动“稽查案情调查室”活动，及时解决征纳焦点问题，充分维护纳税人合法权益；宜兴稽查局组织稽查案件公开审理，推进“阳光稽查”。对两市两区稽查局、市稽查局各科和派出分局就案件户数、大要案数、稽查查补数、同比增幅、任务完成进度、结案率、入库率等指标按月通报，并结合户均查补额、人均案件数、人均查补额、各项重点工作相关指标确定考核权重并成为考核参考依据。

（赵倩倩）

【实施房地产及建筑安装业税收专项检查】 重点开展对房地产及建筑安装业的专项检查工作，从专业化稽查工作要求出发，强化案件组织实施。根据被查对象行业特点以及容易存在的问题制订预案分析材料，为实地进户检查明确方向和重点。针对房地产开发产品的特殊性，摒弃“就账查账”的传统做法，着重调查开发项目情况，开展“分项目分户式”解剖检查。先后对66户企业进行专项检查，查补收入4162.57万元；对313户企业开展自查，入库地方各税8602.72万元。

（陆佳峰、赵倩倩）

【实施重点税源企业税收专项检查】 有针对性地选择部分重点企业，采取项目化管理的方式，由市稽查局指定专人负责牵头，在全市稽查系统内抽调行业检查专业人才，组建专业团队开展集中检查。集中检查案件统一纳入办案中心进行专门管理，采取全程跟踪指导，强化案件实施的调查取证，开展审计式、解剖式的检查。除集中检查案件外，所在区域的派出分局和稽查局也围绕区域整治的要求，组织有效力量开展案件的检查实施工作。无锡市各级稽查部门组织检查实施41户企业，查结案件中查补地方各税、加收滞纳金及罚款3994.61万元。

【实施高收入者个人所得税专项检查】 开展高收入者个人所得税专项检查，重点审核一次性大额奖励、补贴收入是否并入个人收入计算并扣缴个人所得税，股息红利分配及公积转增企业个人股份是否扣缴个人所得税，个人股权转让收益是否申报缴纳个人所得税，对78户企业实施咨询辅导，通过自查申报入库209.23万元，对13户企业开展专项检查，查补罚合计167.82万元。

（许　刚、赵倩倩）

【开展区域税收专项整治工作】 结合对全市重点税源企业监控的实际情况和成效，在总结历年分级分类检查经验做法的基础上，突破地域、部门、人员的限制因素，尝试“集中力量、区域整治”的工作方法和思路，集中时间、人员力量对某一地区部分重点税源企业或典型行业（企业）实施集中检查工作，进一步拓展了全市“一级稽查”工作新模式，推进了税务稽查专业化、现代化的进程。对江阴地区12户区域整治案件查补收入总额1.3亿元。

（王　健、许　刚、赵倩倩）

【深入开展打击发票违法工作】 将发票整治工作作为实施税收专业化稽查的重点抓手，借助风险管理的引导，根据地区发票管理的实际和近年来的工作经验，对金融业、房地产建筑、中介与培训服务机构、营利性医疗机构、成品油行业、服装加工出口业、工业制造业等二十多个行业的发票使用情况进行重点稽查。检查企业314户，查处发票违法案件91起，查处违法发票6288份，涉及金额2.97亿元，查补收入及罚款合计1867万元。此外还联合公安机关捣毁制假窝点一个，缴获假发票729份，两名犯罪分子被检查机关提起公诉并被人民法院判处有期徒刑。

【加强涉税案件信息交换工作】 与市公安经侦支队就涉税案件移送工作进行商讨交流，对案件移送标准、移送形式、移送时点、移送资料要求等具体内容进行了深入沟通探讨，双方对工作合作方式达成了共识。全年与公安开展发票违法案件信息交换5条，形成了更加紧密、便捷、富有实效的部门协作机制。

【实施检查案件“项目化”管理】 对区域整治案件实施“项目化”管理，由稽查局向各检查部门公开招标，案件管理部门全程跟踪服务，项目完成后进行验收评审，并作为绩效考评重要指标。选配精干团队，采用“以项目组为框架，项目组长为中枢，检查员为骨干”的组建原则，构建良好的团队运作机制，落实预案管理、案情分析交流、案例编报等项目管理手段，实施审理前置，确保“证据充分、处理合法、裁量适当”。在江阴市范围内12户整治案件的查处中首次实施了“项目化”管理。

（许　刚、赵倩倩）

【规范稽查案件的检查文书】 对稽查报告及稽查工作底稿的格式进行了详细的修订和规范，重新明确工作要求，严格规范执法行为。新的稽查工作底稿充分考虑各税种的特性、格式灵活性、制作习惯、违法事实的多样性等情况，从工作实际出发，要求分年度、分税种全面详细记录反映检查过程、发现问题及证据取得情况，从而规范检查行为，提高检查质量。在2014年度稽查培训中，将稽查报告及工作底稿作为一个专题进行培训，并在全市稽查系列全面启用新要求，通过统一规范，进一步促进一级稽查模式顺畅运作，突显一级稽查优势，提升一级稽查质效。

（张　凌、华　斌、赵倩倩）

【参与省局区域分局检查工作】 抽调12名骨干参与省局区域分局检查工作，负责苏州市相关单位的检查。第一批单位涉及房地产、化工等行业。检查小组借助预案，抓住重点，结合推送的风险点，通过大集中系统及外网充分搜集整理检查单位相关信息，制定检查预案，确定检查重点。采取调账检查形式的，进入办案中心进行日常管理。共对7户企业进行检查，查补收入4593万元。

（张迪秋、杜　萍、赵倩倩）

【验收稽查高风险应对系统软件】 组织召开稽查高风险应对辅助系统验收评审会。市稽查局、市局办公室、数据管理处、税收风险评估分局、征管和科技发展处作为验收评审部门参加了会议。项目开发组介绍了稽查高风险应对辅助系统开发的背景、目的和总体思路。联合开发方江苏税软公司介绍了该系统的系统特点、操作步骤、主要功能、实施步骤及测试应用情况。各验收部门针对项目组介绍的情况和提供的材料，围绕文档资料完整合理性、项目功能和指标、实施进度、项目设计理念和运行水平逐一进行了讨论评价，均认为该项目立足工作实际，设计理念先进、务实，系统的开发和运行紧紧围绕目前现有的大集中系统及稽查查账软件平台，可操作性强，具有实用和应用推广价值。

（张　凌、赵倩倩）

【开展稽查信息化应用业务竞赛】 开展稽查信息化应用业务竞赛活动。竞赛分案例评比和理论笔试两个阶段，案例评比阶段由市稽查局领导及相关职能科室组成评委，从查账软件使用程度、应用深度、查补贡献度、增值利用情况，尤其是高风险应对辅助软件进行风险应对的情况，对市区及两市两区各检查实施部门上报的信息化应用案例进行综合评定，选择部分优秀案例进入理论笔试阶段，并组织入选案例的参赛人员进行集中闭卷考试，内容涵盖稽查工作规程、相关法律法规、查账软件及高风险应对辅助软件等相关理论知识。通过业务竞赛，有效检验了稽查信息化工作方面的总体成果，同时也对稽查局在信息化建设上创新项目的持续深入推进起到了积极的引导作用。

（许　刚、赵倩倩）

【概述】 2014年，无锡地税系统税收风险评估条线以组织收入为重心，着力满足日常监控需求、满足机关实体化需求、满足上级机关部署需求和满足税源管理机构管理需求，着重提高风险管理的有效性。全年推送风险管户11559户，其中税收流失类任务11504户次，行为类任务79户次，复审类任务16户次。完成风险应对11842户。全系统风险应对申报绩效30.41亿元（含平台外高等风险应对绩效），其中风险管理平台统计绩效28.68亿元；风险应对入库绩效贡献率5.11%，中等、高等风险应对人均入库绩效505.49万元。全年推送各单位主动提出的风险管户1779户，占风险管理平台推送户数的15.34%，产生绩效12.44亿元，占风险应对申报绩效的43.37%，较好落实省地税局1号文件中关于“基础管理分局和风险应对分局要积极履行发现税源信息并向风险监控部门反馈的职能”。

（陈荣良）

【强化第三方信息分析利用】 在依托《无锡市税收征管保障办法》实现与全市42家单位间的信息共享基础上，以“一户一表”形式对交换获得的第三方信息是否完整、能否用于风险识别作综合分析，创建风险指标，形成专题分析报告。通过利用第三方信息产生税收管理绩效4.49亿元。

（徐秀龙）

【试行大数据涉税情报收集】 应用大数据技术拓展涉税数据采集来源渠道，将互联网信息纳入税收情报监控。建立包括需求确定、信源采集、要素分析、数据整理、数据验证、数据输出的信息采集工作流程，将网店销售、团购销售、企业发布信息等纳入信息采集范围。综合应用网页爬虫、正则表达、语义分析、逻辑重构、迭代整理和可视化等技术手段，采集涉税数据，监控纳税人的经营行为，加强对电子商务行为、现金交易行业、大企业等的税收风险监控。经风险识别与推送应对，应用互联网信息产生税收管理绩效1.28亿元。

（刘　桁）

【推广应用税收风险状况预分析系统】 优化税收风险状况预分析系统功能和运行效率，在全系统推广应用，使各单位能够简单、直接、快速地进行风险分析、识别和判定，进而形成明确的风险管理事项，实现风险信息的反馈，形成12个指标；风险管理盲区归集18项风险反馈信息。

（徐秀龙）

【积极参与省局风险管理平台升级改造并率先成功上线应对】 积极选派骨干人员参加省地税局风险管理平台升级改造项目，负责项目的功能测试与推广应用。6月27日，该平台在无锡地税局率先成功上线，并同步梳理了平台原有指标，对同质、设计有缺陷或政策有变化的指标进行清理，清理161个指标，保留迁移指标61个，作废风险点30余万个，同时应用省局新下发的141个风险指标，识别出风险点19万个，覆盖风险管户62307户。

【成立大集中系统“评”模块省级运维分中心】 根据省地税局要求，成立大集中系统省级“评”模块运维分中心，完成省地税局运维中心交办的“评”模块运维相关工作，通过QC平台上报风险管理相关问题47个，提交数据运维单18个。同时以层级指标为抓手，对本地指标进行生命周期检测，停用与省局同质的指标和针对性不强的指标，归并同类指标，优化风险预警值，最终保留本地指标61个，避免产生指向相同的风险疑点，提高指标精准度。

（陈荣良）

【编制《税收风险应对操作规范与指引》】 统一和规范全市风险应对管理要求和文书规范，明确“风险应对标准化操作指引、风险应对文书标准化制作”等内容，明确风险应对流程和岗责体系，规范文书制作，推动风险应对流程的规范化和标准化；“案头审核指引、询问约谈指引、实地核查指引、分税种指引和分行业指引”等内容不仅根据风险应对具体环节进行技能与技巧的指导，而且从税种和行业维度指导风险应对，可操作性强，在提升应对质效的同时，降低应对人员的执法风险。

（周海春）

规划财务

【概述】 2014年，无锡地税系统组织各项收入突破900亿元，达到927.6亿元，比上年增长7.69%，其中地方税收544.0亿元，比上年增长6.34%；公共财政预算收入突破400亿元，达到411.3亿元，比上年增长5.36%；入库非税收入383.6亿元，比上年增长9.6%，其中社保费收入突破300亿元，达到320.8亿元，比上年增长11.69%。在各级领导高度关注的情况下，规划财务处根据全局年度工作总体部署和省局规划财务工作安排，紧紧围绕工作重点，以“有效执行、提升效能”为目标，定任务、建制度、抓落实，着力发挥和拓展规划财务部门的反映和监督职能。

【分类确立税收收入绩效目标】 以重点税源企业分级分类预测为抓手，强化分级分类分项税源排查、统计、跟踪。按经济税收、管理型税收、政府性税收三个方面确定分类绩效目标，要求基层单位在加强正常申报税源实时监控、强化基础税源管理的同时，构建风险管理流程全面融入日常征管的税收管理体系，并逐渐建立与地方政府及其财政部门常态化的沟通交流制度。将年度计划目标科学、合理的细化为序时进度目标，按月通报收入目标进度完成情况，把握收入工作主动权。

【探索建立税收增长质量风险预警机制】 结合工作实际构建微观收入质量评价指标，从收入掌控、收入执行、收入完成、税种关联、税收经济适应性等多方面综合考评，针对当期收入质量监控评价发现的问题，设计开发申报期内、申报期后、省级收入、项目税收、税款结报五大类16项指标。分四批推送1435条数据开展核查，同时形成每月重点税源企业风险预警机制，推送核实重点税源企业疑似风险483条，补缴以前年度税款17678.96万元，向风险监控局推送风险应对企业46户，查实税款689.4万元。初步形成“评价发布—分析反馈—检查督促—质量改进”的税收增长质量风险预警机制。

【构建经济税收分析需求体系】 组织税收分析团队人员进行纳税遵从和税收征管状况分析平台中经济税收分析需求的编写。立足大集中系统及TRAS报表系统，整合预测、监控、重点税源直报等信息数据，优化报表分析、挖掘和展示上的功能，建立新型税收分析体系。分析平台包含经济数据、征管数据、税收数据的十二大类涉税数据仓库，涵盖税收分析所需分析指标、数据计算口径、分析维度的税种分析、行业分析需求表126张，包括税源宏观预测、政策效应分析、收入质量评估、税源预警监控的决策库，力求减轻日常分析的工作量，通过数据共享，拓宽各级专项分析思路，达到分析指标的体系化，确保收入分析的系统性和常态化，提升日常税收分析工作质效。

【全面启用新版税收票证】 1月，对旧版税收票证进行全面换版。在充分调研的基础上编制上报2015年度税收票证用票计划，认真贯彻实施省局《税收票证管理规程》，做好相关票证停用、销毁等后续管理工作，确保按时全面启用新版税收票证，实现平稳过渡，保证规范使用。

【提升日常和专项税收分析实效】 建立税收分析专报平台，立足分析成果交流，促进数据相互借用、情况相互印证、方法相互借鉴、思路相互启发，推动税收分析工作整体提升。形成收入分析档案及报告24篇，向市委、市政府报送收入分析专报25篇，与法规处联合撰写税收负担方面的调研文章1篇，完成国际税收研究会税收预测方法方面的调研文章1篇。同时，形成的税收分析报告被市委、市政府相关信息期刊采用2篇，被省局《税收分析报告》采用3篇，省局《税收看经济快报》录用2篇，省委、省政府相关信息期刊采用1篇，有2篇分析专报得到市委书记黄莉新的批示。

【启动减免税核算管理系统上线工作】 按照省局统一部署启动减免税核算管理系统上线工作。全年减免税申报系统11317户纳税人进行申报，申报金额32.80亿元。同时编辑减免税数据日常分析报表，提升减免税数据的动态监控和分析利用水平。采用重点调查和抽样调查相结合的方法对1105户企业开展税收资料调查，对76816户纳税人进行年度减免税调查，减免税款46.60亿元，对调查中发现的企业异动数据进行分析，提升数据的增值利用。

【积极推进财务管理规范化】 紧跟预决算公开、"三公" 经费公开、国库集中支付等改革形势，完善预算编制方案，统筹业务部门预算与市财政核定预算的对接，进一步提高预算编制的科学性、完整性。根据国家、省、市有关文件，拟定《江苏省无锡地方税务局会议费管理暂行办法》《江苏省无锡地方税务局培训费管理暂行办法》《江苏省无锡地方税务局差旅费管理暂行办法》三项财务制度，修订《江苏省无锡地方税务局专项资金管理暂行办法》，细化流程管理，强化过程监控，夯实财务管理基础工作，积极推进财务管理规范化。

（周梦思）

纳税服务

【概述】 2014年，全市纳税服务条线咬定目标，做实举措，力推纳税服务各项工作稳步提升。依托纳税人需求管理系统，收集有效需求821条，形成117个处置任务，推送任务处置率达100%；编写《12366涉税咨询操作手册》、维护“12366”市级知识库规范答复，引入干部坐席充实话务力量，现有坐席14个，受理各类咨询38.4万个，同比增加17.43%。短信平台发送涉税通知、催报催缴、服务提醒等近30万条，新版“12366在线咨询”系统咨询总量2.18万人次。依托“12366”热线系统电子工单推送涉税疑难问题、纳税人举报投诉等，办结1041件，办结率98.2%。开通“无锡地税”微信平台，发布涉税通告等信息162条，与纳税人互动368次，关注人数4029人，打造“无线地税”服务品牌。制定《纳税服务联动工作机制》《纳税服务工作任务管理办法》《纳税服务事项清单》，确立将纳税服务全面嵌入征评管查各环节的工作思路及组织途径。修订《纳税服务业务规范及风险防范手册》中32个办税服务事项，为前台提供执行范本。梳理27项服务事项、28项服务保障、3项服务监督措施，形成《无锡地税办税服务厅公共服务规范》并试运行。制作“阿福导税之新办企业篇”动漫短片，以喜闻乐见的形式讲解税收政策及业务办理；微信平台开通二手房买卖专题，地税网站设立契税专栏，局长丁源、副局长李檬亲自走进新闻直播间与广大网民进行交流。“纳税人学校”坚持“按需辅导”思路，尝试开展高频次咨询纳税人专题交流会，市区开展各类培训277场次，同比增长35.12%，参训人员4.1万人次，同比增长20.59%。“纳税人之家”开展征管措施意见征集、民主评税听证、政策执行情况评估等活动53场次。建立纳税人投诉按月跟踪通报制度，提高督办效能，市区受理举报投诉480件，办结率90.6%。被省地税局纳税服务处评为“纳税服务工作表现突出单位”。

【开展“便民办税春风行动”】 自3月开始正式实行“一照三证一章”制度，企业设立登记联办按照“一窗受理、一表报送、并联审批、限期办结”的要求标准化运行，全面减轻纳税人负担。开展“网上办税厅”在线访谈活动，解答纳税人普遍关注的热点、焦点问题，与纳税人进行零距离在线沟通和交流。在市区各办税厅点配置ATS自助办税机，24小时为纳税人提供完税证明出具、普通发票代开等服务。走进“中国无锡”政府门户网站，与网民进行在线交流，既介绍无锡地税局的一系列创新政策及成效，也解答了网民普遍关心的问题。

【地税网站连续七年被评为无锡市“优秀政府网站”】 年初，被无锡市信息化工作领导小组办公室评为2013年“无锡市优秀政府网站”，这是地税网站连续7年获得此荣誉。通过优化完善“统筹规划、资源共享、安全保密、分工负责”的网站栏目管理机制，强化网站专人管理、值班读网、网站链接审批、信息发布审核和保密审查等各项制度，安排专门工作人员每日登录网站读网，严格审核把关网站各类链接，每日全面检查链接的准确性和有效性，提高网站运维实效。同时充分发挥网络便捷高效优势，加大网上办税推广力度，打造在线咨询互动交流平台，不断提升公共服务水平。

【开通"无锡地税"微信公众平台】 4月1日，"无锡地税"微信公众平台正式上线，主要设置税情速递、办税帮助、我要建议三大功能模块，下设最新公告、涉税事项提醒、地址查询、提出建议等八个子栏目，通过涉税信息的主动发送和微信用户主动访问，传递最新的涉税信息、提供最实用的办税指南、实现最有效的征纳沟通。微信平台的成功上线，标志着该局集热线、短信、微信、微博、网站和网上办税等资源优势于一身，融税情采集、需求管理、服务反馈、依法维权和质效提升等管理功能。

【总局纳税服务司到无锡地税局调研指导纳税服务工作】 4月11日，国家税务总局纳税服务司处长辛静杨带领重庆市纳税服务示范点建设工作组的成员到该局开展纳税服务工作调研，省地税局副局长陈茂锋、纳税服务处处长崔峨陪同调研。调研过程中，辛静杨一行听取江苏地税纳税服务工作的总体介绍，详细了解无锡地税纳税服务的具体做法，现场观摩办税服务厅公共管理服务系统及"纳税人需求快速响应中心"项目演示操作，对该局依托信息化手段全面提升纳税服务质效的做法表示肯定和赞赏。重庆市国税、地税局就建设规范、文明、现代化的税务机关与无锡地税局进行了广泛深入的交流。

【"12366"在线咨询系统升级】 5月22日实现在线咨询系统的升级，通过梳理新系统的各项功能内容，从细节上分解升级过程，指定相关专人跟进，明确责任分工和完成时间，确保系统设置、线路切换等全方位无缝对接。同时密切关注省局通过"江苏53KF交流群"进行的统一部署，紧跟该群各项指令发布的节奏，第一时间配合完成前期网络调测及后期新旧系统整体切换的系统设置，确保新系统顺利上线。并就新系统操作界面、软件功能、注意事项等方面对在线坐席进行培训，加强对江阴、宜兴两市远程坐席的业务指导和技术支持，确保所有坐席能用、会用、用好新系统。

【"地税开放日"活动强化征纳互动】 4月和10月，成功举办两次"地税开放日"活动，聚焦《全国县级纳税服务规范》，拉近税务机关与公众之间的距离。活动邀请专家学者、纳税人之家会员代表、企业代表、个体户代表、特邀监察员、新闻媒体、神秘客户代表参加。"地税开放日"分为介绍、演示、体验、参观、互动五个环节，对进一步改进纳税服务工作，构建和谐征纳关系起到积极的推动作用。

【启动"神秘客户"纳税服务现场检测活动】 6月，以培训会的形式启动"神秘客户"纳税服务现场检测活动，前期经过公开报名和资格审核选出的40名纳税人作为"神秘客户"参加培训，并颁发为期一年的聘书。"神秘客户"纳税服务现场检测是无锡地税局贯彻落实群众路线以及"便民办税春风行动"的重点活动之一。自6月起，"神秘客户"按月填写反馈《检测评价表》，无锡地税局定期召集神秘客户座谈，梳理各类问题和不足，针对共性问题，进一步完善制度，明确标准化管理要求，通过征纳共同努力，打造符合纳税人期望的纳税服务。

【推行办税服务厅纳税服务规范化、标准化】 通过前道疏、后道理，立规范、定标准，切实改进办税服务流程和办税服务规范，解决服务纳税人"最后一公里"问题。结合依法行政、规范岗位职责，积极推行审批事项目录清单，力求在规范执法行为上求突破；强化岗位责任教育，力求在增强尽责守廉能力上求实效。及时梳理《全国税务机关纳税服务规范》，对照《涉税管理事项及提交资料》对现行制度文件进行全面清理；及时组织分级分类专题培训，确保每一名干部职工熟练掌握该规范各项要求；及时制订应急预案，拟定相关配套制度，开展应急演练。

【联合国税开展2012–2013年度纳税信用等级评定】 为进一步推进全市的税收诚信体系建设，不断提高纳税人的纳税遵从度，市国税局、地税局按照各自评定、共同核定的办法，采用审核评定的方式，联合开展2012–2013年度纳税信用等级评定工作。通过企业申请，主管税务机关审核、初评，市局评定委员会审定，市国、地税联席会议核定，评选出无锡肯德基有限公司等425户A级纳税信用等级纳税人。

【“纳税人学校”优化办学方式】 纳税人学校坚持“按需辅导”的总体思路，认真分析制约课堂效能因素，不断完善新办企业培训辅导。通过各服务平台采集纳税人需求，同时考虑到新办企业登记次月需申报的特点，将原先每月25日的培训时间调整为每月10日（遇节假日顺延），确保新办企业顺利完成首次申报。突出新办企业关注重点，培训内容紧紧围绕“办税”“涉税信息获取途径”“投诉举报渠道”三部分内容展开，让辅导培训从“授人以鱼”转向“授人以渔”。

【“12366”热线年度人工咨询总量首超18万人次】 无锡地税“12366”纳税服务热线受理各类咨询384083人次，其中人工咨询总量首次突破18万人次，达到18.67万人次，同比增长7.36%。IVR语音咨询17.07万人次，网站在线咨询总量2.18万人次，办税服务厅咨询辅导窗口受理现场咨询4591人次，受理省局外网“你问我答”转办咨询10个，受理“12345”市政府公共服务平台转办网上咨询投诉228条。面对咨询热潮，“12366”热线始终牢固树立“始于纳税人需求，基于纳税人满意，终于纳税人遵从”的服务理念，通过完善平台资源、健全信息资源、改善人力资源，深入打造专业化纳税服务咨询平台。

【“纳税人之家”被省文明办授予“江苏省第四批优质服务品牌”】 自2010年以来，“纳税人之家”累计开展活动近3000场次，解决各类问题5000多个，在税情公开、争议调解、扶持发展等方面取得积极成效，得到各级党委政府高度重视、广大纳税人广泛参与和社会各界充分认可。“纳税人之家”于2005年走上“国际纳税人权益保护高层论坛”，受到世界纳税人协会赞誉；2009年在全省地税系统推广；2011年作为国家项目，代表中国在无锡成功举办“中国·荷兰”国家税务交流。“纳税人之家”先后荣膺“无锡市民关注的创新项目”、“无锡市优质服务品牌”，并被列为“法治无锡”十大实事工程。

（房　媛）

税收信息化建设

【概述】 2014年信息化建设工作，按照年初确定的工作目标，围绕加快推进税收管理现代化，健全与信息管税要求相适应的数据管理和信息化工作体系。构建数据质量管理体系、数据分析利用体系、数据安全管理体系，突出加强数据管理从采集、加工、监管到发布的全流程闭环管理，实现信息化建设质效的进一步提升，进而为税源专业化管理改革提供有效支撑。在数据整备方面，受江苏省地税局委托开展全省地税系统“第三方数据管理平台”开发；在数据分析方面，依托传统数据仓库引进创新技术建设“税源管理监控分析保障服务平台”；在数据安全方面，在全国税务系统率先建设和升级改造“税务数据防泄漏平台”。通过三个平台的创新建设，全面建立起信息化管理全链条，对税源专业化管理改革的各方面都给予起有效支撑，并不断自我完善、丰富内容。

【研发纳税遵从和税源管理及税收征收状况监控分析平台】 2月底，成立需求编写组，经过4个月的讨论研究，形成《领导决策管理》《一户式管理》《基础税源管理》《风险监控分析》《经济税收分析》《税源监控分析》《平台技术需求》7部分37万字的业务和技术需求文档。8月完成项目招投标，9月开始项目的设计开发。12月底，整个平台框架成型，即席查询、领导决策工作台、一户式搜索、时间轴、思维导图式关联等核心功能基本实现，后台完成530多个数据表的迁移加工，前台实现120多个报表展现，达到预先的设计要求，进入最后的内部测试阶段。

【配合建设全省地税系统数据质量管理平台】 “数据质量管理平台”是通过对系统数据的事前控制、事中监控和事后审计，发现数据质量问题，并持续改进，最终实现系统数据质量的持续提高。主要包括分级分类管理、审计规则管理、前端控制管理、痕迹管理、任务管理、应对管理、监控评价七部分。江苏省地税局按照无锡地税局提供的需求，于2月开始实施数据质量管理平台开发，于7月中旬结束。经过业务事项及数据项的整理、审计规则的迁移整理等工作，8月底完成无锡地税局上线试运行工作。12月，江苏省地税局正式发文无锡、宿迁、淮安、扬州地税局试运行，2015年全省地税系统推广上线。

【受托开发第三方数据管理平台】 为建立全省统一的第三方数据管理平台以支撑第三方数据的采集、整理和利用，更好地满足风险管理工作的需要，江苏省地税局决定实施第三方数据管理平台开发工作，并委托无锡地税局编写第三方数据管理平台需求。4月确定开发公司，无锡地税局负责跟踪开发工作及模块测试工作；并邀请兄弟单位一起针对纳入第一阶段梳理的第三方数据，讨论其自身的清洗、转换和匹配规则，编制相关文档，修订第三方数据交换标准，为系统上线初始化做好准备。软件第一阶段开发和测试工作于7月10日结束，并开展试运行工作。8月19日，江苏省地税局发文确定无锡、连云港、淮安、盐城、扬州地方税务局为试点单位，12月9日正式发文全省地税系统推广上线。

【税务数据防泄漏平台研发上线】 年初，数据处成立项目组，开展需求调研、项目可行性分析工作；组织专家论证与评审及项目招投标等工作；会同该项目中标公司实施软件开发、部署与试运行及上线工作；12月完成项目验收与专家评审，该平台成功上线后，无锡地税局参加了总局第七届优秀论文与信息化建设会议并发表“构建税收数据防泄露管控平台”的专题演讲，在《中国税务》刊发《税收数据防泄露平台研发成功》论文，联合科研院校编写并由中国税务出版社出版发行《税收数据终端泄露防范及案例分析》。国家税务总局规划设计的《税务系统数据安全保护的总体框架》中选择其终端数据防泄露的案例，该框架已发至全国国税局、地税局。

（王　欣）

行政管理

政务管理

【概述】 2014年，全系统政务管理工作围绕中心，服务大局，统筹编制年度36项重点工作，分解到具体的责任部门，协助领导抓好工作落实；做好政府信息公开目录的调整、更新和维护，规范档案管理流程，加强秘密载体和保密关键部位的管理，未发生一起失、泄密事故；牵头完成全局97项行政管理制度的汇编，向省地税局上报各类信息326篇，向市委市政府上报信息418篇。深入推进“阿福”税收宣传品牌，并获得无锡市思想文化工作创新奖；组织编写和拍摄《光影集》《20年，我们在一起》等宣传册、宣传片，用图文、影像回顾20年创业历程。对创新项目的立项环节进行把关控制，明确基层各单位、机关各处室可自主开展创新工作；在总局级刊物发表税收调研文章11篇。修订下发《无锡地方税务局督查督办工作办法(试行)》，办好人大建议和政协提案，完成主办件2件，会办件7件，督办件22件，转办局领导各类批示237件。

【统筹编制年度36项重点工作】 发挥承上启下、联系左右的政务服务保障作用，结合年度工作重点，制定下发《2014年全市地方税务工作要点》，明确年度36项重点工作，并分解落实到具体责任部门。年中加强过程管理，召开相关推进会议5次，协助领导分析原因并完成相关分析报告，促进各项重点工作任务按期完成。

【牵头完成行政管理制度汇编】 抓好建章立制，促进行政管理规范化建设，在汇聚机关各部门意见的基础上，对每年出台的办法进行整理编辑，同时结合工作实际，牵头完成全局97项行政管理制度的汇编，其中新增制度30项、修订制度4项、原有制度63项；涉及领导班子建设、干部管理、纪检监察、财务审计、政务管理、纳税服务等方面的规定要求。9月，《行政管理制度汇编》成书发行。

（朱　凯）

【开展第23个税收宣传月系列活动】 在第23个税收宣传月中，依托政务微博的阵地建设，积极回应网民的涉税诉求，打造成税务机关与网民沟通协调渠道。政务微博上线期间，联合无锡市委宣传部和“@无锡发布”“@无锡新传媒”的专业优势，组织开展“微博粉丝进地税”“微沟通情相融·无锡地税微访谈”等活动，无锡日报、江南晚报等主流媒体报道了活动情况。

【在全市地税系统推广“阿福”税收宣传品牌】 在2013年品牌创建基础上，在全系统推广“阿福”税宣品牌，建成“阿福税收小站”58家；“阿福小税官知识竞赛”移师网络，吸引了无锡范围内60余所小学的2200多名小学生参赛；组织拍摄“阿福导税记”动漫短剧，“阿福说税”微电影，“阿福”税宣品牌获得全市思想文化工作创新奖。

【开展建局20周年系列宣传】 7—9月，开展建局20周年系列宣传活动，重点宣传建局20年来无锡地税系统在服务地方经济发展和忠诚履行为国聚财、为民收税光荣使命的工作实绩，展现了几代地税人的薪火传承、砥砺奋进的精神风貌。全市地方税收从1994年的7.99亿元，到2004年突破百亿元，再到2013年突破500亿元大关；1994年9月到2014年8月组织税费收入总量5971.7亿元，年均增长25.4%，收入规模由1994年的9.66亿元跃升到2013年的861.4亿元，增长了88倍。建局以来，全系统累计获得国家级荣誉22项、省级荣誉187项。在《无锡日报》、《江南晚报》、《无锡商报》、无锡电视台、政务微博等媒体刊发相关报道20余篇（次），其中在《无锡日报》刊发《高效履职扬改革风帆 励精图治 谋民生福祉——江苏省无锡地方税务局建局20年服务地方经济社会发展记事》整版专题报道。

（于佳蔚）

【省市领导对地税建局20周年成绩批示予以肯定】 省委常委、无锡市委书记黄莉新在《无锡地税建局20周年专题汇报材料》上批示："二十年来，全市地税系统围绕中心、服务大局，充分发挥地方税收职能作用，在组织收入、创新管理、规范执法、优化服务、队伍建设等方面做了大量卓有成效的工作，地税各项工作取得了显著成就，为促进地方经济社会发展做出了积极贡献。希望全市地税系统以建局二十周年为契机，围绕率先基本实现现代化目标，进一步深化改革、开拓创新，在新的起点上不断开创地税事业发展新局面，为全市发展大局再创佳绩、再立新功！"汪泉市长批示："无锡地税局建局20周年来，在组织收入、服务大局、依法治税、征管改革、纳税服务等方面积极进取、不懈努力、全面发展，取得了许多成绩，创造也许多经验，获得了许多荣耀。谨此20华诞之际，向无锡地税系统广大干部职工致以衷心感谢和崇高敬意！"

（朱　凯）

【税收宣传在中央级媒体实现突破】 12月22日，《经济日报》要闻版以《贴身企业专业辅导》为题刊登了江阴地税局"IPO税援团"服务企业的做法，实现了无锡地税系统在中央级媒体要闻版宣传报道的突破。全年在国家、省、市级媒体累计刊出新闻报道282篇次，同比增长17%。

（于佳蔚）

【加强政务信息报送】 调整完善无锡地税系统政务信息工作考评办法，在工作中着力优化信息结构，抓好创新、问题、建议等三类信息的采集和报送。向省地税局上报各类信息326篇，向市委市政府上报信息418篇，被各级载体录用225篇。其中中办、国办采用6篇，省委、省政府和总局办公厅采用42篇，被各级领导批示27次；编发《无锡地税简报》135期，其中新改版的《他山之石》栏目被市局领导批示6次。

（朱　凯）

【优化调整调研管理模式】 以局领导为课题指导人，打破建制单位的概念，按课题需求抽取调研骨干力量组成课题组，以省、市局税收调研人才库成员为课题负责人，更好发挥人才优势和个人特长。全市地税系统在省部级刊物发表税收科研文章23篇，出版专著1部。《关于塑造阳光心态促进安全履职的研究》《税务系统组织绩效管理的实证研究》分获全省地税系统2014年度优秀税收科调研成果一等奖和二等奖；《大数据时代税收风险管理的国际国内借鉴与实证应用》荣获江苏省哲学社会科学界第八届学术大会优秀论文三等奖。《用五大原则完善税收预测方法体系》等两篇文章荣获省国际税收研究会优秀论文评比三等奖，《我国税权划分问题研究》荣获无锡市第十一届哲学社会科学优秀成果三等奖。

【全系统完成创新项目19个】 组织创新项目19个，涉及税收风险管理、税收信息化、便民办税服务、干部队伍建设等类别。经过市局创新办组织集中展示评审，"涉税大数据深度分析和综合应用"等9个项目分获2014年度全系统创新项目评比一、二、三等奖。

（娄从杰）

事务管理

【车辆管理】 加强全系统车辆管理岗人员及专职驾驶员业务测试工作，对全系统驾驶员进行以考代训的学习培训，不断安全行车意识提高，全年安全行驶50万公里，未发生重大责任事故。

【开展"两型机关"创建工作】 按照市委、市政府的统一部署，在机关管理中把“两型机关”（节约型、平安型）创建工作摆在重要位置，不断探索机关科学管理新方法、新举措，积极谋求“两型机关”创建新进展、新成效：全局用电消耗同比下降3.0%，用水消耗同比下降2.3%，油料消耗同比下降2.6%，纸张消耗保持零增长。

（胡西根）

人事管理

【概述】 2014年，人事处贯彻落实全市地税系统工作会议和省局人事工作会议精神，扎实开展党的群众路线教育实践活动，狠抓领导班子建设和干部队伍建设，创新推行全员绩效管理，为无锡地税事业发展提供了人才服务和保障。按照考核程序，完成全系统2013年度工作人员考核，对223人进行奖励，其中48人记三等功，175人予以嘉奖。按照公务员法及全省公务员招录管理相关规定，新招录公务员42人，其中市区17人。严格执行工资福利政策，完成了1400人次工资津贴调整。加强全系统事业单位管理，完成10个事业单位年检工作。严肃外事纪律，对出国（境）进行严格审批，对因私护照进行集中管理。加强对全系统编制外用工的规范化管理，最大限度降低用工风险，做到依法用工。

【组织召开党员领导干部民主生活会】 1月，组织全系统各级党组织围绕加强党风廉政建设，以贯彻落实中央八项规定和省委十项规定的情况为主要内容，广泛征求干部群众对领导班子和领导干部的意见，联系思想和工作实际，开展对照检查，进行自我剖析，召开2013年度民主生活会，努力改进党员领导干部的工作作风。

【组织开展党的群众路线教育实践活动】 2月份始，组织全体党员干部贯彻“照镜子、正衣冠、洗洗澡、治治病”总要求，突出作风建设，坚决反对形式主义、官僚主义、享乐主义和奢靡之风，努力解决基层群众和纳税人反映强烈的突出问题，以各级领导班子和领导干部为重点，以为民务实清廉为主题，开展马克思主义群众观点和党的群众路线教育活动。全系统两级党组领导班子赴基层调研57次，与基层领导干部、一般群众召开座谈会19场，全系统发放征求意见函1700份，发放调查问卷1900份。市局党组深刻剖析班子存在的19个“四风”突出问题，将整改问题细分为四类43个小项目，制订整改任务26项，专项整治行动6大类19项，制度建设计划24项，通过建章立制，用各项制度来巩固群众路线教育实践活动成果，37条“四风”突出问题和党群干群反映的突出问题得到切实解决。

【推行个人绩效管理】 8月，制定出台《江苏省无锡地方税务局全员岗位绩效管理办法（试行）》，对绩效计划、绩效实施、绩效考评和结果应用制定了具体的操作说明。积极探索和创新个人绩效管理方法和载体，结合实际提炼考核要素，优化考核指标设计，做到目标明确、任务量化、节点清晰、过程可控、结果可考，形成层次清晰、导向鲜明的综合绩效考评体系。9月，新的个人绩效管理系统在全市地税系统运行到位，标志着个人绩效管理新模式在全系统初步确立。

【组织开展科级领导干部选拔任用】 贯彻落实《党政领导干部选拔任用工作条例》，坚持党管干部原则；任人唯贤、德才兼备、以德为先原则；群众公认、注重实绩原则；公开、平等、竞争、择优原则；民主集中制原则；依法办事原则。根据职位特点和选拔范围，按照发布公告、自愿报名、资格确认、民主推荐、面试、组织考察、研究决定、任前公示、办理任职手续的程序，7人被提任为科级副职领导干部，11人被提任为副科级分局长。

【扎实做好离退休人员工作】 根据人员变动和工作需要调整离退休职工党支部委员会成员，调整离退休干部活动小组组长人选。坚持每月学习日制度，组织离退休干部学习“两会”精神和党的十八届四中全会精神。组织离退休干部结合党的群众路线教育实践活动上党课，开展形势教育、健康检查、安全知识教育以及文体摄影等活动。走访慰问离退休干部140人次、遗孀7人次，探望慰问病人10人次。

（李普春）

思想作风建设

【概述】 2014年，无锡地方税务局以社会主义核心价值观为引领，坚持以人为本，突出文化导向，强化绩效管理，积极探索和研究思想作风建设的新方法、新途径，不断丰富内容、创新形式、完善机制，牢固树立忠实履职和安全履职意识，进一步激发各职干部干事创业的积极性和主动性。开展“激发基层活力，提升管理绩效”主题活动，岗位大练兵、技能大比拼等12项活动有序开展；牵头成立“塑造阳光心态、促进安全履职”课题组，通过问卷调查数据分析、结果运用等环节，摸清干部队伍的职业心态、职业行为与工作效率之间的关系；先后3次承办无锡市道德讲堂总堂活动，举办“亮家风、扬美德”主题演讲比赛，引导干部践行社会主义核心价值观。举办建局20周年“激情税月·成就梦想”主题文化年会，激发团队精神，提升部门形象，围绕塑造提炼无锡地税核心价值观，面向全系统征集并成功创作推出《无锡地税之歌》，组编《吴韵税风》系列图文集，依托16个职工文体俱乐部，经常性开展群众性文体活动，以“吴韵税风”品牌引领无锡地税系统文化建设。与73036部队结对共建，与盐城市大有镇淮河村开展“城乡结对、文明共建”活动，结对帮扶江阴市李家桥村等，组织干部开展义务献血、捐款捐物、志愿服务等社会公益活动，弘扬“奉献、友爱、互助、进步”的志愿者精神，彰显社会责任。

【开展“激发基层活力、提升管理绩效”主题活动】 1月，制定下发《关于开展“激发基层活力、提升管理绩效”主题活动的通知》，通过实施倾情带队、安全履职等新举措，进一步激发基层思想活力、组织活力、工作活力、创造活力和文化活力，凝聚基层组织资源与人力资源的内生动力，提升组织管理绩效。开展岗位大练兵、技能大比拼等12项活动，其中与法规处会办了“精彩税月、与法同行”法制技能大赛，江阴地税局荣获团体赛一等奖，锡山地税局张烽、惠山地税局张莉、江阴地税局付琳燕获个人赛前三名；与办公室会办了办公自动化操作技能比赛，第一、三税务分局、江阴、惠山、宜兴地税局获得公文竞赛先进单位，谢菲、赵晓龙等12人获得公文竞赛先进个人，潘鑫涛、娄从杰等10人获得办公技能竞赛先进个人。

【举办“亮家风、扬美德”主题演讲比赛】 4月21日，组织开展无锡地税系统“亮家风、扬美德”主题演讲比赛暨道德讲堂活动，12名来自基层单位的参赛选手围绕“亮家风、扬美德”主题，或描述自己和其他地税干部身上体现出的优良家风，或讲述有关传承家风家训方面的感人故事，或引述展现优良家风和传统美德的历史典故，或论述家风家训对世风党风的影响，用声情并茂的演讲，传递“家风”正能量、弘扬地税“德”文化，给人以影响力和感召力。无锡市市级机关党工委刘冯生副书记等领导出席活动并担任评委。第一税务分局孙庄、第五税务分局雷澍荣获一等奖。

【打造“吴韵税风”文化品牌】 注重地域文化和行业文化的融合，通过提炼、继承和发扬江南“吴韵”内涵，创新、融合和凝聚无锡“税风”精神，全系统500多名干部共同参与组编《吴韵税风》图文集，以“吴韵税风”品牌引领无锡地税文化建设，其《崇德、重文、务实、创新——无锡地税打造现代化税收文化品牌》经验在国家税务总局内外网刊出，并被《江苏地税简报》刊发。

【举办“激情税月·成就梦想”主题文化年会】 9月12日，在无锡市工人文化宫举办无锡地税系统“激情税月 成就梦想”主题文化年会，无锡市常务副市长黄钦，无锡市委常委、宣传部长王国中等领导出席活动，全系统部分税务干部代表参加了活动。年会以微电影、情景剧、舞蹈等形式展示无锡地方税务局建局20年来风雨历程和辉煌成果，全系统12个基层单位都编排节目参与，基层参与性强，得到广泛共鸣。年会还向为地税做出贡献的老、中、青三代干部分别颁发了“耕耘人物”“奋进人物”“活力人物”奖各10名。

【编排《无锡地税之歌》】 6—9月，在全系统广泛开展“无锡地税之歌”词曲征集活动，将“征集整理、推出歌曲、人人会唱”的过程，化为“宣传动员、统一思想、凝聚力量”的过程，在深度挖掘无锡地税系统文化底蕴和广泛征集作品的基础上，向外部专家借智借力，最终形成能够集中体现无锡地税核心价值理念的《无锡地税之歌》，并在无锡地税系统“激情税月·成就梦想”主题文化年会上深情演唱。

【全面推行绩效管理】 按照国家税务总局和江苏省地方税务局的决策部署，积极探索“制度+科技”的现代绩效管理思路，创新建立组织绩效和岗位绩效同步推进、双轮驱动的新模式。开展《税务组织绩效管理的实证研究》课题调研，系统研究国内外组织绩效管理理论及无锡地税推行绩效管理的实施路径；分别制定《无锡地税系统组织绩效管理办法》《全员岗位绩效管理暂行办法》和《机关处室绩效考核办法》，形成“一个意见、三个办法”的制度体系；搭建全面涵盖组织和个人绩效管理要素的“无锡地税绩效管理系统”，为全面绩效管理提供信息化支撑。

（田　飞）

教育培训

【概述】 2014年，无锡地方税务局大力实施人才强税战略，以分级分类培训为主线，以提高素质能力为重点，以专业化团队建设为依托，以学习成果客观评估为保障，按照掌握培训需求、创新培训方式、优化培训内容、完善培训机制的总思路，不断提高教育培训科学化水平，为服务地税科学发展、加快税务管理现代化进程提供有效的思想政治保证、人才保障和智力支持。组织开展全系统第二批兼职教师的选聘，扩充兼职教师队伍，同时开展精品课件的评选，加强兼职教师的培养和使用，发挥其对基层一线干部培训的主力军作用。巩固分级分类分层的教育培训格局，举办“增强能力勇担使命、明晰思路提升站位”专题学习班，促进领导干部转变理念、拓宽视野；举办主要由基层一线科长参加的市区单位科长更新知识培训班，提升基层领导管理水平；统筹制订13个专业化团队教育培训的长期规划，明确阶段性的培训重点，发挥业务骨干率先领先作用；确立基层单位在一线干部日常培训中的主体作用，推进基层一线干部培训日常化、经常化，全系统干部参加脱产培训的时间平均为14.7天。积极鼓励干部利用业余时间开展自学，考取学位学历证书，参加“三师”①资格考试。开展“我最迫切需要的培训”需求调查，培训项目由一线干部根据“缺什么补什么”提出具体岗位培训内容，市局有效调配系统内外资源，满足基层培训需求，并完善教育培训评估机制，不断提升教育培训的针对性和实效性。

【开展第二批兼职教师选聘】 5月，26名候选人根据地税发展方向和日常培训需求，结合自身岗位职责，设计内容丰富、富有价值的课件，经资格初审、试讲授课、考核评估等环节，最终选聘其中10人为无锡市地税系统第二批兼职教师，并同时开展了精品课件的评比活动，进一步扩充了系统内部兼职教师队伍，发挥其对基层一线干部培训的主力军作用，为无锡地税系统大规模培训干部、大幅度提高干部素质提供了重要师资保障。

【组织干部参加“三师”资格考试】 6月，组织全系统35周岁以下税务干部参加“三师”（注册会计师、注册税务师、律师）资格考试，落实锡地税函〔2013〕33号文件精神，建立“三师”考试档

① 注册税务师、注册会计师、律师。

案，创造条件保障参考人员复习时间，及时兑现考试奖励，22名干部通过“三师”资格考试取得相关证书，较上年度增长175%。

【举办“增强能力勇担使命、明晰思路提升站位”专题学习班】 7—8月，以“增强能力勇担使命、明晰思路提升站位”为主题，分两批在北京大学组织全系统中层以上领导干部专题学习班，93名领导干部参加了“税法理论创新与税收立法热点”“政府绩效管理与评估”“领导韬略与阳光心态”“中国社会热点问题分析”“我国国家安全与周边形势分析”等专题培训课程学习，并现场参观国家博物馆《复兴之路》展览，进一步促进领导干部转变理念、拓宽视野。

【举办市区单位科长更新知识培训班】 9月22日—29日，分两批在浙江大学组织市区单位科长更新知识培训班，103名来自机关和基层一线的科长副科长参加了“十八大后中国宏观经济及政策走向”“税务干部心理压力管理与阳光心态”“纳税服务中常见问题及案例分析”“高绩效团队与高执行力打造”“基层税务局内部绩效考核与激励机制”“易经智慧与文化传承”等专题培训课程学习，并现场参观了中国财税博物馆。

【组织新录用公务员初任培训】 10月，组织42名新录用公务员参加省局在南京信息职业技术学院举办的全省地税系统2014年度新录用公务员培训班。其中参加非财税班10人，10月13日开班，学习37天；参加财税班32人，10月20日开班，学习30天；本次培训班开设公务员管理、公务员职业道德与行为规范等公务员过渡培训课程以及经济学、基础会计、税收概论、税种知识、相关法律、税务稽查、税收征管、执法资格考试辅导等相关课程。

（田　飞）

廉政建设

【概述】 2014年，全市地税系统以党的十八大和十八届三中、四中全会精神为指引，围绕“改革创新添动力，提升站位谋发展”工作主题，抓住忠实履职、安全履职的主线，推进“清廉地税”建设。强化“两个责任”，岗责分工进一步明晰，局党组以明晰责任界限为重点，通过制定《党组主体责任清单》《纪检监察部门监督责任清单》和《班子成员责任清单》，细化分解党风廉政建设任务六大类38项工作内容。聚焦主责主业，体制机制进一步健全，改革纪检监察管理体制，明确两市两区局纪检组由内设改为市局派驻，实行市局纪检组和二市二区局党组双重领导，规范纪检监察机构和纪检监察员职责，建立派驻纪检组和纪检监察员对重要案件和情况的“双报告”制度，梳理纪检监察制度保留原有规范13项，新增3项，修订2项。着力整肃“四风”，作风建设进一步优化，开展“为政不为、执法不公”“为税不廉、奢华浪费”等六类专项整治，自查发现财务票据、后续管理、工作纪律执行等6方面问题；严格控制“三公”经费规模，支出总额较上年同期下降11%；在年度市级机关绩效管理和作风建设综合考评中，获得C类第一名。突出执纪问责，监督管理进一步强化，全年办结举报投诉27件，实施批评教育7人次，诫勉谈话3人次，由地方纪委党纪处分2人次；自侦自办工作人员贪污案1起，发放信访通知书1份，信访谈话3人次。重大节日组织3次专项督查，对5起涉税案件实施“一案双查”，开展执法监察、执法督察4次，开展领导干部经济责任审计和离任审计9人次，整改问题16项，有30人次受到过错问责追究；全系统上交礼金礼券71.7万元。拓展防控渠道，清廉氛围进一步浓厚。开展“践行群众路线，促进安全履职”的廉政风险专题教育，结合“5·10”思廉日活动，开展作风建设和廉洁自律突出问题专项整治，重申作风建设和廉洁自律的相关规定，运用廉政教育系统，上传上级的相关文件规定、警示案例和各类通报；推进内控机制项目化建设，采取市局处室和基层单位“双层推进”的方法，联动两级资源，全系统推出13个重点项目，11个自主申报项目，组织进行集中展评，廉政文化作品《出淤泥而不染》获得江苏省地税系统廉政文化优秀作品。

【省市组织党风廉政责任制检查考核暨领导班子述职述廉述法】 1月9日下午，无锡地税局召开2013年度党风廉政责任制检查考核暨述职述廉述法大会。局党组书记、局长丁源代表局领导班子及其个人作了述职述廉述法报告，参会人员对领导班子及其成员进行民主测评。市纪委常委、监察局副局长许麟秋对落实党风廉政责任制检查考核工作提出三点要求：深刻认识落实党风廉政建设责任制的重要性，准确把握党风廉政建设责任制检查考核的重点内容，全面落实党风廉政建设责任制检查考核工作的目标要求。局长丁源代表领导班子报告履行职责情况、党风廉政建设情况和依法行政情况。省局人事处处长陈金池、监察室副处级纪检监察员张善林及市考核组成员，特邀监察员代表，局党组全体成员，副调研员，基层单位领导班子成员，机关处室全体中层干部、转任非领导职务的中层干部以及机关干部代表等参加了考核工作。

【纪检组长胡建光带队开展作风专项检查确保廉洁节俭过节】 1月26–27日，党组成员、纪检组长胡建光率领办公室、规划财务处、督察内审处、监察室等部门，对锡山、宜兴局“两节期间”作风建设情况开展专项检查，确保全系统过文明和谐、廉洁节俭的节日。检查中采取情况介绍、座谈讨论、查阅财务账册凭证及资料台账、实地暗访相结合的方式进行。检查中胡组长深入锡山、宜兴基层分局，宣讲上级关于节俭过节的要求以及全系统税务工作会议精神，详细了解干部职工的思想动态，与基层税务干部进行面对面交流。

【对年度党风廉政暨作风效能建设做出部署】 3月17日，召开全系统党风廉政暨作风效能建设工作会议，传达学习十八届中纪委三次全会精神和省局党风廉政和作风效能建设会议精神，研究部署2014年七大任务：改革纪检监察体制机制；着力推进纪律作风建设；严肃查办违纪违法案件；强化“两权”运行的监督制约；不断完善廉政风险内控机制；切实抓好党风廉政教育；加强纪检监察自身建设。

【开展党员违规吃喝等问题专项督查】 中秋国庆期间，组织开展党员违规吃喝等问题的专项督查。省局关于开展党员违规吃喝等问题专项督查的通知下发后，及时召开党组会、中层干部会，明确要求各单位（部门）充分认识廉洁过节的重要意义，主要负责同志切实履行好第一责任人职责。开展廉政教育大学习，对照通知中的6个检查重点，组织开展想一想、排一排、议一议等活动；组织开展警示教育。以违法违纪典型案例为反面教材，教育广大税务干部引以为戒，提高防微杜渐的能力；发送廉政短信，提醒时刻记住作风建设以及各项廉洁自律要求；坚持文化熏陶，用先进文化的力量引领税务干部廉洁从税的正能量。针对节日期间廉政风险多发点、易发点，织密廉政监管网，牢筑“双节”廉政防火墙，对内通过执法检查和执法监察，规范税收执法行为，对外通过设立举报箱、举报电话、网络举报、特邀监察员的监督作用，广泛收集群众的意见和建议，对税务人员进行全方位的监督，营造风清气正、欢乐祥和的节日氛围。

【制订“五个清单”，强化“两个责任”】 通过制订“五个清单”，进一步细化各级领导班子、领导干部和纪检监察部门党风廉政责任。《党组主体责任清单》明确了党组在加强组织领导、健全工作机制、抓好作风建设、选好用好干部、维护群众利益、强化权力制约和监督、深入推进源头治理、领导和支持查办案件、加强党内监督、支持配合上级巡视工作等10个方面的责任；《纪检监察部门监督责任清单》围绕“三转”，重点突出协助党组加强党风廉政建设、加强对作风建设情况的监督检查、严肃查办违纪违法案件等七个方面的责任；《班子成员责任清单》中局主要负责人的第一责任有4条；其他成员根据工作分工和分管工作实际以及“一岗双责”的要求，分别细化为4条；《问题清单》按照“两个责任”的要求，结合群众路线教育活动，认真对落实党风廉政责任进行排查，列举思想认识、落实党风廉政建设责任制、履行“一岗双责”、惩防体系建设、廉洁从税、责任追究等六个方面的具体表现；《整改清单》则根据《问题清单》有针对性地提出抓学习教育、抓责任分解、抓责任考核、抓责任追究、抓监督检查的五项措施。

【对省局《税务系统领导班子和领导干部监督管理办法》实施责任分解和细化】 根据《江苏省地税系统贯彻<税务系统领导班子和领

导干部监督管理办法>实施办法》，坚持规范管理、强化监督，将实施办法细化为5大项、75个小项，并进行责任分解。落实党风廉政建设责任制方面，监察室作为责任部门，由人事部门和综合部门共同参与开展党风廉政建设责任制考核；执行重大事项决策制度，由人事处部门牵头、办公室、监察室、后勤中心、数据处、规划财务处等部门分别配合；执行廉政准则和有关规定，则分别由监察室、人事部门牵头，相关部门配合；正确行使税收执法权和行政管理权，由人事部门、政策法规部门、规划财务部门、办公室、督查内审部门等分别牵头，相关部门配合。通过责任分解，各部门的责任更加清晰，任务更加明确。

【组织参加“一诗一票”展】 承担省局“江苏地税二十载 一诗一票颂神州”书法邮票展的“和谐篇”版面，通过反映版纳风情、雾凇琼花和锡林郭勒的琴音、喀纳斯的旖旎、三江源、“湿地之神”丹顶鹤，以及“形象大使”大熊猫憨态可掬、野骆驼纵横戈壁、中华鲟推波激浪、太平鸟与和平鸽祈福平安的各式邮票，将各具特色的七言绝句淋漓描绘，与一枚枚精美的邮票，构成出形态各异、错落有致的优美画卷，展现了祖国地大物博、山川秀丽的壮美景象，映射出人们追求生态文明、与自然和谐共处的美好向往，也彰显了国人实现科学发展、共建和谐社会的坚强决心。这些作品获得集体创作二等奖，有四名干部的作品分获一二三等奖。

【实施执法和服务事项回访】 针对税收征管改革后税收管理和税收服务工作实际，为进一步健全地税机关监督制约机制，提高税收执法水平，提升部门形象，5月12日印发《江苏省无锡地方税务局服务与执法事项回访工作制度（试行）》。回访由各基层单位就税务工作人员在税收服务和税收执法工作中涉及执行税收政策、提供纳税服务、落实党风廉政建设和作风效能建设等情况向纳税人征求意见的行为，制度明确了适用范围和基本内容、回访形式和程序、实施和结果处理。6月至12月通过情况反馈单、电话回访、实地回访等方式回访企业1096户次，搜集纳税人对税务机关和税务干部的意见建议132条，有针对性地防止以权谋私、权力寻租等问题的发生。

【启动办税服务厅公共服务标准化建设】 7月，按照市纪委标准化建设的要求，在全市地税系统纳税服务机构启动办税服务厅公共服务标准化建设。坚持与总局的县级纳税服务规范、省局（苏地税规）9号文件和办税服务原有规范相结合，从流程再造、细节入手逐项梳理和编写办税服务厅公共服务标准化手册，切实解决好服务纳税人“最后一公里”问题。采取多种形式组织相关人员对标准化规范进行系统学习，确保人人知晓规范，提升工作人员对公共服务标准化建设的认识；对照标准化规范进行自检，确保人人用规范，保证标准化规范全面落实到位。针对标准化建设过程中的问题逐一梳理，及时研讨对策，为标准化文本完善提出合理化意见和建议。

【拍摄培植“清莲”品牌·打造廉洁地税专题片】 8月29日始拍摄《培植“清莲”品牌 打造廉洁地税》专题片，全面地反映全系统廉政文化品牌建设的成效，重点介绍四方面内容，即由耳入心的廉政理念，把“清醒地税人、清新地税风”作为“清莲”品牌的核心理念，建立起南京路上好八连、华西村、无锡第一支部旧址等廉政文化基地，形成县区局创品牌、市区分局有特色的廉政文化建设格局。不断改革教育方式，开发网上廉政教育系统，通过设置岗位风险、学习资料、廉政考试、日常教育、廉政文化、绩效评估等六大模块，汇集视频、图像、文字等多元化教育资源。不断强化内控机制，竭力编织防护网，打造直通末端的责任链，实施“全员参与、全面规范、全程防控”的“三全”模式。促进作风建设富有长效，制定《关于加强党员领导干部作风建设的规定》，首开“网上勤廉测评系统”、引入第三方评价、试行“神秘客户”等，使作风建设督查成为常态化。

【市委常委、纪委书记陈金虎来局检查指导工作】 10月15日下午，市委常委、纪委书记陈金虎对全局党风廉政建设和作风建设工作进行专题考察。陈金虎观看了反映建局二十周年专题片《二十年我们在一起》、党风廉政建设工作专题片《培植清廉品牌，打造廉洁地税》，听取局党组书记、局长丁源的专题汇报。考察中陈金虎肯定无锡地税局在服务无锡经济社会发展中做出的贡献，对党风廉政建设中打造清莲品牌、狠抓税风税纪、强化内控建设的做法给予高度评价。同时，面对党风廉政建设工作如何适应新的形势提出要求：坚持服务大局，不断强化党风廉政建设，营造风清气正的社会环境和昂扬向上的创业环境；坚持落实“两个责任”，根据市委的要求，结合税收业务工作建好责任清单；坚持制度建设，做到制度化、规范化、动态化，强化内控机制建设，把权力关进制度的“笼子”；坚持反对“四风”，时刻绷紧作风建设之弦，严格执行各项规定，实现作风建设的常态化和长效化，将作风建设的螺丝越拧越紧；坚持筑牢防线，强化教育提醒，做到警钟长鸣；坚持打造品牌，赋予清莲品牌以新的内涵，创新工作方式，拓展品牌效应，为全市党风廉政建设提供更好的经验和做法。

【廉政教育“六个一”被无锡市委宣传部评为优秀案例】 认真把握廉政教育的新特点和新要求，以“六个一”将党的廉政理论通过“有形化”的信息系统平台进行宣传传播，形成制度化、常态化的廉政教育工作机制。一图（风险提醒图），以流程图的形式，集中展示涉及税收执法和行政管理的71项主要权力事项中的294个风险点，及445条防控措施。一库（学习资料库），主要以文字、视频和图片三种形式，收录文字资料250篇，视频资料65个，图表71张，照片漫画200余幅，学习资源容量达到20多G。一社（网上清莲社），设置有“反腐要闻”“学习思考”“廉政警句”“廉政小说”“一把手讲廉”等十四个栏目。一表（廉政对照表），通过每季度推送廉政对照表，自我对照检查廉政规定的落实情况。一考（廉政测试），从8个方面提出2000余道廉政试题，通过设置每周一题，开机时在桌面弹出试题。一评（教育绩效评估），以积分制的形式，自动对每一名干部的学习、体会、测试、对照、互动等情况统计积分，并实时按个人和单位进行排序和通报。

（王树民）

【概述】 2014年，督察内审处围绕“改革创新添动力，提升站位谋发展”的工作主题，突出监督重点、狠抓工作落实。落实国家税务总局、省地税局、市地税局布置的各项税收执法督察工作，按规定开展各类财务审计和经济责任审计，并针对各督察内审项目中发现的问题跟踪落实整改。配合各级部门对无锡地税局开展的各类审计检查工作。加强制度建设，下发《关于进一步规范税收执法督察工作的实施意见》、修订《江苏省无锡地方税务局税收执法督察管理办法》。充分利用督察内审工作成果指导实际工作，为领导决策、完善内控、加强管理、改进工作提供决策依据。

【开展契税征收管理专项执法督察】 根据省地税局税收专项执法督察、执法监察工作要求，市局以契税征收账户、税率执行、减免税政策执行、存量房交易计税情况及国有土地使用权出让计税情况等重点，进行专项执法督察。通过江阴、宜兴、锡山、惠山及市区各分局自查及市局组织的重点抽查，发现问题125户次，补征税款12861.08万元。

【开展税收执法督察工作】 根据国家税务总局、省地税局统一工作安排，针对贯彻组织收入原则情况、税收规范性文件合法性情况、发票管理情况、注销清算税收管理情况、税收优惠落实情况五个方面内容开展重点税收执法督察，同时将建筑业开票专项执法督察统筹组织一并实施。通过综合数据分析，筛选疑点信息，机查和实地调查相结合，发现问题669户次，补缴税款8867.5万元。

【开展“长期挂账往来款项”专项审计】 根据省地税局统一工作部署，组织开展“长期挂账往来款项”专项审计，制订工作方案，明确组织领导、工作目标及专项审计检查具体内容，落实专项审计自查自纠的责任主体。在各基层单位自查的基础上，对市本级及江阴地税局、宜兴地税局、锡山地税局和惠山地税局2013年度“长期挂账往来款项”进行实地专项审计检查。对“长期挂账往来款项”的构成及长期未核销的原因进行分析，对3年以上长期挂账而确实无法清理的往来款项，分清类别、分析成因，分类处理，防止因得不到彻底解决的办法而造成长期挂账。

【开展内部财务审计】 按照《江苏省无锡地方税务局2014年度督察内审工作计划》的要求，通过GAS远程审计和现场调阅报表凭证的方式，分别对2013年市局本级、江阴地税局和惠山地税局财务管理情况开展内部审计。对审计中发现的问题，积极与规划财务处进行沟通，跟踪落实整改情况，进一步有效发挥审计监督的作用。

【开展领导干部经济责任审计】 对符合条件的14位领导干部开展领导干部任期经济责任审计、对符合条件的1位领导干部开展领导干部任中经济责任审计。以履行经济责任为主线，以守法、守纪、尽责为目标，以中央、省、市关于改进工作作风及各项经费管理规定的落实情况为重点审计内容，全面反映领导干部任期内履职情况和纪律的执行情况。

【发挥督察内审联动机制作用】 根据《无锡地方税务局税收执法督察内审联动工作机制的实施意见》，年初积极征询相关职能部门的意见，确保将日常管理薄弱环节和高风险项目纳入年度督察内审工作计划中。先后召开2次督察工作联席会议，向相关部门通报执法督察中发现的组织收入原则、税收优惠、发票管理、注销清算等方面存在的问题，提出管理性建议18条，在征询相关业务部门意见的基础上，明确问题的定性处理，抓好问题的整改落实及责任追究工作。

【提升督察内审成果转化运用的水平】 对督察内审工作中发现全局性、普遍性、倾向性突出的问题，及时上报并提出具有可行性的建议。如：针对在专项资金管理情况内部审计中反映出的问题和提出的整改建议，市局规划财务部门修订完善《江苏省无锡地方税务局专项资金管理办法》，并在TPASS系统中开发项目资金预算申请、使用、追加流程，进一步规范和细化预算编制；针对契税专项督察反映的全市契税政策执行不统一、税款账户管理不规范等情况，局长办公会明确由职能部门进行全面的清理，取消不规范契税税款账户，同时税政部门全面摸底调研并形成调研报告，提交局长办公会议再次审定后，统一明确全系统契税管理意见，规范契税税收政策的贯彻落实；归集整理执法风险情形，分析产生的成因，形成《执法风险预警和提示》进行风险式提醒；针对局落实组织收入原则督察情况，撰写分析报告通过无锡地税简报《工作调研及建议》进行全面反映，为领导决策和部门管理提供意见和建议。

【落实税收执法责任制】 根据《江苏省无锡地方税务局税收执法责任制实施办法（试行）》，开展考核评议，强化对重点岗位、重点环节及重点事项的税收执法过错责任追究，规范干部执法行为，以批评教育及责令做出书面检查方式问责30人次，积极营造依法治税氛围。

（詹　佳）

党建及群团工作

【概述】 2014年，机关党委以创建“税海红帆”党建品牌为抓手，着力建设学习型、服务型党组织，不断提高机关党建科学化水平。重点开展学习贯彻党的十八大三中、四中全会精神专题系列活动，在全系统组织开展“四学四强”主题学习教育活动，开展“红帆党员微帮助”活动，着力落实对企业税收的优惠政策。指导基层以“党建和作风建设工作站”为平台，整合各分局资源，联合成立“税源管理服务小组”，对接各区、乡镇街道。团委依托此平台，试点参与“区域化团建”工作，建立团支书街道挂职制度，指导市区各团支部按序时进度完成换届改选工作，并完成新一届无锡地税局团委的换届工作。先后开展“青春邀约访税户、服务基层听转办”活动、地税系统青年文明号文化传承、集体（号手）风采展示、创建历程回顾等职业文化创建活动、“青春有约 缘来有你”七夕风尚交友派对等特色活动。结合建局二十周年，党政工团协同开展“吴韵税风”系列纪念活动。工会继续开展十八项文化俱乐部活动及开展扶贫帮困活动。妇委会持续推进“税玫瑰”妇建文化品牌建设，开展“三八节”系列活动，授予10名优秀女税官“税玫瑰奖”。

【开展学习贯彻十八大三中、四中全会精神专题系列活动】 制订局党组中心组十八届三中全会专题学习计划，部署各级党组织结合学习习近平总书记系列讲话精神，组织全体党员干部开展讨论活动。协助抓好党组中心组学习，以党的十八大和省委、市委全会精神为重点，结合实际不断创新和推进集中研讨、考察调研、个人自学、专题讲座等学习方式，突出重点，严格制度，着眼成效。局党组被省委组织部、宣传部联合表彰为“全省第二批学习型党组织、学习型领导班子建设工作示范点”。局机关党委被评为2013–2014年度市级机关先进基层党组织。

【开展“四学四强”主题学习教育活动】 组织开展“四学四强”主题学习教育活动，各基层党组织负责人为党员干部上党课；组织党员观看《周恩来的四个昼夜》《焦裕禄》等教育片，参加市级机关党的群众路线教育实践活动知识网上测试；开展“我是谁、为了谁、依靠谁”主题大讨论；全局党员在“共产党员在地税”论坛上发布心得体会309篇，提出意见建议116篇。

【联合成立“党员税源管理服务小组”】 以“党建和作风建设工作站”为服务平台，联合成立“税源管理服务小组”，与区街两级政府对接，开展收入预测分析、按月形成工作报告，协同开展税收风险评估，协调解决问题。全面整合3个属地税源管理分局，充分挖掘3个专业管理分局潜力，合理划片分组，先后成立3家党建和作风建设工作站，多个“税源管理服务小组”，具体联合服务主城5个区，深入一线，征管服务有效实现与地方党委、政府和基层群众及纳税人需求的无缝对接。

【创建“税海红帆”读书角】 立足固有条件，升级改造软硬件设施，创建“税海红帆”读书角，增添图书1000册，干部阅读需求得到进一步满足。采取无人管理模式创新运行手段，局班子成员带头借阅书籍，各党（总）支部开展品书荐书活动，全局上下形成浓厚的读书学习氛围。全年干部借阅图书432本，先后60余人借阅200多人次，占比40%。

【持续开展“红帆党员微帮助”活动】 结合建局20周年纪念，以“1994—2014感恩与爱同行”“红帆”微帮助的形式，发动党员开展“春风行动”，为纳税人提供帮助，重点落实对企业税收的优惠政策。针对社会公众关注的焦点问题，局党组书记、局长丁源携市局相关处室首次走进@无锡发布、@无锡新传媒的共同举办的“微博众议厅”进行微访谈，在线一小时回答网民提问，26个问题涉及房产税开征、二手房转让税收政策、发票综合改革、个税完税证明等热点话题。网民参与踊跃，形式广受好评。

【持续开展“暖洋洋义工群”活动】 持续开展“地税爱心妈妈”、“地税爱心书柜”、帮助居家养老的“地税女儿”等“地税暖洋洋义工群”活动，进一步扩大社会影响力，传播地税干部正能量。解难帮困的同时，各基层党组织还利用重要时节、特殊时段在人流集中的商场、餐饮服务区设置10个“阿福税收小站”，宣传党的惠民政策、曝光违法案件，引导公众依法纳税、依法维权。

【团委及各单位团支部完成换届改选】 市局团委坚持党建带团建，严格执行团章的规定，认真落实《关于进一步加强全市基层团组织规范化建设的实施细则》，推动基层团的各项工作走向制度化、规范化、科学化。按照局党组、机关党委的统一部署，召开第四次团员代表大会，试点团委委员“公推直选”，选举产生第五届团委。

【建立团支书街道挂职制度】 继续开展青春邀约共成长主题活动，依托市区党建和作风建设工作站，试点并逐步推广青年骨干挂职街道编外团干部机制，从一、二、六分局和市局机关选派6名青年骨干挂职崇安区所属街道团工委副书记，推动广大团干部和青年骨干走进基层、走到纳税人中去，协助做好各类矛盾问题的沟通协调和民生问题的反馈，促进社区和谐建设。通过项目化运作的方式，增加青年干部岗位阅历，提高青年干部综合素质，拓展青年干部培养渠道，促使青年干部更好地了解民情、民意，熟悉基层工作方法。

【深化“税玫瑰”文化品牌建设】 妇委会深入推进“税玫瑰”文化品牌建设，开展“三八节”系列活动，授予10名优秀女税官“税玫瑰奖”，搭建平台让地税女干部充分展现才华，体现自尊、自信、自立、自强的风采。

（赵　敏）

江阴地方税务局

【概述】2014年，江阴地税局全力应对经济低位运行和增收压力持续加大的不利局面，较好地完成以组织收入为中心的各项工作，组织收入总量突破230亿元，达230.46亿元，比上年增长9.42%，其中完成公共财政预算收入102.42亿元，比上年增长7.06%；征缴社保费、残疾人就业保障金等非税收入88.51亿元，比上年增长11.38%。税收征管绩效明显提升，抓好税源及征管状况监控分析，征管指标总体排名跃升至两市两区前列；开展个体委托代征系统欠税清理，累计修改和清理无法扣款的数据约120万条、历史错误记录4031条、未结报数据143万条，结报税款1.83亿元。风险应对绩效明显提升，构建应对结果、稽查联动、复查复审、督察内审的四位一体风险监控分析体系，实现应对绩效8.47亿元，应对贡献率达6.39%，其中中等风险应对户数3023户，应对有效率达99.63%，高等风险应对户数38户，应对绩效达9300万元。信息管税支撑日益增强，完成江苏省地税局数据质量审计平台错误数据修改1809条，自主审计核实修改重要基础数据1767条，研究开发的"一户式查询"项目荣获无锡地税局2014年度创新项目一等奖。税收法治环境不断优化，抓好企业所得税汇算清缴及后续管理，对7348个企业实施汇算清缴，审核减免税事项884户次，调减备案金额7530万元；抓好土地增值税清算，清算房地产项目36个，清算补缴税款1550万元；推进房地产税收"一体化"管理，征收房产税1.31亿元、土地使用税1.54亿元；完善车船税征收链式管理，与江阴海事局签订船舶车船税委托代征协议，新增代征车船税105万元。打击涉税违法行为促遵从，严格税收行政处罚，实施日常处罚753次，罚款4.49万元；充分发挥稽查威慑作用，自查企业213个，入库各项收入6300.68万元；全面规范税收执法行为，税收执法督察企业2719个，查补税金365.56万元。纳税人满意度持续提升，创新推出"CTV"纳税服务模式（定制服务、团队服务、志愿服务）及国内首个O2O模式纳税服务体系，全方位满足纳税人多样化办税需求；全面推广缴款MISPOS机安装，纳税人缴税更加便捷高效；健全纳税人维权网络建设，全面建立"12366"后援团快速联系制度，开展"纳税人之家"活动9场，受理"12345"转办件210件、"12366"转办件67件，办结率均达100%。积极拓展税收宣传形式，借力江阴市图书馆启动税收宣传文化工程；借力文化传承提升税收文化宣传感染力；借力无锡地税局阿福税收宣传品牌推广，阿福税收小站成功进驻江阴主要商圈和重点税源企业。干部整体素质大幅提高，组织全员干部业务培训5期，税务干部知识储备得到进一步更新；组织税源专业化管理专题培训6期，团队成员的专业化业务素养得到全面提升；开展税收法制人才专题培训，并组织参加无锡地税局"精彩税月·与法同行"税收法制技能竞赛，取得团体第一名。开展安全履职教育促清廉，积极开展"大学习、大教育、大讨论、大对照、大提升"的安全履职主题教育活动，干部职工的法纪意识和廉荣贪耻的正确理念得到进一步树立；扎实开展党的群众路线教育实践活动，严格按照"照镜子、正衣冠、洗洗澡、治治病”的总要求，聚焦“四风”问题，全系统党员干部的思想政治素质得到全面提高；全面推行绩效管理，以分级管理为核心的绩效管理总体架构初步构建；积极开展文明创建活动，在2014年全市“万人评议机关”活动中排名跃升至垂直条线部门及社会服务单位第2名，取得历史性突破。当年先后获得省级荣誉5个、无锡市级荣誉39个。

【基本情况】 江阴地税局，位于江阴市虹桥北路158号。内设6个机关职能科室，另设监察室及机关党委；2个直属机构（稽查局、税收风险评估分局）；8个派出机构（第一税务分局，第四至第十税务分局）；事业单位2个（计算机中心、耕地占用税和契税管理所）；1个代管机构（靖江园区税务分局）。主要负责江阴市范围内地方税收、基金（费）的征收管理工作。征管户数为80341户，其中个体工商户34754户。实有税务干部275人。

（程锡定）

【机构设置及主要负责人】

办公室

主　任　单 芸（女）

副主任　顾慧武

吴晗冰（9月任）

主任助理　吴晗冰（9月免）

人事教育科

科　长　勇晓伟

规划财务科

科　长　黄谢荣

副科长　吴燕红（女）

肖许锋

征管和科技发展科

科　长　展　翔（3月免）

赵国君（8月任）

副科长　赵国君（主持工作，3月任）

沈　懿（8月任）

税政法规科

科　长　钱耕龙（3月免）

刘　炜（3月任）

数据管理科

科　长　费铭海

副科长　朱为民

监察室

主　任　任晓红

机关党委

书　记　蒋永成（兼）

副书记　张农高（兼）

汤正平

稽查局

税收风险评估分局

第一税务分局（纳税服务局） 位于江阴市虹桥北路158号。负责全市地方税收对外窗口的统一管理，具体负责主城区办税服务厅及各办税服务点、行政服务中心地税窗口的实体管理，负责全市地方税款（基金、费）征收及纳税服务工作，负责各办税厅（点）统一受理全市依纳税人申请发起的所有涉税事项。内设综合业务股、宣传咨询股、办税服务股。

局　长　陈小珍（女）

副局长　卞纪林

黄　蕾（女）

第二税务分局（2014年3月税收征管改革被裁减。保留编制）

局　长　沈利球（3月免）

钱耕龙（3月任）

副局长　陶品忠（3月免）

马　萍（女，3月免）

第三税务分局（2014年3月税收征管改革被裁减。保留编制）

局　长　薛　兵（3月免）

单　芸（女，3月任）

副局长　姚志雄（3月免）

沈静娟（女，3月免）

第四税务分局 位于江阴市虹桥北路158号。负责江阴高新区范围内纳税人的基础管理事项和风险应对工作。内设综合股、基础管理股、风险应对股。

局　长　顾敏明（兼）

副局长　徐建润（主持工作，3月免）

徐　益（主持工作，3月任）

申　军（3月免）

展　翔（3月任）

李天白（女）

第五税务分局 位于江阴市华士镇澄杨路81号。负责华士镇、周庄镇、新桥镇行政区范围内纳税人（除第八税务分局辖管的纳税人）的基础管理事项和风险应对工作。内设综合股、基础管理股、风险应对一、二、三股。

局　长　朱国龙（3月免）

郭国锋（3月任）

副局长　杨　青（3月免）

赵国君（3月免）

陶品忠（3月任）

吴莉敏（女，3月任）

第六税务分局 位于江阴市虹桥北路158号。负责澄江街道、南闸街道、云亭街道行政区范围内纳税人（除第八税务分局辖管的纳税人）的基础管理事项和风险应对工作。内设综合股、基础管理股、风险应对一、二、三、四、五股。

局　长　郭国锋（3月免）
　　　　薛　兵（3月任）
副局长　姚志雄（3月任）
　　　　庞　伟（3月任）
　　　　赵银仁（3月免）

第七税务分局　位于江阴市长泾镇人民路146号。负责长泾镇、顾山镇、祝塘镇行政区范围内纳税人（除第八税务分局辖管的纳税人）的基础管理事项和风险应对工作。内设综合股、基础管理股、风险应对一、二、三股。

局　长　黄　晨（3月免）
　　　　胡玉东（3月任）
副局长　庞　伟（3月免）
　　　　蒋一春

第八税务分局　位于江阴市虹桥北路158号。负责全市范围内（除第四税务分局管辖纳税人）：1.金融业（含非银行金融机构）企业、2.房地产开发企业，3.上市公司，4.国家税务总局、江苏省地税局列名大企业、无锡地税局定点联系企业，5.国有及国有控股市属企业（按市财政局提供名单），6.“双百”企业（按《无锡市江阴地方税务局双百企业精品管理办法》），7.2011–2012年连续2年入库税款达200万元以上企业的基础管理事项和风险应对工作。内设综合股、基础管理股、风险应对一、二、三股。

局　长　顾　恩
副局长　马　萍（女，3月任）
　　　　赵国赟

第九税务分局　位于江阴市青阳镇府前路2号。负责青阳镇、月城镇、徐霞客镇行政区范围内的纳税人（除第八税务分局辖管的纳税人）的基础管理事项和风险应对工作。内设综合股、基础管理股、风险应对一、二、三股。

局　长　朱伯勋
副局长　杨　青（3月任）
　　　　吴莉敏（女，3月免）
　　　　徐锡峰

第十税务分局　位于江阴市镇澄路2253号。负责江阴临港经济开发区及下属临港街道、璜土镇行政区范围内的纳税人（除第八税务分局辖管的纳税人）的基础管理事项和风险应对工作。内设综合股、基础管理股、风险应对一、二股。

局　长　任　峰（女，3月免）
　　　　沈利球（3月任）
副局长　沈静娟（女，3月任）
　　　　张剑峰（3月免）
　　　　张志杰

靖江园区税务分局　位于江阴经济开发区靖江园区内。负责江阴经济开发区靖江园区范围内的地方税收征收管理工作。内设风险应对股。

局　长　董庆健

耕地占用税和契税管理所　位于江阴市行政服务中心内。承担江阴市耕地占用税和契税的征收管理和税源管理工作。

所　长　吴燕红（女）
副所长　黄　蕾（女）

税收风险评估分局　位于江阴市虹桥北路158号。负责风险管理协调、进度监控、绩效考核等职能，负责风险情形的归集分析和风险识别需求的提交，风险管理运行情况分析，参与市局风险指标和风险识别模型的建设和维护；牵头组织机关业务科室或组建专家团队，对重大、特定事项的风险管理任务进行统筹分析。内设综合股、风险管理股。

局　长　刘　炜（3月免）

稽查局　加挂“江苏省无锡地方税务局稽查局第六分局”牌子。位于江阴市虹桥北路158号。负责对全市地税稽查系统稽查工作的指导、协调和管理;直接查处全市地方税务局系统征管范围内的税务违法案件;牵头组织全市地方税收的专项检查、专项整治工作；接收并查处风险管理部门所推送的全市范围内高风险应对案件;负责发现税源信息向风险监控机构反馈；负责协助公安部门的协护税工作。内设综合股，审理股，检查一股、二股。

局　长　胡玉东（3月免）
　　　　任　锋（女，3月任）
副局长　朱钧亮
　　　　吴　凯

【企业所得税增幅居各税种之首】　征收入库企业所得税18.33亿元，比上年增收3.38亿元，增长22.6%，成为当年增收额最多、增幅最大的主体税种。从企业类型看，私营企业增收是企业所得税增长的主要原因，私营企业入库10.36亿元，比上年增收2.94亿元，增长39.57%；从税款来源看，中等风险自查增收对企业所得税增长做出重要贡献，当年自查户数比上年增加475户，净入库税款比上年增收1.91亿元；从产业类型看，第二产业比上年增收2.08亿元，增长23.93%，作为产业主体的制造业和建筑业入库企业所得税都呈大幅上涨趋势，制造业比上年增长23.85%、建筑业比上年增长32.7%；第三产业在交通运输业、房地产业及租赁和商业服务业同时拉升下，比上年增长20.77%。

【落实企业所得税优惠政策】 认真落实企业所得税各项优惠政策，包括免税收入24.19亿元；加计扣除额1.79亿元，其中开发新技术、新产品、新工艺发生的研究开发费用加计扣除额1.45亿元，安置残疾人员所支付的工资加计扣除额3357.69万元等；直接减免税1.21亿元，其中符合条件的小型微利企业减免1734.31万元，高新技术企业减免9958万元；创业投资企业抵扣的应纳税所得额1818.93万元；抵免所得税额21.2万元。

【委托代征船舶车船税105万元】 5月30日，与中华人民共和国江阴海事局（简称江阴海事局）举行签订船舶车船税委托代征协议签约仪式。自协议签订之日起，江阴船舶车船税纳税人到江阴海事局办理相关业务的同时，在各登记窗口直接缴纳车船税，即时取得完税凭证，涉税业务办理更加快捷方便。据统计，在江阴海事局登记的船籍港为江阴的船舶共有160余条。9月1日，江阴海事局车船税代征工作人员对江阴市海澜中谷航运公司的船舶依法代征6716元车船税，开出委托代征机制以来的第一张船舶车船税税票。截至12月底，委托代征船舶车船税105万元。

【建筑项目预清算工作入库税款1345万元】 多措并举做好建筑项目预清算工作，完成1010项符合条件建筑项目的预清算工作，预清算率达86.24%，催促相关建筑企业开票补缴税款1345.73万元。在清算中，做到密切关注进度，严格按照预清算流程，全面落实各环节清算职责，定时关注主题税源平台、大集中系统中的相关数据，定时通报工作进度，做到心中有数；注重外部联动，加强与住建、规划、房管等部门沟通，及时取得建筑项目竣工信息，主动与造价、预算及监理等部门联系，准确核实项目成本；严格审核把关，重点审核建设方提供设备和材料、建设合同内容、付款日期、金额等情况，对预清算情况做好登记台账工作，并做到应收尽收，有效防止税收流失。

【“房、土”两税申报系统成功运行】 10月1日，房产税、城镇土地使用税（简称“房、土”两税）明细申报系统上线以来，通过加强培训教学，确保宣传到位；加强信息跟踪，确保登记到位；加强纳税服务，确保申报到位等举措确保新申报系统顺利运行，取得明显效果，成功改变部分企业年终一次申报的老习惯，有效提高企业纳税遵从度。10月，房产税申报6952户，比上年同期增加54.18%，申报税款1.31亿元，比上年同期增长30.69%；土地使用税申报11011户，比上年同期增加58.43%，申报税款1.54亿元，比上年同期增长22.22%。全年入库房产税6.21亿元，比上年增长8.9%，入库土地使用税6.6亿元，比上年增长14.48%。

【深化税收征管改革】 进一步推进税收征管改革，整合税务管理机构设置和征管范围，裁减税源管理分局2个（第二税务分局、第三税务分局），江阴地方税务局稽查局加挂“江苏省无锡地方税务局稽查局第六分局”牌子，设置专门的档案管理中心；优化税源管理机构职能，对纳税服务局、税源管理分局内设机构、稽查局、税收风险评估分局的职能进行调整；完善税源管理机制；落实各项减负措施，简化、统一涉税资料报送，简并办税业务章戳，实施基础信息推送确认制，风险管理减负、避免重复下户，提升契税、耕地占用税的征收服务功能，全市范围内契税、耕地占用税的征收职能调整至纳税服务部门，相应的税源管理职能调整至指定的税源管理部门。

【江阴市征管保障体系全面启动】 联合江阴市财政局、国税局向江阴市政府提交《关于建立江阴市税收征管保障体系的请示》。9月10日，江阴市政府召开由40个与税收工作关联度较高的单位参加的江阴税收征管保障工作推进会。9月23日，江阴市政府办公室下发《江阴市税收征管保障办法》，明确江阴市税收保障工作的组织架构、部门职责、涉税信息内容和工作要求，标志着江阴市税收征管保障工作全面启动。在办法下发后的1个月内，已经采集到国土、房管、发改、民政4部门涉税信息近5万余条。其中，房管局2014年企业纳税人存量房交易信息，新增自用房产税源8508.89万元，出租房产税源350万元，补缴企业所得税、土地增值税等386万元。

【实行征管资料档案化管理】 规范征管资料档案化管理，档案中心现有用房600余平方米，设立档案库房、阅档室、档案整理工作室，安装移动密集架48组、固定密集架8组，可存放征管档案资料10万余卷；同时，配备价值20万余元的各类档案管理专用设备。健全征管档案管理队伍，委托江阴市档案管理局指导征管档案管理工作，现聘用工作人员5名。完善税收业务档案管理制度，先后制定《江阴地方税务局税收征管资料业务管理办法》和《实施细则》，档案中心相应制定档案的统计、归档、保管、保密、鉴定、销毁、借阅、库房管理等8项制度和专职、兼职档案管理员等多项工作职责，使涉及征管档案工作的每个细节都有章可循。

【稽查入库收入1.07亿元】 通过深入开展税收专项检查、分级分类检查和举报案件查处，切实整顿和规范区域税收秩序。稽查入库收入超亿元，达到1.07亿元，其中入库税款8296.31万元、基金（费）146.84万元、滞纳金1248.31万元、罚款961.84万元；先后组织215个企业进行自查，自查补缴税金5425.37万元、基金（费）122.11万元、滞纳金342.13万元；立案检查企业67个，查补税款1225.85万元、基金（费）24.73万元、滞纳金513.96万元、罚款340.51万元；代为执行案件6个，组织入库税款1645.09万元、滞纳金392.22万元、罚款621.33万元；处置举报案件37起。

【打击发票违法活动】 稽查局以查处违法受票企业为重点，先后开展对建筑安装、商业批发与零售、餐饮娱乐、营利性教育机构、中介机构等部分社会关注度高行业的发票使用情况的重点检查。出动检查人员130余人次，检查企业67个，查处违法企业13个，涉及发票113份，涉及金额2267.75万元，查补收入458.12万元；同时，接受江阴市国税局稽查部门传递的发票数据，以预告自查和专案检查的方式补征相关企业各项税款及附加50.98万元；接受江阴市公安局移交发票案件14起，查补税款609.9万元；与公安部门联合办案1起，查补税款40.47万元，并通过资料共享和检查人员外调等形式税警合作，成功揪出一个假票制假窝点，查获50余枚假图章，作案用银行卡20余张，初步认定虚开发票48份，开票金额400万余元。

【成功入库首笔法院协助征收税款】 为破解法院强制执行过程中税收征管难题，全面落实无锡地税局和无锡市中级人民法院下发的《关于建立执行工作联动机制的若干意见》，进一步加强与法院的沟通协作。一方面建立定期信息交流机制，细化信息数据传递，江阴市人民法院每月定期将拍卖、变卖、强制执行等信息提供给地税部门；另一方面建立涉税案件执行工作联动机制，结合司法和税收工作的要求，明确税务机关对税款优先权、代位权、撤销权的行使。7月末，江阴地税局通过该机制了解到法院对被执行人殊某股票账户内某限售股交易所得约1265万元进行强制扣划，在第一时间按照法定程序向法院发出协助征收函，请法院协助征收相应税款。8月，该笔税款215.37万元从法院划转到江阴地税局，并即时足额入库。

【税收执法督察企业2719个】 5月23日—9月30日，组织2014年税收执法督察工作，督察为容包括贯彻落实组织收入原则执行情况、税收规范性文件合法性情况、发票管理情况、注销清算税收管理情况、税收优惠政策落实情况等。督查企业2719个，其中有问题企业55个，查补税金365.56万。督察分两阶段实施，自查自纠阶段，有2134个企业进行自查自纠，有问题企业24个，查补税款342.47万元。其中，贯彻落实组织收入原则情况自查1149个，有问题19个；税收规范性文件合法执行情况自查28个；发票管理情况自查479个；注销清算税收管理情况自查222个，有问题5个；税收优惠政策落实情况自查256个。重点抽查阶段抽查企业585个，有问题企业31个，补缴税款23.09万元。在督察中发现有问题的55个企业已全部整改到位。

【推出国内首个O2O模式纳税服务体系】 与10个上市公司及部分江阴市“双百”（100个工业企业、100个服务企业）企业签订纳税服务O2O服务承诺书，正式推出O2O模式纳税服务体系，这在国内尚属首家。纳税服务O2O（即Online To Offline）模式采用“在线服务与离线服务并重、互联网与地面服务完美对接、线下服务需求与网上群组有机结合”的O2O税服模式，将线上和线下的优势完美结合，纳税人可以用线上来筛选服务，再由税务部门提供对应的跟踪服务，让纳税人在享受线上便利服务的同时，又可享受线下的贴身服务。

【健全纳税人维权网络建设】 进一步健全纳税人维权网络建设。完善遍布各个分局的“纳税人维权中心”，当权益受到侵害时纳税人可以就近选择当地的“维权中心”进行维权，维权中心根据实际情况做出判断并处理。在办税服务厅设置“局长信箱”和投诉意见箱，分局指定专人负责保管和维护，并由监察部门定期进行处理，直接回复纳税人。加强与政府公共呼叫中心“12345”的联动，受理“12345”转办件223件，办结率达到100%。打造“12366”品牌，建立“12366”后援团快速联系制度，后援团由每个业务科室一名业务骨干、每个基层分局分管业务副分局长组成，通过内部电话或移动办公工具直接联系后援团专家，帮助“12366”坐席及时解决业务难点热点问题。先后受理“12366”转办件70件，办结率达到100%。

【“一户式查询”管理平台研发成功】 组织专人成功研发出“一户式查询”管理平台，平台以单户纳税人为维度，将分散在江苏省地税局大集中税收管理信息系统和其他信息系统不同业务模块中关于纳税人的所有信息按照“一户式”的要求进行分类整理、筛选归并，从微观的、单户的视角，实现对纳税人信息的“一窗式”展现。通过预设置的规则和模型，进行“一户式”数据挖掘与分析，并展示出该纳税人的基础数据、申报纳税、纳税遵从等等分析情况。“一户式查询”管理平台主要包括一户式搜索、一户式主页、一户式查询、一户式关联、一户式分析等子系统。“一户式查询”管理平台荣获无锡市地税系统创新项目一等奖。

【推动风险评估与税务稽查联动】 针对中低等风险疑点推送中普遍存在的纳税人自我应对不力、故意不应对的实际情况，创新机制推动风险评估与税务稽查联动，全面提升纳税人主动应对、认真应对的意识。主要内容包括查前情况及时沟通。对纳税人进行税务稽查时，把了解企业风险应对情况作为查前准备的必经程序，把企业风险应对的有关资料作为稽查案卷的必要内容；查中加大处罚力度。把纳税人风险推送自查的态度和结果作为确定稽查罚款倍数的重要依据，对风险应对中推送的指向性明确的疑点，纳税人自查未纠正或纠正不到位，且在稽查中又查补出相同性质税款的，一律依法做出相应的税务行政处罚；查后加强反馈监督。根据稽查发现的问题，提出针对性建议，完善风险指标，同时对由风险应对人员直接进行的应对风险疑点，经税务稽查查实后仍需补缴税款的，对相关应对人员严格按规定进行责任追究。

【建立“四位一体”风险监控分析体系】 通过全面健全周提醒、月通报、季反馈的风险应对工作制度，变被动服务为主动作为、变事后考核为事前提醒、变被动应对为积极收集，系统构建依托应对结果、稽查联动、复查复审、督察内审开展监控分析的“四位一体”风险监控分析体系，着力提升风险应对绩效，实现应对绩效8.47亿元，应对贡献率达6.39%，其中中等风险应对户数3023户，应对有效率达99.63%；高等风险应对户数38户，应对绩效达9300万元。

【风险应对绩效单月1.19亿元】 风险应对分局着力加强风险管理，及时督促指导。2月，单月入库税款超亿元，达1.19亿元，其中中等风险入库税款

9755.48万元，高等风险入库税款2168.47万元，风险应对贡献率达5.73%。在风险应对中，各分局强化应对指导，实现应对过程的“三提醒”——推送任务提醒、完成情况提醒及应对问题提醒，全方位关注应对过程，及时梳理各类应对难题，提供解决方案，从质和量两方面保障应对任务完成；强化风险评估，及时将税源管理分局日常应对中发现的税源作为风险管户进行推送，有效堵塞征管漏洞，切实减少税收流失；强化应对复审，对机内文书、应对过程及应对结果加强复审，建立风险应对复审检验校验工作机制，保证复审工作的常态化、标准化和效益化。

【荣获江阴市“万人评议机关”优胜奖】 在江阴市“万人评议机关”活动中排名跃升至垂直条线部门及社会事业服务单位第2名，取得历史性突破。“万人评议机关”活动围绕“依法行政、服务基层、勤政廉政、工作实绩”4项内容，由参评人员独立做出评判。地税部门属于江阴市垂直条线部门及社会事业服务单位，共有20个单位参加评议。在参评人员类别中，市领导对地税部门的评价名列第1名，企业代表、各类代表对地税部门的评价名列第2名，机关、基层干部、社会公众对地税部门的评价名列第3名，副科级、离退休干部对地税部门的评价名列第5名，总排名由上年的第9名上升至第2名，并荣获江阴市“万人评议机关”优胜奖。

【深入开展党的群众路线教育实践活动】 2—9月，严格按照“照镜子、正衣冠、洗洗澡、治治病”的总要求，紧贴江阴地税工作实际，聚焦“四风”问题，开展党的群众路线教育实践活动。活动做到规定动作不走样，自选动作有创新，全面完成学习教育、听取意见，查摆问题、开展批评，整改落实、建章立制等三个环节的各项任务。先后召开9次座谈会，走访党政机关领导及纳税人150余人，发放征求意见函153份、“金点子”征求意见表800余份，共向基层单位、干部职工、服务对象征集意见建议215条，局党组逐条逐项认真对照检查，形成4大类、16条突出问题。针对查摆出来的具体问题、干部群众反映强烈的突出问题，进行认真细致地研究，逐项分析确定整改措施23项，制度建设计划26项。

【深入开展“安全履职”主题教育活动】 1—9月，在全系统组织开展“安全履职”主题教育活动。活动依托“大教育”，积极营造风清气正的浓厚氛围。以一把手上党课、观看《歧途》警示影片、编印《廉政规定学习手册》、出版“安全履职”主题活动专辑、举办“税收执法风险及渎职犯罪防范”专题讲座，进一步增强干部的法纪意识和防范执法风险的能力。通过“大对照”，全面筑牢安全履职的思想防线。分别从单位和个人的角度查找安全履职方面存在的薄弱环节和突出问题，达到在思想上、行动上、作风上“照镜子、正衣冠”的目的。开展“大整改”，着力构建廉洁从税的长效机制。针对暴露出来的问题，制订切实可行的整改措施，努力从制度上健全廉洁从税的长效机制。

【荣获无锡市“精彩税月，与法同行”税收法制技能竞赛（团体赛）第一名】 7月3日，在无锡地税局、无锡市总工会联合举办的“精彩税月，与法同行”税收法制技能竞赛（团体赛）中，由何翔、王海怡、付琳燕3名税务干部组成的代表队从参赛的6个代表队中脱颖而出，一路过关斩将，勇夺第一。在此次税收法制技能竞赛中，江阴地税局参加个人赛的5名选手全部进入无锡市地税系统前20名表彰名单，并取得个人赛总分第二名的好成绩。在团体总决赛中，代表队更是再接再厉，再创佳绩，经过6轮激烈争夺，以415分的绝对高分一举夺得第一名。

【税收宣传积分名列无锡市地税系统第一名】 积极探索将税收宣传和公共文化建设宣传有机结合，不断赋予税收宣传新内涵。创新税收文化宣传载体，借力江阴市图书馆启动税收宣传文化工程，合力开展“悦读·税收”主题活动；开展“税收润童心，悦读共成长”活动；举办阿福小税官“税海拾贝”青少年税法知识竞赛，让青少年在寓教于乐中增长税收知识，增强依法诚信的纳税意识。创新税收文化宣传形式，借力文化传承提升税收文化宣传感染力，组织“税收走进艺术剪纸”活动，让税务干部到长泾实验小学剪纸兴趣班与同学们一起创作税收艺术剪纸，为非物质文化遗产的传承与发扬注入税收力量；举办"约绘税收——儿童手工自制图书DIY大赛"，让少年儿童以手工制作图书的独特方式表达出对税收的理解。在无锡地税局开展的全系统税收宣传年度积分竞赛中名列第一。

【税收调研积分名列无锡市地税系统第一名】 加大税收调研工作力度，做到"筹划早、立意新、层次高"，税收调研成绩实现新突破。先后承接并高质量完成无锡国际税收研究会《关于地方税制体系主体税种的国际借鉴研究》《关于专业化纳税服务的研究》等2个重点调研课题和无锡市税务学会《关于干部作风、形象及绩效管理的研究》的重点调研课题。《非居民股权转让税收征管的问题和建议》《重点税源企业税务风险管理的探索与实践》《地方税制体系主体税种的国际借鉴研究》等6篇调研文章被国家级社科期刊录用，《切实加强青年干部队伍建设》《对新时期企业公益性捐赠税收优惠政策的思考》等8篇调研文章被省级社科期刊录用，《个人所得税管理探析》《浅谈加强税收专业化团队建设》等22篇文章被无锡市级期刊录用。在无锡地税局开展的全系统税收调研年度积分竞赛中名列第一。

【政务信息积分名列无锡市地税系统第二名】 不断探索政务信息新思路，使专报类信息彰显江阴特色，在提升风险应对质效、促进境外上市公司常态化管理等方面的做法在无锡地税局专报刊登，"IPO税援团"特色服务品牌服务于上市公司的做法在省局专报刊登；苗头性信息服务上层决策，反映小贷公司运营状况的苗头类信息被省政府多名领导批示，在为各级领导提供全方位、多层次的涉税信息资讯的同时，更好发挥政务信息服务于经济发展的作用；税收类信息得到高层关注，对我国地方税制改革的建议类信息被中办采用，实现税收类信息高层次录用的新突破。政务信息先后被中办、国办录用8条，被省委、省政府录用31条，被省局录用3条，被无锡市委、市政府录用50条，被无锡地税局录用191条，被江阴市委、市政府录用99条。在无锡地税局开展的全系统政务信息年度积分竞赛中名列第二。

【文体活动形式多样】 开展形式多样的文体活动，组织干部参加江阴市市级机关业余文体培训班、太极拳培训班等，组织参加"劳动托起梦想，发展铸就辉煌"江阴市职工摄影大赛、"浦发杯"羽毛球比赛，"三八"妇女节开展趣味烘焙DIY活动，丰富干部的业务生活。为庆祝江阴地税成立20周年，全面回顾地税文化建设历程，开展"同心、同行20年""激情税月，成就梦想"等主题文化活动，开展"安全履职，文化兴税"主题读书活动、"江海税月"主题征文比赛及球类、棋类、游泳比赛、文化年会等一系列丰富多彩的活动，努力为干部展示才华提供平台，有效增进干部之间的深层次交流，全面提升干部队伍的整体文化素养，也为地税文化建设和党建工作注入了新的内容。

【编撰《江海扬帆—20年峥嵘税月》】 为全面总结和展示成立20周年取得的丰硕成果，组织编撰《江海扬帆—20年峥嵘税月》图文集，共分上中下3册。上册分"税月流金""税海搏击"2个篇章，"税月流金"编录20年20件大事、20年组织收入概况、20年组织机构变动概况、20年人员素质变化概况、20年历任领导班子成员及江阴地税局工作人员名录；"税海搏击"从队伍建设、组织收入、依法行政、征管改革、服务经济、信息化建设、文化建设及历史经验交流等8个方面反映20年奋斗历程。中册分"税星璀璨"、"税苑风华"2个篇章，"税星璀璨"编录6个先进集体及30个先进个人的事迹；"税苑风华"编录72个税务干部的美文、演讲稿、读后感及书画作品。下册"税影留痕"编录200余幅图片，用"税影"记录20年的美好时光与辉煌历史。

（程锡定）

宜兴地方税务局

【概述】 2014年，宜兴地税局以深入开展党的群众路线教育实践活动为主线，紧紧围绕"深化改革增动力、改进作风添活力"的工作主题，谋发展、推改革、抓创新，大力推进年度重点工作，充分发挥税收职能作用，组织各项收入123.65亿元，同比增长9.66%；其中组织地方税收69.92亿元，同比增长8.63%；公共财政预算收入60.05亿元，占宜兴市公财总收入的63.58%，税收部分同比增长8.68%，超额完成宜兴市委市政府下达的8.5%的增收目标；征收综合规费4.41亿元、社保费39.84亿元，收入质量和总量实现“双提升”。大力开展工业企业建设工程清理工作，1300多户企业补开自建工程发票68.65亿元，入库税款2.91亿元，占地税税收增量的50.95%，公共财政地税收入增量的54%。大力开展欠税（费）集中清理，催缴入库欠税（费）款1774万元，提请法院协助入库欠税（费）款2110万元。强化企业所得税年度汇算清缴指导和审核，入库企业所得税8.97亿元，增长27.38%。规范风险应对流程，编发《风险应对指引工作手册》，统一应对人员工作规范；设计风险指标模型，建立企业所得税预警、驾校税收风险、企业房产购置、环保行业、耐火行业等多个风险管理项目，实现管理绩效3681万元。完成中高等风险应对3063户，实现风险应对绩效5.58亿元，比上年增长58.11%。最大限度提升第三方数据利用的针对性和有效性，与住建、工商、国税、国土等部门形成信息交换制度，完成非住宅类存量房交易风险应对176户，入库税款1.1亿元。以数据分析为先导，做实个人所得税申报管理工作，年所得12万元以上自行申报企业2609户，比上年增长11.26%，申报人数7647人，比上年增长6.6%；两处以上自行申报率73%，比上年提高8.7%。5277户企业所得税查账征收企业预征、补征股利红个人所得税1.1亿元。提升营业税税源管理水平，对符合预清算条件的项目进行清算，清理施工工程项目数1073个。围绕拓基抓好“房土”两税管理，入库“房、土”两税7.96亿元，同比增长14.17%。成功举办宜兴地税局成立20周年税企（社区）文化共建系列活动，通过精彩纷呈的文化成果展示，体现了宜兴地税人团结奋进的精神面貌；刊发“税风雅颂”和“税务先锋”书籍，激情抒发地税干部立足岗位的奉献情怀，展现地税系统丰富多彩的时代风貌；建设“一厅一廊一书屋”文化设施，打造干部职工陶冶身心的文化阵地；积极参与无锡市局20周年系列文化活动，展示宜兴地税力争一流、勇于拼搏的良好形象。认真落实党风廉政建设责任制，依托岗位廉政教育系统，丰富拓展廉政教育内容，深入开展“践行群众路线、促进安全履职”预防职务犯罪专项活动；探索廉政风险与税收风险、执法风险同步预防，通过创建“廉政风险干预机制”和“执法事项回访机制”，实行制度审查干预、流程运行干预、执法跟踪干预和重大事项、重点节点提醒干预，进一步强化过程控制；拓展社会“监督网”，聘请28位税风税纪特邀监察员，运用电子监控，掌控干部在岗情况。在宜兴市“千人评议机关”活动中荣获第一名。

【基本情况】 宜兴地方税务局位于宜兴市宜城街道陶都路178号，主要负责宜兴市范围内地方税收、基金（费）的征收管理工作。内设7个机关职能科室，2个直属机构，9个派出机构（第一至第九税务分局）。全市有正常企业纳税户22999户，个体户19620户。共有税务干部262人、职工1人、事业编制3人。

【机构设置及负责人】

办公室

主　任　谈　俊（2014年3月免）
　　　　秦　峰（2014年3月任）

副主任　路庆宣
　　　　刘　昕

人事教育科

科　长　宗建东

副科长　汤蕴瑾（2014年3月任）
　　　　彭　凌（2014年3月免）

监察室

主　任　吴月蓉

副主任　何晶晶

税政法规科

科　长　沈　晔（2014年3月免）
　　　　冯　峰（2014年3月任）

副科长　龚旭东

征管和科技发展科

科　长　韩　俊（2014年3月免）
　　　　顾志中（2014年3月任）

副科长　解江华

规划财务科

科　长　吴建春

副科长　朱叶君

数据管理科

科　长　丁文东

第一税务分局：位于宜兴市宜城街道陶都路178号。负责全市地方税的征收及纳税服务工作，简称征收纳服局。

分局长　韩　俊（2014年3月任）

严来荣（2014年3月免）

副分局长　鲁春琴（2014年3月免）

朱息芳

彭　凌（2014年3月任）

吴淑华

第二税务分局：位于丁蜀镇公园东路。负责丁蜀镇、湖父镇范围内（除第七税务分局管辖外）各类纳税人的税源管理工作。

分局长　蒋群英

副分局长　俞晓峰

秦　峰（2014年3月免）

严来荣（2014年3月任）

第三税务分局：位于张渚镇迎春路。负责张渚镇、西渚镇、太华镇、徐舍镇范围内（除第七税务分局管辖外）各类纳税人的税源管理工作。

分局长　郑国强（2014年3月免）

谈　俊（2014年3月任）

副分局长　王黎敏

第四税务分局（风险监控分局）：位于宜兴市宜城街道陶都路178号。承担风险管理协调、进度监控、绩效考核等职能，负责风险情形的归集分析和风险识别需求的提交，风险管理运行情况分析，参与风险指标和风险识别模型的建设和维护。

分局长　闻益军

副分局长　顾文良

潘玲霞

第五税务分局：位于周铁镇周前路。负责和桥镇、周铁镇、芳桥镇、万石镇范围内（除第七税务分局管辖外）各类纳税人的税源管理工作。

分局长　蔺卫新（2014年3月免）

华　萍（2014年3月任）

副分局长　庞　敏

第六税务分局：位于官林镇公园路。负责官林镇、新建镇、杨巷镇范围内（除第七税务分局管辖外）各类纳税人的税源管理工作。

分局长：华　萍（2014年3月免）

沈　晔（2014年3月任）

副分局长：胡　军（2014年3月免）

吴伟明

第七税务分局：位于宜兴市宜城街道陶都路178号。负责全市房地产开发业（含政府拆迁办）、总局省局定点联系企业、上市公司及其控股企业、银行保险业、非银行金融机构纳税人的税源管理工作。

分局长　孙永红

副分局长　李军彪

冯　峰（2014年3月免）

鲁春琴（2014年3月任）

第八税务分局：位于宜兴市阳泉东路三里桥堍。负责江苏宜兴经济技术开发区、屺亭街道、新庄街道、宜城街道范围内（除第七税务分局管辖外）各类纳税人的税源管理工作。

分局长　董逸超

副分局长　胡　军（2014年3月任）

杨志元

汤蕴瑾（2014年3月免）

第九税务分局：位于环科园新城路。负责环保科技工业园、新街街道、高塍镇范围内（除第七税务分局管辖外）各类纳税人的税源管理工作。

分局长：徐海涛

副分局长：石剑光

顾志中（2014年3月免）

稽查局：位于宜兴市宜城街道陶都路178号，负责全市地方税的税收检查工作。

分局长　程旭东

副分局长　尹　虹

陈媛媛

【荣获宜兴市“集体三等功”】 积极谋发展、推改革、抓创新，扎实履行税收职能职责；成功应对严峻经济形势，有力保障地方财政收入；全力开展工业企业建设工程清理，“智慧税收”实现多方共赢；着力创设风险管理的高效机制，因地制宜释放改革红利；多措并举建树部门形象，聘请28名税风税纪监督员和20名“神秘客户”着力拓展监督网络；积极参加政风行风热线，搭建对外沟通桥梁；深入开展“中梗阻”治理，通过找准病灶，治理顽疾；开展“改进地税作风提升服务效能”的作风建设专题活动，力促行政提速、服务提质。在宜兴“千人评议机关”活动中，从50个部门中脱颖而出，以综合满意率93.62%的成绩荣获综合评议第一名，获得市委市政府的高度赞扬。在2014年度综合先进表彰大会上，宜兴地税局荣获集体三等功。

【“智慧税收”实现多方共赢】 坚持改革“主旋律”，抢抓改革新机遇，以税政工作为突破口，以大胆创新为主抓手，在提升税务行政指导质效、抓好企业所得税后续管理、做实个人所得税申报管理等日常工作基础上，通过开展工业企业建设工程清理等重点税政工作，引领地方经济在改革大潮中争取主动权，增长新优势，在支撑地税收入有力增长的同时真正实现了政、税、企三方共赢。经过系统上下的协同努力，1300多户企业补开自建工程发票68.65亿元，入库税款2.91亿元，占地税税收增量的51%、公共财政地税收入增量的54 %，既助推收入中心工作，又帮助企业夯实资产，还撑大地方财政盘子，并被列入当年全省地税系统重点工作。

【风险管理增收绩效明显】 开展风险管理基础建设，建立健全制度，理顺管理流程，强化绩效评价，使风险管理基础工作逐步纳入规范化轨道，编发《风险应对指引工作手册》，统一应对人员工作规范。设计风险指标模型，建立企业所得税预警、驾校税收风险、企业房产购置、环保行业、耐火行业等多个风险管理项目，实现管理绩效3681万元。完成中高等风险应对3063户，实现风险应对绩效5.58亿元，比上年同期增长58.11%。风险管理监控工作逐步体现本土化特征，自行建立的企业所得税查账企业预警率指标、驾驶员培训机构税收风险指标和企业购置房产涉税风险三个项目被无锡地税局认可和应用，产生绩效3498万元。优选确定13个重点行业项目化，其中耐火、化工、环保三个行业通过指标识别分别推送20户、35户和77户，申报应对绩效302万元。

【高效利用第三方数据】 努力破解第三方涉税数据获取的局限性，积极拓展信息来源渠道，畅通涉税信息交换机制，认真开展第三方涉税信息采集利用工作，最大限度提升第三方数据利用的针对性和有效性。加快风险源库、第三方数据管理、纳税遵从和税收征管、数据质量管理等四大信息化平台建设。定期抽样核对企业登记资料、“大集中系统”数据、纸质影印资料，确保基础数据真实可靠。与住建、工商、国税、国土等部门形成信息交换制度，完成非住宅类存量房交易风险应对176户，入库税款1.1亿元。

【开展欠税（费、基金）专项清理工作】 7月至10月，开展欠税（费）专项清理工作，严格按照相关规定规范操作，采取电话催缴、约谈催缴、发放催缴文书、保全或强制执行措施，切实做到“法定环节到、文书手续齐”。加强宣传，营造清缴氛围，定期进行欠税公告，并首次通过《宜兴日报》等媒体对部分恶意拖欠税款的105户“老赖”进行欠税公告。建立与工商、国税和法院等部门联系制度，随时掌握欠税人的关停并转、申请破产等信息，对进入法定债务清偿程序的，及时向法院申报债权，提请法院协助入库欠税（费）款2110万元。

【开展“便民办税春风行动”】 结合税收宣传月活动，以“便民办税春风行动”为主题，依托“税官好邻居”社区税官服务平台，深化和拓展社区服务。通过公开便民服务承诺，创新便民减负举措，竭力为纳税人建立一个“明白缴税”“放心纳税”“简单办税”的服务环境。高度重视社保费欠费管理工作，专门制定清欠管理办法，强化欠费管理力度。组织开展“3·15”广场宣传活动，精心制作《维权指南》宣传手册，通过现场咨询和发放资料的形式，提升消费者利用发票维权的意识和能力。依托“蓝色蒲公英”纳税人学堂践行服务承诺，尽力满足纳税人的辅导需求。同时，推行纳税人需求采集工作，以丰富多样的形式开展广泛深入的需求调查，拉近与纳税人的距离，倾听纳税人的需求，明确纳税服务改进的方向。

【推行税源管控新举措】 以企业财务人员、基层分局监控审核管理人员及业务分局长为培训对象，采取地税网站培训课和纳税人学校集中授课等方式，开展企业信息申报和重点税源监控分析软件的应用培训。各基层分局成立重点税源管理工作领导小组、设置重点税源联络员、建立重点税源周报告制度，并侧重加强对重点税源企业月报表的催报和填报辅导、数据质量的动态监控、重点企业和重点区域开展实地调研，以及对重点企业税负情况进行测算和预警。充分运用软件平台，加强重点税源质量分析、税负分析、趋势分析和专题分析，通过重点税源企业收入特点潜力、重点行业结构分布、税收增减变化、纳税贡献程度等，及时掌握重点税源发展变化趋势。

【积极落实小微企业优惠政策】 坚持以纳税人需求为导向，加强系列宣传，力推便民举措，打通优惠政策落实“最后一公里”，助力小微企业健康发展。掐准新旧政策衔接的关键节点，从政策执行时间、执行口径、推行方式、办税通道等方面按上级要求做好充分准备。畅通“12366”在线咨询平台，组织业务骨干将小微企业最新税收优惠政策汇编成册进行发放。简化小微企业认定手续，推行政策执行情况动态管理，在9月份集中受理1551户小微企业减免税申请，办理退税和抵税371.68万元。建立完善税收政策落实跟踪反馈机制，收集优惠政策执行过程中存在的问题，积极向上级反馈，集中力量加以解决，确保符合条件的企业及时享受到税收优惠政策。

【举行“纳税人之家”公开审理活动】 11月4日，稽查局“纳税人之家”活动——宜兴市官林医院案件公开审理在辅楼会议室举行。整个公开审理活动按照检查人员介绍案情、检查人员提出初步处理处罚意见、审理人员提出初审意见、纳税人陈述申辩提出不同意见，双方围绕异议发表辩论、主持人就疑难问题向税政法规人员、纳服局人员提请进行政策说明、审理人员发表意见、稽查局大要案审理统一意见，向市局大要案审理委员会上报等七个步骤有条不紊地进行。活动拉近了纳税人和税务机关的距离，极大彰显公开审理的魅力，为构建和谐的征纳关系发挥了纽带和桥梁作用。

【加强存量房税收管理】 实行征收、评估、管理三方联手，严格非住宅类存量房交易征管，受理交易389户次，入库各级各类税收1.69亿元。单独设置非住宅类存量房交易专项窗口，专人负责业务受理和税款征收。风险应对人员根据任务推送，三个工作日内对非住宅类存量房交易实施实地核查，结合房土评估公司的评估报告确认交易金额，计算应缴税款。形成基础管理分局和税源管理科两级审核制度，定期对受理的非住宅类存量房交易进行复审，并及时对各阶段的交易评估作总结分析，明确不符合规定的交易责任，严格非住宅类存量房交易税收征管各个环节的考核，并督促其整改到位。

【创新纳税服务体系】 积极开展“便民办税春风行动”，陆续推出公开行政审批清单、提高办税服务效率、全面推行首问责任制、公开执法权力清单等系列行动内容，着力解决在行政审批、办事效率、服务意识、办税负担、纳税诚信、规范执法等方面存在的问题。全面贯彻落实《全国县级税务机关纳税服务规范》，优化完善办税流程，拓展网上办税和自助办税服务功能。统一纳税人办税指南、各类涉税表单资料填报和办税业务规程。实行“神秘客户”现场服务检测制度，办税服务效能进一步提升。深化应用纳税人需求管理系统，坚持以纳税人需求为导向，推出“金色小蜜蜂”服务、税企QQ群、微信公众平台等个性化服务举措。

【政务信息实现新突破】 切实提升税收工作站位，发挥政务信息主管部门的管理协调职能，强化责任，完善考评激励机制，通过分层分级管理、组建写作团队、多头约稿、特邀无锡市委和无锡地税局专家领导授课培训等手段措施，进一步提高工作质量与效率，促进信息工作在税收事业发展中体现更大的作为。全年8篇信息被中共中央办公厅及国务院办公厅录用，录用数量及质量均创历史新高。

【注重宣传效应提升服务发展品质】以注重宣传效应为抓手，不断提升税收宣传工作的影响力。注重辐射效应，深入企业开展“点对点辅导，零距离服务”宣传走访，推进“校园税法辅导”常态化管理，坚持“扶农惠民”送法下乡。注重文化效应，举办紫砂、陶瓷艺人税收题材作品征集活动，组织“书情税月、书香税礼”青少年书法比赛，开展生态文化“牡丹节”税收宣传。注重品牌效应，深化“税官好邻居”社区税官服务承诺活动，推进“蓝色蒲公英”纳税人学堂的管理应用，建立“金色小蜜蜂”纳税需求管理品牌。注重媒介效应，开通微博、微信公众平台，在新型媒体领域中探索更为实时、智能、有效的宣传服务新路径。

【创建“金色小蜜蜂”纳税需求管理品牌】“金色小蜜蜂”纳税需求管理品牌主要围绕纳税人的需求展开，包括对纳税人的需求进行采集，对采集到的需求进行汇总分析，然后提出相应举措满足合理需求等一系列环节。创建该品牌的主要目的是把纳税人需求作为纳税服务工作的出发点和落脚点，对纳税人需求进行精细化管理，增加纳税人表达诉求的途径和渠道，提升纳税服务的针对性和实效性，通过定期开展活动，了解纳税人的真实想法，拉近征纳双方的距离。“金色小蜜蜂”纳税人需求管理工作已经形成特定的机制，即建立起需求对象划分标准、多元化的需求采集渠道和需求管理响应机制。

【开通“宜兴地税”官方微信公众平台】为全力打造“无线地税”服务品牌，同时创新“便民办税”的服务方法，4月初正式开通“宜兴地税”官方微信公众平台，开辟“微时代”运用上的又一办税服务新渠道。“宜兴地税”微信公众平台主要针对宜兴纳税人发布本地化的涉税信息，适时向纳税人推送涉税通知、税收公告、热点税闻及税收政策等，满足纳税人多元化的办税需求，充分保障纳税人的知情权，实现公民的监督权利。针对办税服务中出现的纳税人容易遗忘的重大办理事项，也通过温馨提示的方式及时告知纳税人所需办理的具体业务、涉税资料、截止时间等，彰显了人性化、零距离服务理念。

【召开A级纳税信用等级单位表彰大会】12月10日，“2012-2013年度全市A级纳税信用等级单位表彰大会”在宜兴市会议中心隆重召开。会议由国税地税联合举办，全市106户“A级纳税人”参加会议，财政局、商务局、经信委、工商局、司法局、法制办六个部委办局应邀列席会议。宜兴市委常委、副市长梅中华出席会议并发表讲话。地税局党组书记、局长庞德征主持，国税党组书记、局长郁岚宣读表彰决定，为获得“A级”纳税信用等级的企业颁发A级信用证书和奖牌，并在当天的宜兴日报上进行公告。江苏亨鑫科技有限公司总经理徐国强先生代表全体A级纳税信用单位提出依法诚信纳税倡议。

【成立“爱心爸爸团”结对助学团队】为充分发挥地税干部在践行社会责任中的先锋模范作用，成立“爱心爸爸团”结对助学团队，并于9月5日开展首期结对助学仪式——“爱心爸爸团之爱的地图”，启动首个助学专项基金会。60余名学生和老师参加活动，孩子们在“爱心爸爸团”设置的“爱心许愿墙”上用许愿卡纷纷许下自己的小心愿。随后，师生们被分为黄、白、粉、蓝、橙5组，在“爱心爸爸”们的陪伴和带领下，按事先抽取到的路线图，分别参观办税大厅、文化展厅、职工活动中心等五个地点，并在活动室绘制“百米画卷”，传递地税部门关爱学子、回报社会的“正能量”。

【职工书屋获省总工会授牌】坚持以精彩的文化吸引人，以高尚的文化感动人，以先进的文化引领人，并于7月份筹建职工书屋，占地200平方米，藏书3800多册，音像制品100多种，报刊20多种，取名“有涯无涯”书屋，取义于《庄子》，“吾生也有涯，而知也无涯”。书屋开放后，成为干部职工业余时间的一个好去处，100多人次借阅相关书籍。职工书屋为书香地税、文化地税建设打造了一个丰富的精神载体和文化阵地。12月22日，职工书屋被省工会授予“省级职工书屋”奖牌。

【创推“梯进式”全员考试模式】 坚持“人才强税”的战略目标，以能力建设为主线，创新人才培养机制，初步形成“梯进式”全员考试模式，分别对风险应对、稽查、基础管理、纳服和机关人员组织进行考试。“梯进式”考试的亮点在于考试难易度呈爬升阶梯状，对于基础类业务知识和时政知识，要求全员掌握，纳入全员考试的共性部分。同时根据岗位类别不同，业务素质要求及侧重点不同，设置区分难易度的个性部分，税务干部按岗位共分成四层阶梯难度进行考试。命题题目按比例从题库随机抽取的形式，网上考试系统自动随机出题、自动评分、考试成绩自动采集上报。通过考试促进干部学用结合，进行针对性的查漏补缺，建立起长效完善的学习强化机制。

【狠抓干部队伍建设】 坚持以“四心”为着力点，加强队伍建设，切实提升团队影响力。把握“核心”，以强化干部素质建设为根本任务，提高干部政治敏锐性；成立“三师”俱乐部，促进青年干部业务学习的能动性；开展业务培训，提高干部业务技能。激发“慧心”，以文化活动为抓手，集思广益推动工作创新创优；开展自行车慢行比赛、干部职工烹饪比赛及俱乐部联谊活动等工会活动，激发队伍创新活力。奉献“爱心”，部署“春风行动”，广泛开展扶贫助困活动；落实“一帮一献爱心”活动要求，扎实推进社区税官结对扶贫工作。保持“清心”，开展“讲政治、转作风、迎评议”专题教育活动，由点及面筑牢拒腐防变思想防线。

【开展机关干部办税服务厅轮值活动】 为进一步落实“接地气促满意”便民办税的理念，切实提高办税服务厅工作质效，1月1日起推行机关干部赴办税服务厅带班轮值工作，让中层干部深入办税服务厅，了解服务流程，体验办税过程，与纳税人进行面对面交流，真正实现纳税人诉求在一线响应，政策落实情况在一线调研，征纳矛盾纠纷在一线化解。轮值活动是推进征管改革及税源专业化改革的一项新举措，能有效促进机关基层联动，改进机关工作作风，提升办税服务厅工作质效，提高纳税人满意度，构筑融洽和谐的征纳关系。先后有机关干部494人次深入办税服务厅轮值，协调处置大厅难点问题712件次。

【扎实开展群众路线活动】 按照统一部署，紧紧围绕“照镜子、正衣冠、洗洗澡、治治病”的总要求，将群众路线教育实践活动贯穿工作始终。学习教育讲深度，组织开展“学习先进找差距，践行宗旨绘新篇”主题交流；排查问题讲广度，集中开展“四听四问四征求”活动，认真排找“四风”方面存在的突出问题，梳理汇总涉及9大类的265条意见建议；联系群众讲热度，深入开展机关干部赴大厅轮值和巡值活动，协调处置大厅难点问题712件次；实处整改讲速度，配套制订7大类26项整改任务和清单，开展“中梗阻”专项整治活动。其边听边改、边改边建、常态管理工作得到宜兴市委学教活动领导小组的高度认可，并在宜兴党建专刊上作了专题介绍。

【召开地税20周年工作汇报会】 9月26日和10月27日，分别向市人大、市政协汇报“精彩税月·你我共鉴”地税20周年工作情况，回顾二十年来的发展历程，听取市人大、市政协代表对地税事业发展的意见和建议。与会领导和委员代表们先后参观视察了征收大厅，观看了“辉煌二十载 展望新地税”专题片，并就进一步加强地税工作提出意见和建议，希望地税部门要千方百计拓税源、壮税基，围绕重点难点和关键环节，推出更多、更有针对性和创造性的好思路、好举措，确保地方财力可持续稳步增长。

【出版《宜兴市地方税务志（2004–2013）》】 9月18日，《宜兴市地方税务志（2004–2013）》出版面世。该部地税志，紧承上一部《宜兴市地方税务志》（1994–2004），上限自2004年7月开始，下讫2013年12月。全志共十九章，74节，40余万字；是一部全面客观记述宜兴地税2004年—2013年改革创新、发展壮大的部门志。该志遵循求真务实、实事求是、与时俱进的原则，结合税收工作规律和特点，分组织收入、征管改革、服务经济、税收管理等19个方面，翔实记载了宜兴地税的行业概况、历史沿革和发展轨迹。该志既是宜兴地税这十年改革发展的历史总结，又是社会各界了解宜兴地税税情、增进交流协作的桥梁纽带；既是宜兴地税人谋求更好更快发展的宝贵资源，又是在新起点上实现跨越腾飞的文化财富。

（尹　焱）

锡山地方税务局

【概述】 2014年，锡山地方税务局以组织收入为中心，深化征管改革，推进依法行政，全力服务区域经济发展大局，税收收入保持稳定增长，组织各项收入79.11亿元，同比增长8.10%。完成税收收入45.73亿元，同比增长9.46%，非税收入33.38亿元，同比增长6.28%。其中社保费征缴入库28.97亿元，同比增长8.98%。实现公共财政预算收入41.5亿元，同比增长15.33%。一是强化税源管理。对税源情况进行深度剖析，全面分析经济运行情况和政策效应，形成以税收分析为龙头，以风险管理为导向，税源监控、风险推送、评估稽查、成果反馈四级递进的税源管理链；完善"涉税快讯通平台"，与国土、工商等部门合作获取67860条辖区企业销售、房产等涉税数据，排查征收税款10150万元，加收滞纳金500万元。借助新闻媒体、互联网络、12366咨询热线帮助纳税人了解、掌握税收优惠相关政策。二是践行科技征管。完善"风险管理程控体系"，开发完成《锡山地税风险管理质量监控平台》，采集风险信息484条，实现税款2.07亿元，被市无锡地税局推广应用到全系统；对接"1+6"项目和重大产业项目需求，落实地理信息平台建设和管户税源的地理信息采集工作，完成"智慧地税"税务管理一期的开发，在9个办税服务厅点率先推广上线运行"信息防泄漏平台"。三是改进服务举措。推广应用24小时自助办税服务机，编写《地税之窗》专刊，成立"青少年税收实践基地"，制定《窗口轮岗工作制度》，特聘10名"神秘客户"现场评估、跟踪检查地税部门服务质量；举办小微企业优惠政策解释和辅导班、"云林·荟聚"新办企业专场培训，制作"新手网上办税操作指南"视频；办理各类报批类备案类营业税税收优惠995户次，减免税额2.24亿元。服务"新三板"企业上市举措受到无锡市汪泉市长的批示。四是推进依法治税。按照简政放权的要求，进一步清理规范行政审批事项，建立行政审批权力清单制度，编制《税务行政处罚操作手册》，严格规范行政处罚工作；建立执法督察事前、事中、事后全程监控闭环管理机制，将各职能科室的监控指标及重点工作落实情况纳入日常督察内审内容，对组织收入原则执行情况、税收优惠政策落实情况等五大重点开展全面税收执法督察，发现并整改问题89户；推进"阳光稽查"，实施举报案件"三类"管理，积极开展"稽查参事团"活动，稽查局被评为全市地税系统"四星级法治地税建设示范单位"。五是抓好队伍建设。统计、梳理绩效考评指标，出台《管理之星、服务之星、应对之星"三星"管理奖励办法》，先后组织职业心理、税收业务、舆情应对、执法内控等培训；践行群众路线，大力开展党团组织活动，举办"走群众路线·扬身边典型"专场道德讲堂和"三访、三听、三思"系列走访活动，建造"税收文化体验中心"品牌展示室。被省局表彰为"江苏地税20周年建功集体"，在区级机关行政执法部门"作风与效能建设民主评议"中实现"四连冠"，党总支部被评为区级机关2013–2014年度先进基层党组织，"蓝翼志愿服务队"荣获江苏省优秀志愿服务品牌，张烽同志荣获"市五一劳动奖章"。

【基本情况】 锡山地方税务局，位于无锡市锡山区东亭街道府北路4号。负责无锡市锡山区各类地方税收（基金、费）的征收管理工作。内设8个职能科室，下辖6个单位，实有干部职工139名。

（林宇亮）

【机构设置及负责人】

办公室

主　任　沈潇敏（2014年3月免）
　　　　薛庆鸿（2014年3月任）
主任助理　尤维新（2014年6月免）

副主任　尤维新（2014年6月任）

人事教育科

科　长　王汉东

副科长　齐　艳

法规科

科　长　马　杰

副科长　于　霜

规划财务科

科　长　奚琳娜

税政征管科

科　长　章秋明

副科长　李　彦

数据管理科

科　长　张榆辉

副科长　晏　东（2014年6月免）

监察室

主　任　江　浩

副主任　缪丽一（2014年6月免）

党总支

副书记　许耿坚（2014年3月免）

胡宏程（2014年3月任）

第一税务分局（纳税服务局）：位于无锡市锡山区东亭街道府北路4号。负责全区范围内纳税人设立、变更登记信息的审核确认；纳税人地方税收、基金（费）的认定、征收工作；承担纳税人所有涉税事项的受理和当场办结类事项的审批；承担发票资格认定、申领、缴销、核销职能；开展面向纳税人的税法宣传、辅导咨询、办税服务、权益保护和税收法律救济等工作；承担税务登记、纳税申报、发票领购等在纳税服务环节涉及的简易处罚；契税、耕地占用税、存量房交易的相关税收的征收，各类税收优惠报备的受理、转办以及存量房评估、发票开具等窗口职能等。

分局长　张敏慧（副科级）

副分局长　周立清

（股级正职，2014年6月免）

许艳洁

（股级正职，2014年6月免）

胡艳峰

（股级正职，2014年6月任）

王　治

（股级正职，2014年6月任）

第二税务分局：位于无锡市锡山区东亭街道府北路4号。承担全区纳税人风险归集、风险识别、风险等级排序、风险推送、风险应对结果评价等职能，参与风险指标和风险识别模型的建设和维护，组织实施风险应对复审和质量评价，直接参与重大、复杂或量大的风险应对职能。

分局长　邹　浩（副科级）

（2014年3月免）

沈潇敏（副科级）

（2014年3月任）

副分局长　赵　斌（股级正职）

第三税务分局：位于无锡市锡山区东亭街道学士路136号。履行全区非纳入风险管理的纳税人注销登记管理、涉税审批事项和催报催缴的后续管理，有关发票投诉和举报的快速应急处置，一般涉税违法违规行为的处罚及其他特定的税源管理事项的调查处理，个体零星税收管理和社会协税护税等职能。

副分局长　贾涛闻

（主持工作，副科级）

副分局长　张　林

（股级正职，2014年11月免）

相建新

（股级正职，2014年3月免）

张　烽

（股级正职，2014年6月任）

第四税务分局：位于无锡市锡山区鹅湖镇鹅湖路10号。承担全区金融业、建筑业、房地产业、交通运输业、商务服务业、居民服务业、批发零售业、摩托车（电动车）业纳税人的中等风险应对工作。

分局长　张　益

（副科级，2014年2月免）

邹　浩

（副科级，2014年3月任）

副分局长　胡宏程

（股级正职，2014年3月免）

许艳洁

（股级正职，2014年6月任）

第五税务分局：位于无锡市锡山区安镇街道东兴路198号。承担除第四税务分局风险应对外纳税人的中等风险应对工作。

分局长　陈宏伟（副科级）

副分局长　胡艳峰

（股级正职，2014年6月免）

薛庆鸿

（股级正职，2014年3月免）

周立清

（股级正职，2014年6月任）

稽查局：位于无锡市锡山区锡北镇八士蓉北大街31号。主要承担高风险应对、举报、移送或交办案件的查处工作。

局　长　丁春盛（副科级）

副局长　邹涵君（股级正职）

【参加全国税收调查、减免税统计调查】 积极落实全国税收调查、减免税统计调查，对2014辖区内参加全国税收调查的50户企业（其中24户重点调查、26户抽样调查）和享受减免的纳税人的基本资料进行采集和审核，保证税收调查、减免税数据真实、准确、完整。经调查，2013年度锡山区享受税收减免的单位10159户，其中企业542户，个体工商户9617户，减免税款20851万元。

【创办《地税之窗》增强服务信息时效】 为了让纳税人及时了解办税动态、最新税收政策，从第一个季度开始，组织编写系列《地税之窗》，搜集地税工作动态、政策速递、案例警示、12366热点聚焦，随附调查问卷，邮寄到辖区内每一位政协委员、人大代表及257户重点企业法人代表，全年创办4期，向社会各界发放刊物960份，征集意见25条，增强了服务信息时效。

【施行《窗口办税人员轮岗值班制度》】 响应国家税务总局"便民办税春风行动"的号召，3月底成立"便民办税春风行动"领导小组，推进各项活动落实，施行《办税服务窗口定期轮岗值班制度》，职能科室干部定期到窗口一线担任轮值导税，扮演"三个角色"，即"办税引导员"，指引纳税人到相应的窗口办理涉税业务，指导纳税人填写相关表格，一次性告知业务所需材料和步骤；"业务咨询员"，为前来咨询业务的纳税人答疑解惑，分流窗口咨询业务人数，减轻窗口人员的工作压力；"税法宣传员"，将每月最新税收政策宣传资料分发到纳税人手中，为纳税人传递最新的税收动态。

【特聘10名"神秘客户"评估服务质量】《全国税务机关纳税服务工作规范》发布后，对照梳理服务职责要点，完善内审机制，制定本地化办税服务厅应急预案，对窗口临时开票、部分退税业务等工作的业务合法性、真实性和规范性进行重点监督和检查，特聘10名"神秘客户"，制定科学评估指标，以第三方视角，现场评估、跟踪检查办税窗口服务质量。

【国地税联合24小时自助办税服务点投入运行】 12月18日，全市首家国地税联合创建的24小时自助办税服务点正式对外开放运行，纳税人可以全天候在该自助办税服务点完成部分国地税窗口业务。该服务点位于二泉路，内设自助办税服务机，具备个人所得税完税证打印、企业纳税信息查询等自助办税功能，并将陆续开通开具通用发票、开具建筑业发票、社保费缴纳、补打完税证等功能。

【"稽查参事团"庭审活动被《人民日报》刊载】 依托"纳税人之家"，成立"稽查参事团"，针对纳税人对一些涉税政策、处理定性上的理解偏差，以模拟庭审会的方式，邀请纳税人代表、中介机构及律师代表，先后开展资本交易涉税违法案例讲评、货运行业涉税违法案件庭审旁听、稽查案件公开审理等活动，介绍案件税收违法情况，提出处理处罚建议和法律依据，让涉税企业陈述申辩，最终就税务行政处理达成共识。9月25日，一场农村小额贷款公司稽查庭审会受到社会关注，《人民日报》以"让受罚者把话说完"为题在民主政治周刊进行专题报道。

【完成税收执法督察工作】 4月至9月，严格对照市局《关于开展2014年全市税收执法督察工作的通知》要求，由法规科牵头，抽调业务科室、基层分局骨干组成执法督察小组，制定督察方案，通过数据分析，案头审核，实地延伸等多种督察方法，对2013年1月至2014年3月期间组织收入原则执行情况、税收优惠政策落实情况等五大重点开展全面税收执法督察，4月至6月开展自查，6月至9月为督察，发现有问题户46户次，涉及税款88万元，并将问题整改到位。

【创建税收执法督察闭环管理项目】 3月始，建立执法督察事前、事中、事后全程监控闭环管理机制，将执法督察从事后督察前移至执法事项的事前布置、事中监控，督察对象由对基层落实部门上移至机关科室，同时聘任从机关科室到基层分局多层次的兼职内审员，充实税收执法团队，提高执法督察工作质效。

【建立风险应对实时监控机制】 自主开发风险应对过程查询功能模块，实现应对任务的过程控制。查询模块通过对应对流程各环节即案头审核、税务约谈、税务约谈—自查审核、税务约谈—审议、税务约谈—执行等的有效监督，全面展示各应对管户的应对过程，通过税收风险管理工作完成风险应对1238户，实现绩效25235.4万元。

【强化对第三方信息的综合利用】 风险评估分局（第二税务分局）对征管部门采集的第三方信息，采用人机结合的核查分析模式，对风险疑点较多、预估税款较大的推送中等风险应对，对疑点指向明确、预估税款较少的由基础管理部门核实。同时根据第三方信息与涉税风险的关联性，创建外籍就业人员未缴税风险、医药零售行业销售收入比对异常风险等风险指标，以提升第三方信息的利用效率，先后对9659条第三方信息进行分析、筛选、利用，实现税款2813万元。

【探索对互联网信息的采集应用】 以团购网、天猫网等网站信息为突破口，积极探索互联网涉税信息的采集应用，通过对网购信息的分类验证，与企业申报信息的分析比对，核实17户纳税人存在少缴税款的风险，同时，针对网购税收风险编写风险应对策略，创建风险指标，为互联网数据在风险管理中的应用打下良好基础。

【打造风险管理监控平台】 构建风险管理监控平台，集中分析识别各部门、各单位上报的风险管户，合理确定风险应对任务数量和风险处置方式，科学安排风险应对任务，及时进行推送，通过对风险管理全过程监控，实现从风险信息采集、风险分析识别、风险应对反馈、风险环节预警到风险绩效评价的闭环管理，通过分析平台采集信息推送中等风险管户390户，实现绩效2.08亿元。

【举办“走群众路线、扬身边典型”活动】 4月22日，在无锡市道德讲堂总堂举办“走群众路线、扬身边典型”——锡山地税专场活动，分为唱歌曲、看短片、讲故事、诵经典、作点评、行崇德礼、自我反省、念劝善词、“一堂一善事”等9个环节，营造崇德向善、文化兴税氛围。

【蓝翼志愿服务队被江苏省文明办、民政厅联合表彰为江苏省优秀志愿服务组织】 2010年1月创建“蓝翼”志愿服务队，以“自愿加入、量力而行、因地制宜、真情服务”为活动原则，下设“巾帼爱心团”“蓝翼青年志愿服务队”“爱心基金”三个服务分队，现有注册队员138名。建立锡山特殊学校、锡通社区、天一中学、安镇中学四个志愿服务基地，开展法律咨询和维权，帮困扶弱、捐资助学，爱心助残、就业帮扶，生态环境、文明交通，文明礼仪、文艺演出等五项志愿服务，年人均志愿服务时间100小时，累计捐款90万元，捐赠图书2000册，电脑等设备20台，塑造良好的社会形象。2014年4月，被江苏省文明办、民政厅联合表彰为江苏省优秀志愿服务组织。

【开展党的群众路线教育实践活动】 认真开展查摆“四风”问题活动，从严从实开好民主生活会，严格落实问题整改，活动期间班子成员下基层调研9次，先后召开5次座谈会，调查问卷70人次，谈心谈话4轮次，班子成员与分管单位负责人开展谈心谈话14次，中层以上党员干部、班子、支部撰写对照检查材料49篇，组织专题讨论3次。

【出台“三星”管理办法】 为调动干部干事创业热情，创新干部评先评优工作，出台《管理之星、服务之星、应对之星“三星”管理奖励办法》，成立考核评选领导小组，从政治立场坚定、热爱税收事业、依法行政和公正廉洁四个方面，按照各单位推荐、人事教育部门考察、局党组研究三个步骤，每季组织评选，年终进行综合评比，全年99人次受到表彰，调动了干部争先创优热情。

（林宇亮）

惠山地方税务局

【概述】 2014年，惠山地方税务局把握“改革创新求突破 提升站位谋发展”战略目标，积极履行税收职能，服务辖区发展大局。组织收入79.43亿元，同比增长7.17%。同时，严格落实各类优惠政策，为纳税人办理减免税1.49亿元。落实依法治税原则，组织学习中共十八届四中全会关于依法治国精神，在宪法日组织开展宪法培训、宣誓。积极探索“九式”税务行政指导，为4户境外上市企业提供订单式行政指导。出台《税务行政处罚标准化操作手册》《税务强制执行标准化操作手册》，限缩自由裁量权，规范执法细节。参加市局组织的税收法制技能大赛获得团体三等奖和优秀组织奖。推进税收征管工作，建立各部门联动、专人负责的税源及征管状况的监控分析机制，定期进行薄弱指标预警通报与分析，及时反馈日常征管中碰到的问题，并提出管理建议。完善基础管理模式，补齐基础管理短板，通过设置手工任务基础管理流程图、核实模板、监控核实结论，形成闭路管理，开展新办单位和票表比对差异核实任务。创新开展税收服务区建设，深入纳税人进行辅导、信息和需求采集等，提升纳税遵从。开展“便民办税春风行动”，公布“便民办税服务清单”，向社会做出公开服务承诺。联合国税在惠山区行政服务中心设立惠山区税务服务中心，集国地税合力为纳税人提供一站式、全程化服务。大力提升税务登记、退税等办理速度。开通微信公众平台，并深入社区、机关、地铁、企业等进行宣传辅导，延伸服务触角。开通“宅急送”，将办公桌搬进医院、企业、厂房，上门提供纳税服务。落实《全国县级税务机关纳税服务规范》，严格落实首问责任制、一次性告知制等制度，规范服务行为。开展党的群众路线教育实践活动，进行“严管优作风、善待凝人心”主题谈心谈话活动，统一认识，凝聚发展干劲。全面实施绩效管理。实施干部业务技能达标提升工程，形成“每周一学（周五学习日）、每月一讲（周末讲堂）、每季一考（季度全员考试）”的内部干部培训模式，提升干部素质。积极开展各种文体活动，在无锡地税系统篮球赛、乒乓球比赛、羽毛球比赛中团体成绩名列前茅。获得惠山区区级机关闹元宵“中国梦·惠山情”诗歌朗诵比赛一等奖、惠山团区委“学党史、知团情”党团知识竞赛团体第一名。围绕“为民、务实、清廉”要求，推进党风廉政和作风效能建设，开展“5·10”思廉日活动，邀请检察长讲廉政课，推出廉政书籍、廉政寄语、廉政提醒套餐。完善制度建设，设立局长巡查日、纪检监察专员、隐形观察员等，扎紧制度牢笼，开展契税征收管理专项执法督察和2014年税收执法重点督察，对3名领导干部进行经济责任审计，保持党风廉政和作风效能零事故记录。

【基本情况】 惠山地方税务局位于无锡市惠山区经济开发区吴韵路555号。负责无锡市惠山区各类地方税收（费、基金）的征收管理和稽查工作。内设9个职能科室、1个直属机构、5个派出机构。辖管纳税人32199户，其中企业纳税人18104户、个体户14095户。实有干部141人。

【机构设置及负责人】

办公室

主　任　顾仁忠（正股级）
（2014年4月免）
孙　柯（正股级）
（2014年4月任）
副主任　陈佰兴（副股级）
（2014年4月任）

人事教育科

科　长　丁立君（正股级）

监察室

主　任　朱明明（正股级）
（2014年4月免）
主　任　俞红霞（正股级）
（2014年4月任）

规划财务科

科　长　黄　靖（正股级）

税政法规科

科　长　杨　杰（正股级）

征管和科技发展科

科　长　诸　亮（正股级）

数据管理科

科　长　张云龙（正股级）
副科长　吴光明（正股级）

档案管理中心（2014年4月新设）

主　任　朱明明（正股级）
（2014年4月任）

史志办（2014年4月新设）

主　任　李　娟（正股级）
（2014年4月任）

第一税务分局：位于无锡市惠山区经济开发区吴韵路555号。负责全局纳税服务体系建设；负责制订全局纳税服务工作规范、操作流程及相关制度；负责全局纳税服务工作的调研规划、组织实施、考核评价工作；负责“12366”服务热线、地税网站、短信平台等纳税服务平台的运行和管理工作；负责全局税法宣传管理工作，在全区范围内组织开展纳税辅导工作；负责全局纳税人权益保护工作，受理纳税服务的投诉、举报，组织开展（除税务行政复议、应诉以外的）法律援助和救济服务，指导税收争议的调解，组织纳税人（社会）满意度和需求调查；负责全局纳税信用等级评定工作；负责全局办税服务厅规范化建设管理工作；负责驻区行政服务中心"地税窗口"、各办税服务厅和便民点的运行工作；负责全区地方各税、基金（费）以及社会保险费的征收工作；负责受理、办理（转办）依纳税人申请发起的涉税事项；负责全区纳税人在税务登记、纳税申报、发票购销等环节中一般性违规违章行为的处理；负责税款催报催缴、初次纳税鉴定、建筑房地产项目登记、低等风险任务应对、在纳税服务环节涉及的简易处罚。

分局长：陶晋吉（副科级）

副分局长：闵益红（正股级）

邹莉敏（正股级）

第二税务分局（风险评估分局）：位于无锡市惠山区经济开发区吴韵路555号。负责制订全区风险管理工作计划；负责牵头建立和维护分行业、分税种、分行为的评估指标和评估模型；负责制定和维护税收风险排序规则，确定纳税人税收风险等级；负责税收风险的识别、排序、推送工作；负责组织开展风险情形调查，研究风险应对策略，推送给相关机构实施风险应对；有必要时根据省、市局的要求直接组织对重要风险的应对工作；负责对重要风险应对案件的复审工作及风险评估工作的督察、评价、考核工作。

分局长　虞泽来（副科级）

副分局长　顾红宇（正股级）

第三税务分局：位于无锡市惠山区新兴东路1号。承担惠山区行政区域内省级以上重点税源户、金融保险业（含非银行金融机构）、交通运输业、中介事务所等的管理。负责对上述管理对象的地方税和非税收入的日常管理工作；负责税收征管状况监控分析工作；负责纳税评估、日常检查等风险应对工作和数据管理工作；负责管辖范围内地方税收协税护税、综合治税和纳税人之家建设工作；负责有关认定管理、涉税事项行政审批的后续管理工作；完成管辖范围内各项税收（非税）收入任务；开展与税务稽查部门、征收服务部门的协作和配合工作。

分局长　王晓强（副科级）

副分局长　王庆华（正股级）

（2014年4月免）

陈卫国（正股级）

第四税务分局：位于无锡市惠山区锡陆路319号。承担钱桥街道、无锡（藕塘）职教园区、阳山镇、洛社镇行政区范围内纳税人（除明确由第三税务分局管辖的纳税人外）的管理。负责对上述管理对象的地方税和非税收入的日常管理工作；负责税收征管状况监控分析工作；负责纳税评估、日常检查等风险应对工作和数据管理工作；负责管辖范围内地方税收协税护税、综合治税和纳税人之家建设工作；负责有关认定管理、涉税事项行政审批的后续管理工作；完成管辖范围内各项税收（非税）收入任务；开展与税务稽查部门、征收服务部门的协作和配合工作。

分局长　陆夏冰（副科级）

副分局长　章海萍（正股级）

副分局长　杨敏刚（正股级）

（2014年4月任）

第五税务分局：位于无锡市惠山区堰玉路。承担江苏省无锡惠山经济开发区范围内、堰桥街道、前洲街道、玉祁街道行政区范围内纳税人（除明确由第三税务分局管辖的纳税人外）的管理。负责对上述管理对象的地方税和非税收入的日常管理工作；负责税收征管状况监控分析工作；负责纳税评估、日常检查等风险应对工作和数据管理工作；负责管辖范围内地方税收协税护税、综合治税和纳税人之家建设工作；负责有关认定管理、涉税事项行政审批的后续管理工作；完成管辖范围内各项税收（非税）收入任务；开展与税务稽查部门、征收服务部门的协作和配合工作。

分局长　丁超其（副科级）

（2014年4月免）

顾仁忠（副科级）

（2014年4月任）

副分局长　俞红霞（正股级）

（2014年4月免）

丁燕峰（正股级）

（2014年4月任）

陈　峰（正股级）

（2014年4月任）

稽查局：位于无锡市惠山区经济开发区吴韵路555号。负责直接查处全区地方税务系统征管范围内的税务违法案件；负责牵头组织全区地方税收的专项检查、专项整治工作；负责受理涉税（地方税收）违法案件的举报管理工作；负责协助公安部门的协护税工作。

局　长　杨　磊（副科级）

副局长　朱俊伟（正股级）

【组织收入79.43亿元】 组织各项收入79.43亿元,同比增长7.17%,其中地方税收收入47.31亿元,同比增长5.54%,公共财政预算收入41.42亿元,同比增长8.38%,入库社保费26.57亿元,同比增长12.50%,入库其他非税收入5.55亿元。征管质量监控指标综合排名无锡地税系统第一,其中准期申报率为99.34%,准期入库率为99.03%,社保费准期征缴率为99.8%；重点做好利股红个人所得税的预征、结算管理,利股红个人所得税工作实现税款2.04亿元；做好股权转让税收管理,补缴税款699万元；积极开展欠税专项清理,入库欠税705万元；加大建筑项目税源排查力度,入库税款1.2亿元。

【加强个体税源管理】 编写《惠山地方税务局开展个体管理规范化管理实施意见（试行）》,全面规范个体管理；按月取得工商局第三方信息,排查并提醒纳税人办理税务登记,全年325户营业税户登记率100%；客观公正开展定期定额户管理,起征点以上个体户同口径增幅13.06%；开展漏征漏管户清理,清理相关漏管户194户,补征税款10万元；开展个体"房、土"两税专项清理,补征税款152万元,督促开具发票120万元；开展个体欠税清理,个体欠税清缴率达100%；通过各项管理活动,个体税收管理实现9.8%的增长。

【拓展综合治税网络】 从纵横两个层面深化综合治税立体网络建设,在横向上,确立政府需求、财政扎口、部门定期报送的涉税信息采集利用长效管理机制,加强内部数据、风评等部门联动,提升信息分析、加工、利用水平,为风险管理提供支撑,全年依托第三方信息的加工分析增收税款2.22亿元；在纵向上,规范个体委托代征工作站的管理,制定《关于对委托代征工作站管理工作的补充规定》,新增西漳地铁站区委托代征站,进一步延伸税源管理的触角,扫除个体及零散税收管理盲区。

【提升风险管理实效】 严格执行《税收风险应对操作规范与指引》,规范审议、集体审议环节控制与文书填制,进一步统一、规范全局应对管理要求,逐步推进风险应对技能的规范化、应对文书的标准化、应对过程的集约化,着力降低风险应对过程中的执法风险。全面采用内部互评、交叉评、集体评和外部集体约谈、实地核查等方式强化对企业风险预警的提示和核实,中等风险应对入库税款2.84亿元,贡献率达6.32%。

【推进依法行政工作】 编写《税务行政处罚标准化操作手册》,进一步规范处罚流程和处罚标准,推进处罚文书制作的标准化；制定《税务强制执行标准化操作手册》,将行政强制相关法律文件进行归集,并将执法过程中涉及的文书进行归纳和说明,增强执法的准确性；开展"九式"税务行政指导,以清单形式为纳税人分类梳理风险点,先后开展行政辅导317户次,行政建议194户次,行政告诫802户次,行政提示12户次,说理式行政约谈18户次,发放辅导文书126份,"九式"税务行政指导荣获2014年度全市法治惠民实事项目三等奖；在无锡地税局组织的"精彩税月·与法同行"税收法制技能竞赛上,荣获团体三等奖和优秀组织奖；获得惠山区"六五"普法中期先进单位。

【完善执法协作工作机制】 完善与法院的联动机制,实现拍卖信息、欠缴税费明细和执行结余情况的相互传递,及时介入法院拍卖过程,追缴税费4200万元；与社保部门协商制定《惠山地方税务局 无锡市社会保险基金管理中心惠山办事处社保费征缴管理工作协调会议纪要》,完善催报催缴、信息共享制度,规范社保费征收管理；与惠山区残疾人联合会联合签发《关于加强残保费征缴的会议纪要》,全面部署工作任务,明确双方职责,发挥部门联动作用,推动残疾人保障金征缴工作的开展。

【加大税收违法打击力度】 有序开展房地产、建筑业、地方商业银行、高能耗高污染等6个类别税收专项检查、分级分类检查，查处百万元大要案1个，查处千万元大要案1个，入库查补收入3075.50万元；加大与国税、公安部门协作，税警联动缴销地税定额发票200份，收缴非法制造的地税空白普通发票729份，将2名涉案人员移交法院进行刑事审判；严肃查处涉税违法举报案件，加强部门联动，发挥检查合力，查处涉税违法举报案件收入357.03万元；提升电子查账应用能力，运用电子查账技术的案件占案件总数的70%。

【启动强基工程】 启动强基工程，聚焦于基础管理环节中的薄弱事项，推行全程全员标准化建设，重点解决基础管理环节中的薄弱事项，前期研究制定窗口执法、窗口服务、涉税文书、风险管理操作、个体管理、督查督办、财务核算、软硬件保障、干部思想动态和社会关系状况谈报、督察内审结果运用"十项规范化制度"，进行工作业务规范化改造，逐步扩展到工作的各个方面和环节，全面夯实管理基础，实现规范化管理全覆盖。

【开展"税收服务区"建设】 率先在全市开展税收服务区建设，以村和社区为单位，将惠山区划分成25个税收服务区，10个税收服务团与之对应开展税收宣传与辅导、风险收集与提醒等各类活动，进一步将税收服务重心向基层一线转移，税收服务资源向基层一线聚焦，构建由基层管理分局、风险评估部门等所有单位参与的"大服务"格局。开展45场次宣讲会，服务企业数超过9000户，征集活动需求72项，征集问题建议524条、风险情形23个、维护基础信息850次。

【开展第12次"春风行动"】 4月，启动"税动·'阿福'云服务"税收宣传活动，发布"便民办税春风行动"服务清单，向社会公开做出关于行政公开、提高办税效率、减轻办税负担等五个方面28个项目的服务承诺；开通纳税人学堂微信公众平台，设置涉税提醒、微课堂、辅助办税三大模块，囊括新办企业培训、专题培训、税款计算、办税指南等7大功能，与微博、QQ一起构建大数据时代云端服务，实现税务机关和纳税人的在线实时互动；新闻稿件《病床边的关怀》荣获总局办公厅"便民办税·春风故事汇"有奖征文优秀奖。

【深化"阿福"税宣文化品牌建设】 挖掘品牌内涵，丰富表现形式，制作推出"阿福"导税记系列漫画，通过漫画形式讲述税务登记、发票领购、网上申报等日常涉税操作，寓教于乐、浅显易懂；推出"阿福"政策口袋书、"阿福"联系卡等，扩大品牌影响力；自创动漫片《纳税让幸福接力》荣获第九届全国税收动漫大赛税收动漫宣传片二等奖，《阿福阿禧购车记、开店记系列》荣获第十届全国法制动漫动画微电影动画类优秀奖，《阿福阿禧开店记》荣获全国税收好新闻税收公益好广告三等奖。

【推行行政审批制度改革】 全面落实国务院和国家税务总局行政审批制度改革的要求，实行行政审批清单制度，将280多项全部实行备案或者自行申报，推行"免单"和"免填单"制度，简化办税手续、精简附报资料，落实涉税业务办理零费用制度；继续推行"一窗式"服务和全区窗口"同城通办"；同国税合作在区行政服务中心设立税务中心，整合双方资源，提供专业化服务；联合国税、工商、质监等部门设立"便利窗口"，在全市率先实现新办企业登记多证一次性联办。

【深化"纳税人之家"建设】 新增惠山区"纳税人之家"汽车零部件行业参事团、金融保险行业参事团、焊管行业参事团和玉祁曙光村活动点、长安社区活动点、杨市商会活动点、石塘湾商会活动点，进一步将组织架构向基层延伸；实行"纳税人之家"活动流程化管理，通过系统流程统筹活动开展，做到活动开展事前有计划、事中有跟进、事后有反馈；"纳税人之家"开展民主听证、民主选案、民主评议等各类活动35场次。

【开展党的群众路线教育实践活动】 围绕"照镜子、正衣冠、洗洗澡、治治病"的总要求，聚焦"四风"问题，紧扣重点，层层推动，开展集体学习16场次，征集意见建议156条，查摆剖析班子问题21条，制定"改革、强基、领先"为主题的整改措施，跟踪落实严守党的纪律、加强理论学习、健全民主决策、推进作风转变等24项“清单制”整改，开展“为政不为”“为税不廉”“庸懒散”“公款吃喝”“转作风、提效能、促发展”五大类专项整改活动，全面完成学习教育、听取意见，查摆问题、开展批评和整改落实、建章立制三个环节各项工作。江苏省地税局党的群众路线教育实践活动第一督导组延伸督查并参加党组专题民主生活会，给予活动指导。

【实施绩效管理】 制定《惠山地方税务局绩效管理工作意见》《惠山地方税务局组织绩效管理办法（试行）》《惠山地方税务局税务工作人员岗位绩效管理办法（试行）》《惠山地方税务局税务工作人员品德行为绩效管理办法（试行）》，制度化推进绩效管理实践；通过采集、分析、论证、测试等过程，梳理出岗位绩效量化指标946条，于下半年正式全面实行；参与无锡地税局组织绩效管理推进工作，结合基层实际，开发二级、三级组织绩效管理体系，启动组织绩效管理。

【推进文化建设】 根据《惠山地方税务局文化建设三年工作规划》安排，推进文化建设提升年活动，确定“税月·奋进”的文化建设主题，按季分“税月·一加壹”“税月·心加新”、“税月·精加进”“税月·省加醒”四阶段推进，先后开展“税月绽放美丽”“走群众路线，扬青春能量”“家风·孝行”道德讲堂等文化活动；拓展文化感知厅、党（团）建活动室、文化墙和文化风采廊“四个一”文化载体建设内涵，加强各分局文化建设，形成既有统一规范、又有各自风格的基层文化。

【持续开展爱心帮扶活动】 “爱心妈妈”志愿团牵手辖区40名结对学生参加“新年心愿·童梦税圆”迎新春主题活动，为贫困学生送上新春的美好祝愿；5月，发起“播撒爱心种子，放飞美丽梦想”小吴越复容手术帮扶行动，干部职工纷纷慷慨解囊，为因火灾而毁容的小吴越募捐筹集首批手术款28550元；党员志愿者、干部职工赴辖区结对村、重度残疾人托养中心、特殊教育学校等开展“党员一日帮扶”等活动；俞红霞同志获评“最美江苏地税人”称号，张莉同志获得无锡市“五一巾帼标兵”。

【推进党风廉政建设】 开展拍廉政寄语家庭助廉、发廉政倡议全员倡廉、赠廉政书籍阅读思廉、听检察长讲课教育学廉、看廉政影片警示促廉活动，丰富教育形式；在基层分局成立六个预防职务犯罪工作分站，并制定《纪检监察专员管理办法》，在基层分局确定首批6名纪检监察专员，延伸纪检监察触角，强化基层对执法执纪的监督管理；拍摄预防职务犯罪微电影《廉洁是福》，真实反映干部事迹，该电影获得江苏省检察院系统预防职务犯罪微电影评比十佳作品第二名和全国检察系统首届预防职务犯罪专题微电影评比优秀奖。

【在惠山区机关作风评比中实现“十一联冠”】 建立作风效能“局长巡查日”机制，每月由局长亲自带队，以不定时、不定点的突击检查形式对各基层单位进行巡查，发现问题，立即抓整改抓落实；设立“隐形观察员”，首批聘请20名观察员，以第三方的视角开展执法服务现场检测，客观评测地税部门的执法服务水平，针对现场检测反映出的问题，制定针对性解决方案；在惠山区民主和社会评议中连获惠山区级机关目标考核和区机关作风效能社会评议两个第一名。

（马香超）

第一税务分局

【概述】 2014年，第一税务分局以务实、便民、高效为宗旨，以最大限度便利纳税人、最大限度规范税务人为目标，全力做好纳税服务工作。整合自助办税机（ATS）功能，实现一台机器六项业务通办功能。市行政服务中心地税窗口制作《地税税务登记后续事项告知书》，全力配合“一照三证一章”登记改革进程。契税所窗口提供公用银行卡，供下午4点半后采用付现方式缴税的纳税人使用。市行政服务中心地税窗口、契税所窗口、中国饭店办税大厅先后收到纳税人赠送的锦旗和感谢信。制定行政处罚操作规程及重大税务行政处罚案件集体审议制度，实施行政处罚2310件次。开展行政处罚执法自查、契税专项督察及2014年度税收执法督察工作，对20人次进行执法问责。做好征管质量监控，各项指标与年初相比大幅提高，税种认定准确率和税种认定及时率达到100%。增加影印工作人员配置，加大设备保障力度，确保资料影印及时快捷，装订分类规范，移交有序安全。清理委托代征账户资金余额，及时进行账户税款资金批扣及核实对账，力求征收解缴入库账账相符。征收各项收入422亿元，占全市地税收入总量的45.51%，其中征收契税15.83亿元，存量房其他税收2.19亿元，耕地占用税2000多万元。新办税务登记近1.8万户次，代开门临发票24万张，发售发票8445万份。按时完成小微企业退税批量受理工作，受理退税2930户次，涉及金额790.8万元。深入开展党的群众路线教育实践活动，建立个人“群众路线学习实践台账”，撰写心得体会62篇；开展“传承好家风·凝聚正能量”主题演讲、“德·税行·天下兴”道德讲堂、“出彩纳服人——我为分局工作献一策”金点子征集、“微笑每一天为无锡地税添彩”倡议等活动，多层面了解干部职工诉求。定期开展俱乐部活动，持续开展爱心帮扶行动，丰富文化生活，奉献爱心促和谐。分局被2014年无锡市依法治市领导小组授予“规范执法示范点”，被无锡市妇女联合会评为“巾帼文明岗”，分局团支部被共青团无锡市委员会评为“无锡市五四红旗团支部”。

【基本情况】 第一税务分局，位于无锡市工运路18号。主要承担市区范围内地方税款、基金（费）的征收工作，承担税务登记、纳税申报、涉税审批、发票发售、税款催报催缴、初次纳税鉴定、低等风险任务应对、纳税服务环节涉及的简易处罚等涉税事项的受理和办理工作。内设4个科室，实有税务干部98人，编外人员79人。

【机构设置及负责人】

耕地占用税与契税管理所

所　长　倪丽英（12月免）
　　　　李　军（12月任）
副所长　徐　忠

新区耕地占用税与契税管理所

所　长　徐　忠

综合科

科　长　龚　韵
副科长　邱晓琛

制度业务科

科　长　蒋　虹
副科长　孙　涛（四月免）
副科长　尤　一（四月任）

宣传咨询科

科　长　钱建峰
副科长　王婷婷

办税服务科

副科长　徐林峰
　　　　胡　璇
　　　　陈　鸿
　　　　尤　一（四月免）
　　　　孙　涛（四月任）

第一办税服务厅　位于无锡市工运路18号

第二办税服务厅　位于无锡市新区旺庄路138号

驻行政服务中心窗口　位于无锡市太湖新城观山路市民中心十二号楼行政服务中心地税窗口

滨湖便民办税点　位于无锡市滨湖区滴翠路98号

南长便民办税点　位于无锡市南长区通扬南路80号（南长区行政服务中心二楼）

梅村便民办税点　位于无锡市新区梅里路93号

胡埭便民办税点　位于无锡市滨湖区胡埭街道振胡路13号

马山便民办税点　位于无锡市马山梅梁路20号

耕地占用税与契税管理所　位于无锡市石皮路9号。负责市区范围内契税、耕地占用税征收。

【启用全国税务系统新版税收票证】 1月1日起，全国税务系统统一启用新版税收票证，除印花税票外原有税收票证同时停止使用。分局制定方案，统一操作口径，完善细节。同时加强新票证管理业务的辅导及培训，明确操作要求。在新旧税票换版使用的过程中，注重协作，结合模拟环境测试以及纳税人预留业务操作，提高办理效率，顺利实现平稳过渡。

【市区ATS自助办税机业务量突破8000单】 纳税人通过ATS自助机自行开具完税证明8300份，开具普通发票510张，有效分流了窗口办税流量。ATS自助办税机操作流程设计简单易懂，集普通发票开具、个人完税证明打印、信息查询等多项功能于一体，纳税人可就近随时办理业务。

【市区契税所迁址】 1月26日，市区契税所办税服务窗口从市产权监理处办证大厅搬迁至石皮路9号。市区契税所提前做好搬迁告知，有序开展搬迁工作，合理调配岗位设置，无缝衔接优化服务，解决了原先和产监大厅混合布局不合理等问题，并对硬件、软件进行优化升级。

【存量房交易纳税评估系统顺利上线】 按照省地税局加强存量房交易税收征管工作的要求，积极做好存量房交易纳税评估系统上线运行。组织各种业务类型操作测试，及时收集整理问题并上报反馈，推动系统修正和优化。将新系统上线的具体要求进行细化，依规配置岗位职责。在新系统上线之前先后两次开展业务培训和模拟操作，确保窗口人员熟练掌握新系统操作方法。新系统投入使用提升了存量房评估的公正水平。

【助力"减免税核实管理系统"运行】 4月1日，全省"减免税核实管理系统"全面上线运行，为保障减免税核算管理顺利进行，演练分析纳税人常见问题，有针对性开展培训，使"12366"坐席能快速准确提供解决方案。利用多种载体广而告之，全面宣传。同时采用大数据分析优惠政策享受范围，发布提示提醒。专人负责定期汇总系统问题，跟踪管理。通过政策分析及数据比对，以确保减免税申报顺利进行。

【规范窗口行政处罚操作】 结合纳税服务规范化建设及风险防控新要求，编写窗口行政处罚操作规程。梳理事项框定办理范围，对于不属于职权范围的，履行一次性告知义务，引导纳税人至其他部门处理。明确行政处罚操作流程，重新梳理各流程政策要点，新增相关操作细则，在自由裁量基准范围内进一步细分处罚幅度，严格遵循行政处罚公平公正原则。规范行政处罚文书制作，总结归纳案卷文书制作过程中的注意要点，明确行政处罚案卷要素的论述方式，确保文书出具规范完整。

【规范委托代征站专项管理】 加强与委托代征工作站的业务沟通，按照"政府组织领导、税务业务指导、工作站日常执行、财政经费保障"的工作要求，突出服务意识，彰显社会化管理；突出执法意识，彰显规范化管理；突出信息意识，彰显科学化管理。增强风险防范意识，推动长效管理，做好税务登记管理，确保信息完整准确；做好票证管理，确保领用存规范；做好征收扣缴工作，确保应征尽征；做好凭证归档工作，确保有效监督。

【开展办税服务厅"五零竞赛"】 "五零竞赛"即服务受理"零推诿"、服务流程"零障碍"、服务方式"零距离"、服务质量"零差错"、服务结果"零投诉"。开展办税服务厅"五零竞赛"，旨在进一步改进服务作风、提高服务效能，以更优的软环境和更高的执行力服务纳税人，用优质服务不断提升纳税人满意度。

【加强新进公务员培养】 通过新进公务员廉政谈话、一人一卷建立廉政档案、岗位廉政教育系统学习等系列活动，引导新进公务员充分认识廉洁自律的重要性；以"自学、培训、帮带"方式，邀请业务骨干授课与自主学习相结合开展入职培训，采取"导师制"，快速帮带新进人员学习窗口业务知识；密切关注新进人员成长动态，通过走访青年干部宿舍、组织召开交流座谈会等方式，激励新进公务员努力学习，踏实工作，展示青春风采，实现人生价值。

【温情服务社区获赠锦旗】 11月3日，无锡市南长区迎龙桥街道锡惠里社居委送来题为"情系社区共驻共建"的锦旗，感谢两年多来给予社区工作的大力支持和对社区居民全方位的服务与奉献。自2012年4月在锡惠里社居委成立地税纳服志愿者服务基地以来，双方紧密协作，依托"地税纳服爱心基金"，联合开展了丰富多彩的活动，既有扶贫帮困、共度佳节的爱心送温暖，又有共庆党的生日、共上党课的党建及群团组织共建，并且连续三年组织社区学生开展税收夏令营、宣传税法知识。

【"地税妈妈"关爱宜兴困难儿童】 "地税妈妈"爱心团队持续关爱宜兴市张渚镇困难儿童沈俊伟，一方面通过募集"纳税服务爱心基金"为小俊伟提供经济资助，购买衣服、年货、学习用书等物品改善生活、学习条件；另一方面开通"地税妈妈热线"，组建"学课辅导员”团队，对沈俊伟进行学习辅导。两年多来，在春节、中秋、新学期开学、暑假等前往看望8次，电话联系112次，书信交流4次，一对一课程辅导23次，爱心帮扶8850元。

【荣获“无锡市巾帼文明岗”】 全体女干部不断提升岗位技能，争先创优，屡创佳绩，在推行审批事项改中革，不断提升服务质效，展示地税女性风采；不断提升文化综合素质，巾帼丝毫不让须眉；不断传递正能量，积极服务纳税人，无锡市市级机关妇女工作委员会授予第一税务分局、无锡市行政服务中心地税局窗口为无锡市“巾帼文明岗”。

（房　媛）

第二税务分局

【概述】 2014年，第二税务分局在房地产市场回落较为明显、建筑业高开低走、政府性税源大幅减少、组织收入面临高基数等困难条件下，积极谋划，主动作为，大力挖潜增收，努力遏制税收大幅下滑，入库公共财政预算收入94.73亿元，比上年同期98.23亿元减收3.5亿元，下降3.57%。其中房地产、建筑业项目税收66.24亿元，比上年同期72.79亿元，减收6.55亿元，下降9%。在组织收入中，全程管理确保房开项目税收足额入库，以细化分析定对象、分类预警定责任、团队运作定质量，加强建筑行业所得税管理；创新探索房地产业土地增值税审核模板式管理，发文制订对房开企业土地增值税管理的统一模板；团队运作加强风险应对，对364户企业实施纳税评估，风险应对绩效3.10亿元，比上年同期增长66%；尽责履职规范行政执法，进行66户次行政处罚；积极探索家庭装修行业税收管理，完善征管举措；领导班子带头践行群众路线，组织集中学习145人次，举办专题辅导会4场，发送征求意见函72份，班子成员开展调研8次，征求意见59条；有效融合业务工作与党建工作，将干部下企业纪律执行情况的检查与风险应对质量复审相结合，确保工作质量的提升和纪律规定的落实到位；依托绩效管理系统提升工作效率，从考评结果中“诊断”工作存在的薄弱环节，优化完善工作措施，提高工作质效。

【基本情况】 第二税务分局，位于无锡市崇安区工运路18号。承担市区范围内建筑业、房地产业的地方税收管理。下设4个科室，实有干部45人。

【机构设置及负责人】

综合科

科　长　沈　健（3月免）

　　　　倪颖洁（3月任）

综合管理科

科　长　倪颖洁（3月免）

　　　　王晓艳（3月任）

副科长　朱燕娜

基础管理科

科　长　武　亮（2月免）

　　　　沈　健（3月任）

副科长　吴晓蕙

风险应对科

科　长　孙千尊

副科长　王晓艳（3月免）

【加强建筑行业所得税汇缴过程管理】 采取“细化分析定对象、分类预警定责任、团队运作定质量”的方式强化过程管理，将风险理念贯穿始终，汇缴入库建筑业企业所得税3.30亿元。以预缴分析掌控重点对象，开展建筑行业预缴情况专题分析，选取和锁定税款占比近七成的87户企业，作为监管的重点；以预警提醒把控责任主体，对重点监管对象集中进行涉税风险疑点情形的预警和提醒，锁定纳税人自主汇算清缴的主体责任；以专业团队严控汇缴质量，由团队成员逐户跟踪实际汇算清缴申报情况，及时借助风险管理手段开展疑点识别与扫描，稳定有序地提升汇缴质量。

【强化土地增值税清算】 开展房开企业土地增值税清算，按月填报《项目基本情况表》，按季填报《清算进度表》；专人跟踪企业清算进度情况及清算结论情况；逐户落实清算税款资金情况，重点企业由分局领导亲自沟通落实。完成清算25个项目，入库土地增值税2.44亿元。2个自主审核项目，1个项目年内清算结束，补交土地增值税195.91万元，另1户年内完成审核。

【完善土地契税征管】 将土地契税征收及清欠进行常态化管理，

完善土地契税征管。以数据联动为抓手，推进有关部门间的协调配合，积极拓宽与房管、国土等部门的数据交换与互联互通渠道，及时获取有关信息；以单户约谈为重点，针对不同情况采取电话沟通、上门催缴、当面约谈等方式，加大力度进行土地契税催收催缴工作；以一体化征收为目标，将契税征管与其他相关税种征管融合在一起，通过土地拍卖、房屋销售等环节的信息共享，实现相关税种信息的共享与比对，征收入库土地契税4.65亿元，比上年同期增长17.12%。

【规范拆迁安置房项目管理】 加强政府性税源管理，召开拆迁安置房专题部署会议，详细分解各科室工作职责；按区按街道，指定专人配合各属地税源管理局与各级政府的对接工作，对已安置或在建未安置，尚未开票、申报的拆迁安置房情况，填报《拆迁安置房调查表》，跟踪管理，有序推进；对发现的部分项目申报不及时或未申报、部分项目只申报营业税未加收滞纳金等情况进行再核实、再梳理，进一步查漏补缺，入库税收15.73亿元，占当年收入总量的14.1%。

【做好税收执法督察工作】 加大执法与收入工作融合，做好执法督察工作。加强对土地增值税清算、契税征收等重点督察，采取自查和抽查，案头审核和实地检查相结合的方式进行，查找税收征管薄弱环节；丰富税收执法督察手段，加强对产监处备案成交信息、国土局土地出让等第三方数据增值运用，充分利用征管软件等信息化手段比对分析；深度分析督察发现的问题，撰写税收执法专项督察报告和督察案例、复审案例，提出合理化建议和工作指引，落实整改，促进税收征管工作的持续改进。对欠税开展核实、清理工作，清欠入库税款13423.04万元，核销虚欠5户152.88万元；查补土地增值税364.63万元，加收滞纳金5.65万元；对已预提未缴纳的土地增值税704万元进行纳税调整。

【通过“四项举措”加强税收风险应对】 风险管理平台推送风险管户343户，其中中等风险330户，行为类风险13户，结案373户（有35户为以前年度推送2014年结案），入库税费3.58亿元。在税收风险管理中，加强“面”和“点”的分析，综合运用各类对比分析方法，将重点税源户、重点企业、税负异常户、日常管理中发现问题较多的纳税人作为重点分析对象，找准风险疑点；集体审议，提高对策的准确性，案头审核分析后，认真进行集体审议，根据疑点风险的类型，及时优选业务能力强的人员组成审议小组，通过认真开展审议讨论，最终形成约谈、自查或需要实地核查的分类处理意见；加强核查，提升应对的有效性，在实地核查时，严格按照程序启动流程，精细核实；开展综合联评，对风险所属期可能存在的其他涉税问题各税种综合联评，对发现的以往年度的风险，一并依法应对。

【以“三个抓手”提升征管质效】 抓征管状况监控指标排名进位，加强日常监控，使基础管理任务准期完成率达到100%，未准期申报处理率低于规定比例；抓风险管理绩效目标分解落实，按照分局《年度风险管理绩效目标分解落实办法》，调动干部自主选案的积极性，自动自发开展风险情形调研，以点带面开展风险识别项目建设；抓数据采集利用完整有效，重视纳税人基础信息核实确认工作，提醒纳税人和风险应对人员逐一核实，力保基础数据的准确性。

【开展“初春御寒”行动】 将群众路线教育实践活动与税收管理工作结合起来，面对我市房地产市场初暖乍寒的现状，积极开展“初春御寒”行动，助力房开企业克服困难。与滨湖区财政、街道等部门联合，召集14个房地产开发企业进行座谈，掌握企业在生产经营中遇到的困难及需求；详细解答企业关于车库土地增值税预征政策、收入成本匹配方法等难点问题，帮助企业拓展工作思路、寻求对策，抵御行业低迷形势；切实加强关联引导和服务，认真处理购房者涉税维权诉求，保障购房者合法权益，引导房开企业消除负面影响。

【开展作风效能建设】 突出作风建设和征管效能，实现教育活动和税收征管工作双促进，双提高。抓住思想引领这个制高点，着力解决纪律意识淡薄、宗旨意识缺失、责任意识弱化和权力观、价值观、利益观失衡等问题；抓住管理提质这个结合点，瞄准管理重点，全面开展串联式项目管理；破解土地增值税清算、建筑项目预清算管理难点，统一应对人员方法、标准、口径；抓住服务增效这个发力点，落实《纳税人回访制度》，对征集、查明的约谈场所空气不好、传递纳税资料速度慢等问题，立行立改，努力维护群众的合法权益。

【开展党的群众路线教育实践活动】 3月7日，召开党的群众路线教育实践活动动员大会，全面开展党的群众路线教育实践活动。就扎实深入开展教育实践活动做出全面部署，在教育实践活动中严思深学，真查实改；聚焦“四风”要害，重点解决税收执法、纳税服务、税源管理、党风廉政等方面存在的突出问题，力求收到群众满意的效果；在活动中，通过实施“民意走访我先行、换位体验我先试、便税行动我先做、工作成效我先查、作风整顿我先改”的先锋行动，征集到42条建议，解决15个突出问题，实现教育活动和税收征管工作双促进，双提高；8月19日，组织召开领导班子党的群众路线教育实践活动专题民主生活会及组织生活会。主要负责人代表班子进行对照检查，深入查摆学习和创新意识不强、工作中缺乏一抓到底精神等12个问题，并针对性提出12条改进措施。分局长带头做个人对照检查，其他班子成员依次进行个人对照检查。

【走进结对共建社区开展税海红帆活动】 在“七一”建党93周年，党员骨干走进结对共建社区——盛世家园社区，深入开展税海红帆送税法、送政策、送服务活动。发挥熟悉政策、精通业务的优势，开展税收优惠政策的宣传、咨询和辅导，支持小微企业发展，征集到小微企业信用欠缺与金融机构对接难、个体企业对税收优惠政策不了解等9个问题，当场解决6个；看望3户生活困难群众和贫困家庭学生，解决他们的困难和需求。

（肖一兵）

第三税务分局

【概述】 2014年，第三税务分局坚持以中共十八大、十八届三中全会精神为指导，紧紧围绕“改革创新添动力，提升站位谋发展”工作主题，深入开展“提质增效年”、第二批党的群众路线教育实践活动和无锡地税成立二十周年等各项活动，实现税费收入121.77亿元，汇缴企业2474户，汇算清缴面达到100%。通过与财政、工商、国税、各街道等部门的沟通协作，科学利用第三方信息，全面掌控全区税源结构，确保涉税信息的真实性、完整性及实用性，防止税收流失，排出政府性税源1.49亿元全部转化为税收。党总支制定“六常工作法”，把教育实践活动的成果体现在工作中，坚持“两不误、两促进、两提高”，以专题党课、送政服务、意见征集等多种形式推进学教活动深入开展，分局上下群策群力，氛围浓厚，深挖问题52条，制定措施18条，落实整改18项，切实解决改革发展中存在的突出矛盾和问题，推动分局更好地规划未来、持续发展等方面取得了扎扎实实的成效。党总支从技能人才建设的角度推进专业团队化管理以适应征管改革的需要，成立风险应对、后续管理、信息报道、政策宣讲等专业团队6支，开展服务企业活动30余次，党员带头参与率95%以上，为组织收入和各项工作提供强大的精神动力和组织保证。组织干部走访无锡尚德、海力士半导体、阿斯利康制药等重点税源企业18户次，解决涉税难题30个。积极落实税收优惠政策4429户次，减免税款22401万元，进一步助推地方经济发展。创新手段，以多形式、多渠道开展业务知识、综合知识培训、职业道德培训交流，先后开展所得税年度申报、税收法制技能、依法行政能力、公务员职业道德等各类培训9场次，覆盖率达95%。开展“我为分局献良策”活动，征集“金点子”12篇，为全面建设拓宽了工作思路。

【基本情况】 第三税务分局（高新技术产业开发区分局），位于无锡新区旺庄路138-2号。主要负责无锡国家高新技术产业开发区（无锡新区）范围内一区二镇四街道即园区、梅村镇、鸿山镇、空港园区（硕放街道）、江溪街道、旺庄街道、新安街道）及无锡（太湖）国际科技园（除行业税源管理分局辖管纳税人以外的）各类地方税收（基金费）的管理。内设六个科室，实有干部职工65人。

（濮志晔）

【机构设置及主要负责人】

综合科

科　长　曾丽萍（副科级）

（2014年2月免）

秦玲敏（副科级）

（2014年2月任）

副科长　张　佳（副股级）

征管业务科

科　长　徐自强（副科级）

副科长　王　辉（副股级）

过佳佳（副股级）

基础管理一科

科　长　成玉刚（副科级）

副科长　尤　澜（副股级）

诸文珏（副股级）

蔺国威（副股级）

基础管理二科：位于无锡梅村梅里路93号。

科　长　曹海鹏（副科级）

副科长　拾　煜（副股级）

风险应对一科

科　长　秦玲敏（副科级）

（2014年2月免）

黄　晨（副科级）

（2014年2月任）

副科长　蔡　寅（副股级）

风险应对二科

科　长　王晓东（副科级）

（2014年2月免）

赵芍霞（副科级）

（2014年2月任）

副科长　钱晓峰（副股级）

（濮志晔）

【企业所得税汇缴实现量质齐升】严格加强对汇缴申报表和后续管理事项的审核力度，扎实推进企业所得税汇算清缴工作。通过统一培训与个性化辅导相结合、媒体授课与自助教学相结合、汇缴培训与税法新政宣传相结合，将汇缴培训从点到面，从量到质进一步提升，汇缴企业2474户，汇缴总额17.86亿元，实现企业所得税汇缴量质齐升。

（尤　鸿）

【个人所得税年度自行申报人数创新高】制定自行申报工作方案和目标，定期召开自行申报专项工作会议，通报工作进展，研究存在问题，及时制订应对措施，使年所得12万元以上自行申报人数达到18075人，补税393万元。两处以上所得自行申报人数达2896人，补税270.81万元。

（过佳佳）

【多重保障助力外籍人员个人所得税申报】通过组织人员对外籍人员征管软件的年度申报模块试运行，对内开展专项培训，对外举办专场辅导会，把好离境清税关多重保障，提升外籍人员首年度申报质量。审核完成外籍个人年度申报5313人，涉及703家企业，结算补退税额354.39万元。

【推进房产税土地税管理平台上线】采取以广泛告知宣传让纳税人知晓为重点、以网上教学资料纳税人自学辅导为基础、以固定互动交流为辅助的稳步有序推进的宣传方式，确保“房、土”两税税源登记及申报平台平稳上线。充分利用9月份以及10月申报期，加大宣传辅导力度，完成纳税人房产税源登记2732户、土地税源信息的登记1989户，确保平台的顺利上线和“房、土”两税三季度申报的完成。

（郎　岭）

【“四个改进”强化房产税征收管理】针对房产税征管工作中存在的薄弱环节，积极推行“四个改进”。改进部门协税方式，强化资源利用；改进基础管理方式，强化动态监控；改进后续管理方式，强化跟踪双查；改进税法宣传方式，强化服务水平。四项改进进一步强化房产税源泉管控，规范了房产税源管理，提升了房产税征管质量。

（徐自强）

【规范滞纳金加收】严格规范风险应对中的滞纳金加收，完善执法流程，将滞纳金加收计算口径与税务稽查同步；统一应扣未扣税款不加收滞纳金的执行；辅导税收自查申报表的填写，避免误申报导致滞纳金的少征和漏征，中等风险自查加收滞纳金172户次，入库滞纳金4405万元。

【加大作风建设专项整治力度】全面落实全市地税系统作风建设推进会精神，在税收征管工作中，从后续管理、风险应对等各个环节，严格程序，标准化操作；对日常工作从服务态度、工作效率、纪律观念等方面，进行专项整理和检查；在内控机制建设工作中，结合廉政风险防控要求，预防和规避执法风险；通过党群各项活动进行对照自查整改，查摆问题6大类32条，制定整改措施12条，解决问题26件。

（郎　岭）

【加强境外上市公司日常税收管理】 针对新区境外注册境内控股、海外成功上市案例的逐渐增多的情况，通过风险指引帮助企业化解风险，及时履行纳税义务。由熟悉国际税收政策人员组成专业调研小组，团队成员积极投身专项培训，开展案例分析，确定涉税风险和应对策略。专业团队制订工作步骤，并制作台账，形成长效化机制，先后为18家境外上市企业提供帮助。

（徐自强）

【为进军“新三板”企业上市提供“四式”服务】 以“四式”服务为“新三板”上市企业提供良好税收环境。提供“直通式”宣传服务，对照企业进入“新三板”挂牌的标准，为拟上市企业量身定制《企业上市税收服务指南》；提供“跟进式”辅导服务，“专家团队”定向为拟上市企业提供专业化、个性化的税收辅导；提供“结对式”提醒服务，与拟上市企业建立挂钩联系制度，提供“一对一”服务；提供“贵宾式”优惠服务，按户建立服务对象信息档案，协助办理相关涉税事项。

（郎　岭）

【“税通·人和”品牌打造多种类服务】 积极开展“春风伴税宣，服务送政策”系列活动，依托“纳税人之家”“梅村庙会”“税法宣传月”“志愿者服务月”等各类平台，推行“税通·人和”服务品牌。启动硕放机场税收服务小站、“阿福小税官”活动教育基地、“农家书屋”等税收宣传便民点，让人们进行科学、思想、人文、法律等学习交流，为老百姓提供了解税收、法律知识的窗口，为未成年人提供丰富的教育活动平台。

（濮志晔）

【开展联动式督查】 充分利用综合征管软件、税收执法管理信息系统等信息化手段，以异常数据为切入点，加强执法疑点数据信息的比对与案头分析；加强“上下结合”，抓好人力资源的整合，实现系统执法督察工作“一盘棋”；加强“内内结合”，年内对契税征管、“房、土”两税核查及非正常户、发票停限供等事项开展督查。先后开展专项抽查162户，发现问题30户，入库税款40.2万元。

（徐自强）

【内控外防创建预防职务犯罪新机制】 在内部形成以内控主体程序为核心、以规范办税机制、信息预警机制、监督问责机制、执法复查机制、外部评价机制为配套的“1+5”内控机制运行模式。筑牢防控管理关口，探索互动教育新模式；完善防控管理环节，构建特色内控新机制；强抓防控管理落实，制定监督联防新措施，以此助推廉政建设，构筑预防职务犯罪的监督联防机制。

【积极开展党的群众路线实践教育活动】 把开展教育实践活动摆在重要位置，认真贯彻落实“照镜子、正衣冠、洗洗澡、治治病”的总要求，围绕“为民、务实、清廉”为主要内容开展党的群众路线教育实践活动。党总支制定“六常工作法”，把教育实践活动的成果体现在工作中，实现“两不误、两促进、两提高”。通过广泛征集意见，深挖问题52条，制定措施18条，按期落实整改18项。

【党风建设落实“一岗双责”要求】 召开全体干部会议，重申各项廉政纪律，签订党风廉政建设责任状。按规定调整办公场地2次，新建制度5项，修订完善制度6项，未发生违纪情况。组织干部积极参加新区预防职务犯罪工作领导小组办公室举办的“预防职务犯罪 弘扬廉洁清风”征文活动，并荣获优秀组织奖，一人获征文二等奖，三人获征文优秀奖。

（濮志晔）

【干部队伍建设成绩优异】 注重培养干部专业素质，促进各职干部创造出色的工作成绩，在市地税系统“精彩税月 与法同行”税收法治技能竞赛团体赛中荣获优秀组织奖；在市城乡妇女“岗位建功”活动领导小组与市妇女联合会共同举办的岗位建功评比中获得“巾帼文明岗”荣誉；在“六五”普法工作中，被评为全市“六五”普法中期先进单位。

【竞技类体育展现风采】 鼓励职

工参加体育锻炼，增强身体素质，在工作之余投入到体育运动中展现风采，在参加市局“心悦杯”羽毛球团体对抗赛中，取得团体第一名的好成绩；篮球俱乐部组织并参与“税心杯”篮球邀请赛，获得冠军。

（郎 岭）

【举办建局20周年系列文化活动】 在建局20周年活动中，开展社区困难群体走访慰问，组织开展“爱心点心，亲情暖心”“税校连心，伴我成长”“诚信志愿者联盟”“环保踏青”“义务献血”“交通协勤”等公益活动；广泛开展征文、集影等系列活动，引导全体干部重温历史，坚定为税奉献、为国聚财的理念。活动收集征文16篇，摄影作品28件。

（濮志晔）

第四税务分局

【概述】 2014年，第四税务分局采取扎实有效措施，着力开创重点税源管理新局面。面对严峻的组织收入形势，实施“三维度”（对年纳税500万元以上的企业建立税收预测巡查制度、对年纳税100万元以上的企业列入“全员全程税收预测分析”、对分局辖管的700多户重点企业全面推行“重大涉税事项报告制度”）机制强化监控分析，提高分析预测的深度和精准度，并采取多项措施缩减收入缺口，全力以赴促增收，实现各项收入49.94亿元，其中，地方税收26.84亿元；公共财政预算收入20.4亿元，比上年增长3.5%；社保费19.31亿元，比上年增长6.69%。狠抓企业所得税后续管理核查，堵漏增收，完成各类后续管理核查任务427个，调整企业所得税应纳税所得额2.72亿元，企业所得税管理绩效全局领先。开展专项系列培训，重点对基层行政处罚工作中出现的9个易犯错环节和行政强制工作中应注意的问题进行实例剖析，提高干部依法行政能力。同时在“精彩税月 与法同行”法治技能比赛中获得团体第六名的好成绩，2人进入全局前20名。创新税收执法督察思路，推行“点线面督察”制度模式，确定以后续管理情况为重点，以行政处罚的规范和执法文书的规范为主线，做到“督查一项，防范一类，促进一片”，有效提高执法督察工作质量。严格落实电信行业“营改增”相关政策，成立专门的工作小组，全面核实电信业“营改增”纳税人的生产经营情况、纳税鉴定、发票使用及库存以及税款缴纳情况，7户电信业纳税人顺利移交，涉及的年营业税税款1.75亿元。充分发挥税收服务经济发展的职能作用，办理各类减免税3.63亿元。积极探索税源专业化，创新项目从风险应对结果、纳税人履行纳税义务情况监控评价纳税人税法遵从，确立大企业纳税遵从评价9大指标，并进进实质论证。探索建立风险管理“四项机制”，实行“评估职能分离、案头实地两条腿走路”的评估新方法。全面清理以往年度流程，率先成为在市区范围内无逾期一年以上应对流程的分局。围绕总局“便民办税春风行动”主题，创新策划开展“暖企”系列行动，帮助企业破解发展难题，开展税收政策服务会（外籍个人专场），邀请相关重点企业40家到会。在群众路线教育实践活动中，将活动与税收中心工作、干部素质提升、党风廉政建设结合起来，积极开展“培优计划”“强基工程”和“四学”“四问”“六查”活动。作为“无锡地税党建和作风建设第二工作站”成员单位，利用南长区“清明尚和”廉政文化品牌资源，开展廉政教育活动。实施教育培训“项目管理责任制”，鼓励干部发挥岗位技能、展现自身特长，2名干部取得研究生入学资格，1名干部通过注册税务师资格考试。在《中国税务报》《江苏地税》上发表调研文章、散文随笔2篇。

【基本情况】 第四税务分局，位于无锡市新生路65号。主要负责无锡市区（除新区）范围内总局省局列名大企业、省局级以上重点税源户、市属企业纳税人（除行业税源管理分局辖管纳税人）的税源管理工作。内设4个科室，实有干部42人。

【机构设置及负责人】

综合科

科　长　浦明安

2014.1–2014.11

副科长　李英华（以副代正）

2014.11–2014.12

杨　蕾

征管业务科

科　长　赵芍霞

2014.1–2014.4

副科长　华　强（以副代正）

2014.4–2014.12

徐　祎

基础管理科

科　长　陆志平

副科长　华　强

2014.1–2014.4

风险应对科

科　长　钱学军

2014.1–2014.3

张晓东

2014.3–2014.12

副科长　李英华

2014.1–2014.11

周慕琳

【完成2013年度个人所得税自行申报工作】 高度重视个人所得税自行申报，申报总人数8719人，完成市局目标要求的101.39%，其中12万元以上个人合计自行申报年所得额26.90亿元、应纳税额3.74亿元；应补税人数96人，应补税529万元，补缴税款比上年的188万元增长了167.03%。

【开展重点税源"三维度"预测】 在重点税源预测精准度上求突破，对年纳税500万元以上的企业建立税收预测巡查制度，通过重大涉税事项的"事前裁定"和跟踪管理，进一步凸现其重点效应；对年纳税100万元以上的企业列入"全员全程税收预测分析"，实施网上直报；对辖管的700多户重点企业全面推行"重大涉税事项报告制度"，突出对政府投融资平台、上市及准上市公司、重点龙头企业运行动态的掌握，密切关注房产、土地、股权等大额财产转让，重组改制、分立合并等特殊应税行为的税务处理。在此基础上每月形成《收入分析月报》，为上级机关分析决策提供第一手资料。

【向A级纳税信用企业授牌】 向无锡肯德基有限公司等7家企业颁发2012—2013年度A级纳税信用等级证书和标牌，鼓励企业发挥A级纳税信用的优势，以更加开阔的胸襟和开放的眼光，更加强烈的社会责任感，带好头，树榜样，带领更多的企业恪守诚信、自觉纳税。授牌的同时，听取企业经营发展面临的形势和涉税需求，现场对企业的涉税问题进行政策辅导，解疑答惑，为其排忧解难，进一步增进征纳互信，营造良好的征纳氛围。

【加强股票期权个人所得税征管】 股票期权个人所得税实现跨越式增长，入库个人所得税突破5000万元。组建股票期权税收征管专业化团队，由团队人员主动作为、主动服务，积极开展前期调查，收集上市企业对外发布的涉税资料，明辨股权结构，摸底骨干员工股票期权授权计划、行权信息，形成完整的汇率、时间、授权价、行权价、税率等计税链。在每月税收预测的基础上，对股票期权个人所得税进行重大事项专项报送，使企业每一次期权计划的实施能够产生现实的税收。针对海外上市企业股权结构复杂，税务机关实时征管较为困难的特点，制定股票期权个人所得税征管操作流程，对期权计划备案、数据信息收集、计税链加工整理、专项协护税网络组建等进行规范，建立股票期权个人所得税征管重大事项专项报送制度，跟踪监控，以点带面。

【风险应对不断探索新格局】 在积极探索专业化风险应对模式下，强化风险应对过程监控，不断释放风险管理效应。根据《江苏省地方税务局风险管理办法》的精神，打破原有一竿子到底的评估模式，创新实现评估职能分离、案头实地两条腿走路的新格局。通过每月召开税收风险管理工作点评，定期通报风险应对完成进度和绩效，分析讨论近期风险应对存在的共性问题，形成应对人员比学赶超的良好氛围。集中力量攻克风险应对疑难问题，对风险应对中的土地增值税清算、股权平价转让、拆迁补偿、股票期权行权等涉税事项复杂、涉及金额较大的风险点进行重点关注。同时做好企业所得税管理台账，及时将评估发现问题反馈给基础管理部门，实现基础管理与风险应对管理的良性互动。

【建立重点税源企业所得税后续管理内控机制】 通过不断探索、锐意创新，形成了以"RISK"（R，即Refining，代表精细化；"I"，即Institutionalizing，代表制度化；"S"，即Stratification，代表层级化；

"K"，即Key，代表抓重点）管理理念为核心的企业所得税后续管理的内控机制，并将"RISK"内控理念渗透到了方方面面，在实战中打出了一组漂亮的"组合拳"。突出"R"的精细化管理理念、"I"的制度化理念、"S"的层级化管理理念、"K"的抓重点理念，这四个方面共同构成"RISK"内控管理理念，高度概括了在税收风险识别推送、应对处理、考核监督重点税源企业所得税后续管理内控机制的核心理念。先后应用"RISK"内控机制在所得税后续管理环节中取得累累硕果，调整企业所得税应纳税所得额2.7亿元。

【开展党的群众路线教育实践活动】 3月7日，召开全面开展党的群众路线教育实践活动动员会，党支部书记赵伟泉做主题动员，全体党员干部围绕"四查四治四兴"主线，整治"四风"问题、破除制约发展的顽疾、推进改革深入，以高度的使命感和责任感推进党的群众路线教育实践活动向纵深发展；4月4日，党支部书记赵伟泉做题为《回顾党的群众路线光辉历程 以"为民务实清廉"推进税收工作不断发展》的主题党课宣讲，全体党员干部共同观看江苏省地税系统警示教育片；10月29日，召开党的群众路线教育实践活动总结大会。党支部书记赵伟泉同志回顾活动取得的成效，并就活动成果拓展到持续改进作风的各项工作中做具体的安排部署，全体党员干部对领导班子及成员进行了民主评议。

【"阿福税收小站"再次扩围】 4月9日，在中国电信、中国移动、供电公司、穆桂英、中国旅行社等5家单位设立"阿福税收小站"税收政策宣传栏。至此，市区"阿福税收小站"数量增至10家，实现中心商圈更广覆盖，有效借助各重点企业的宝贵平台和资源优势，增强税收宣传的影响力和渗透力。

【举办外籍个人所得税税收政策服务会专场】 4月28日，举办"春风暖企"税收政策服务会（外籍个人所得税专场），围绕近年来较受关注的"外籍个人所得税"政策解读主题，邀请华瑞制药有限公司、无锡药明康德新药开发有限公司等相关重点企业40家到会。会上，业务骨干人员向与会企业代表详细介绍外籍人员办理任职登记、外籍人员日常申报、外籍人员年度申报、外籍人员离职离境清算事项，并向在座企业代表发放"风险提示书"（B类），就外籍个人所得税的申报流程与注意事项给予风险提示，帮助企业准确把握税收政策，规避涉税风险，企业代表听讲专注，提问踊跃，达到了面对面交流、心贴心服务的效果。

【提升干部履职能力】 从本职工作出发，通过提升干部队伍的履职能力，实现工作能力、工作作风的双提升。以提升外籍人员个人所得税管理水平作为提升能力的首期项目展开，从流程规范、风险内控、便民为民、管理增收等四个方面向三分局学习宝贵经验。然后以查疏漏、补能力、提干劲、凝队魂的方式，全面梳理在重点税源管理、队伍建设、干部能力等方面的薄弱环节，有计划地对所发现问题各个击破。2名干部考取研究生入学资格，1名干部通过注册税务师资格考试，5名同志在市局组织的法规、演讲等比赛中脱颖而出、名列前茅。

【举办"秋韵·秋思·秋颂"文化沙龙】 11月，朗诵俱乐部举办"秋韵·秋思·秋颂"朗诵文化沙龙活动。无锡市朗诵协会会长肖鹏等专家和领导应邀出席文化沙龙活动，并对地税爱好者们的朗诵作品一一点评。本次活动通过互动交流方式，为地税朗诵爱好者们创造了一个学习、交流、提高、表现的平台，有助于颂扬美、欣赏美的文化氛围不断传播，促进无锡地税文化建设不断跃上新台阶。

【加强干部思想动态管理】 在加强干部队伍建设中，从思想动态、困难情况、生活压力等方面对39名干部进行问卷调查。调查以提升队伍素质、构建和谐氛围为着眼点，精心设计心理状态、工作状况、工作心态、工资福利、思想教育等方面十个选择题、两个开放式问答题展开深入调查。随后充分运用调查结果，党支部班子成员进一步与相关干部进行点对点谈心、面对面座谈，全方位、多层次深入了解广大干部的所想、所需、所求，并对结果分层次、有重点地进行分析，形成专门的思想动态分析报告。通过这项活动畅通与全体干部的沟通交流渠道，进一步了解各干部职工的真实想法，切实增强干部的工作责任感和归属感，提升干部队伍的凝聚力和战斗力。

（周慕琳）

第五税务分局

【概述】 2014年，第五税务分局征缴各项收入48.19亿元，同比增长20.77%。其中入库税收36.19亿元，同比增长24.17%；入库公共财政预算收入10.73亿元，同比增长27.21%。在征管中，狠抓基础管理，利用征管质量监控分析指标加大执法刚性；做好对小贷公司的税收行政强制和催缴工作；高度关注一次性税源，做好限售股减持个人所得税征管；根据行业管理特色和SMART·R绩效理念，对无锡地税人力资源管理平台进行本地化的改造；利用531平台，以雁翔文化为阵地，开展廉政文化体验活动，建设“清莲人家”廉政文化品牌。

（赵　雯）

【基本情况】 第五税务分局，位于无锡市南长区南湖大道590号。主要负责市区金融保险业、交通运输业、中介事务所等三大行业的税源管理及基金、费的管理，下设4个科室，实有干部职工45人。

【机构设置及负责人】

综合科

科　长　杨晓敏

副科长　徐　尧

综合管理科

科　长　薛永刚

副科长　李　莉

副科长　唐太芳

基础管理科

科　长　沈琴华

副科长　雷　澍

风险应对科

科　长　谢　骏

副科长　顾　磊

【做好个人独资合伙企业征管软件上线工作】 集中相关岗位人员，深入研究软件上线推广过程中可能存在的问题和需要注意的细节，并将任务进行分工，责任到人。制定《个人独资企业投资者和合伙企业合伙人所得税管理办法（试行）》和《软件操作指南》作为重点培训内容，先后组织干部培训和纳税人培训，在通知纳税人培训时，建议其安排懂电脑的财务人员参加培训。明确合伙人信息登记的重要性，部分合伙企业强调多劳多得的实际分配方式，与系统中按固定比例分配的方式存在差异，就及时与上级机关和纳税人沟通协调，研究汇缴申报的操作方案，并为软件的进一步升级提供修改方向。

【推进绩效管理平台试运行】 3月13日，市局绩效管理工作会议在我局召开试运行现场会，我局汇报“人力资源管理平台”试运行的情况，提出相关完善建议。徐学良调研员指出，在分局层面上，要继续深化运用，进一步提出问题和建议，以不断满足分局的现实需求；在机关处室层面，要实现“人力管理系统”与税务公共管理系统的对接，以“目标任务”的形式下达管理目标，使任务更清晰，流程更顺畅。党组成员、纪检组长胡建光对绩效管理的系统化运用提出三点要求，一是试点分局要进一步落实运用，不断思考，将绩效考核从人员拓展到部门；二是要排出试点推广时间表，全力攻克试点推广过程可能存在的难点问题；三是要加大参与面，参与试点的单位的基本性工作要同时进行，保证在试点推广期间相关的考核有基础数据可供支撑，确保绩效管理工作的顺利推进。5月23日，召开全体干部职工大会，推进SMART R绩效管理。

【强化税收风险复审】 强化税收风险应对工作的监督，促进风险应对程序、资料的规范化管理。建立并不断完善应对复审相关制度，制定实施《五分局税收风险应对复审暂行规定》《关于加强税收风险应对质量管理的实施意见》，设计应对复审工作底稿、汇总工作底稿和操作实施表格，增强应对复审的可操作性。从各科室选拔专业素质过硬、税收分析能力强的业务骨干组成风险应对复审成员，从廉政风险、执法风险、管理风险等多方面进行审核，验证风险疑点应对消除的工作质量。根据日常风险应对工作中搜集到的信息，做好案头审核；同时发现有推送疑点消除理由不够充分或证据不确凿等情况，进一步到实地应对核查，确保风险应对的准确性。

【全面完成企业所得税汇缴申报工作】 735户查账征收单位全部完成企业所得税汇缴，补缴税款1317.23万元。受理并完成后续管理109户次，经核查，对11户次调增864.95万元。建立以分管局长为组长的汇缴工作小组，针对行业化管理特点和部分行业政策特殊性对企业进行分类培训，对交通运输业、小贷公司、律师事务所和重点户分别开展专场培训。根据市局推送的重大事项管理名单和宏图软件中的备案名单，重点加强对优惠备案和自行申报项目进行逐户核实，确保汇缴质量。

【开展限售股转让纳税服务工作】 为做好限售股转让所得的个人所得税征管工作，通过加强宣传辅导、强化合作、精简流程等措施，进一步提升税收征管质效。当好"宣传员"，深入企业开展限售股转让培训，辅导股权变动企业及时做好自行申报及代扣代缴工作，举办股权转让培训10期，培训322人。当好"服务员"，指导企业对股权转让的价格进行初步评估，对评估价格认可流程实施透明化管理，对纳税人转让限售股的涉税资料实施一次性告知，简化涉税管理流程。当好"联络员"，一方面是加强与工商、证券等部门的协作，建立有效信息交换和协作机制，定期从工商行政管理机关和华泰、国联等券商机构获取股权变更信息；另一方面是建立与市局处室和纳税服务局的衔接机制，对于外地转让、多人转让、高额转让以及其他有特殊情况的纳税人，报请特事特办，把办税时间从两个月缩短为五个工作日。

【夯筑执法"防火墙"】 积极构筑执法风险"防火墙"，及时捕捉风险应对过程中的涉税信息，规范风险应对流程，切实提高风险防范意识。建立完善分工明确、职责清晰的风险防范体系，通过对案卷审核、疑点分析、后续管理等环节，及时整改发现执法中存在的问题和隐患，查漏补缺。严格按照管理到位、工作到位、督察到位的要求，实施全方位、全过程的风险督察。科室指定专人负责风险指标分析工作，分局定期组织案卷评审，对发现的执法风险限时分析、整改，并与考核挂钩。积极搭建风险应对专业化工作团队，每周举办一次业务交流培训，对存在的疑点、难点、热点和普遍性问题集体研究，认真总结，制定风险应对预案。

【开展党的群众路线教育】 依托531工程网，深入践行党的群众路线教育，在干部中开展交流互动活动。围绕税收重点工作开展群众路线大讨论，理清"为了谁、依靠谁、我是谁"这个基本问题，帮助党员干部认识自己，提升自己。组织群众路线在线学习，依托531工程网栏目的学习资料链接，方便党员干部随时查找学习，不断加强党性修养。引导党员干部在线互提意见、互相勉励，互相提醒，互相促进，不断改进服务纳税人的举措。开展网上交流以来，干部们发起讨论53次，评论量100条。

【开展"三查三省"节前廉政教育】 春节前夕，根据中央、省、市各级规定要求，开展节前廉政体验日活动。邀请市委常委傅国芳做题为"中国传统道德文化与廉政价值观"的讲座，侯平局长给全体干部上"做好廉洁表率，过好祥和春节"的廉政主题课。

【实施岗位职责双向选择与定向配置】 为明确工作人员岗位职责，优化人力资源配置，调动干部职工积极性，整体推进绩效管理，首次实施岗位职责双向选择与定向配置。梳理科室职能和岗位职责，依据目的性、整体性、协调性、安全性、确定性原则，确定38个岗位63项具体职责108个职数。拟定岗位职责单职系数。基于工作量的均衡测算、工作难度的相对判断、质量控制的风险评估、应急处理的外部帮助、创先争优的预期效果等，拟定岗位职责单职系数，编制形成《岗位职责与岗责系数对应表》。双向选择与定向配置岗位职责。择岗工作人员和上级主管同时填报《岗位职责双向选择申报表》，其中35个岗位56项职责98个职数通过双向选择达成确认，对未达成的3个岗位7项职责7个职数进行定向配置，对3个职数暂留存空置。上传发布岗位职责与岗责系数。将科室工作人员岗位职责与岗责系数上传录入无锡地税人力资源管理平台SMART-R绩效管理模块予以发布，作为目标任务能效指数的计算生成基数。

【参观阖闾古城感悟吴韵廉风】 5月20日，组织干部赴阖闾城遗址博物馆参观，感悟和传承千年的吴韵廉风。在参观后干部们认为，阖闾励精图治、清廉亲民、任人唯贤的人文情怀和"崇德、重文、务实、创新"的吴文化精神，是基层税务部门励志创新，完成"为国聚财、为民收税"神圣使命的宝贵精神财富，激励着党员干部在具体工作中牢固树立"务实为民清廉"的理念。

【青年税官俱乐部和雁翔中队共庆六一】 六一前夕，青年税官俱乐部来到芦庄实验小学，与"雁翔中队"结对开展"六一观影谈发展"活动，共度国际儿童节。青年税官们带领同学们观看动漫电影，并参观动漫电影产业园，为丰富同学们的课外生活，增添民工子弟童年色彩，尽一份社会责任。

（赵　雯）

第六税务分局

【概述】 2014年，第六税务分局强化税收收入预测分析、税源联合排查、社保催缴管理，努力夯实基础管理，提高税收征管质效，强化风险管理，提升风险应对效能，不断释放税收管理效能；加强业务培训，提高行政处罚水平；严格执法监督，防范税收执法风险，深化税收宣传阿福品牌，建立区域税源管理联动服务机制，组织征收各项收入30.54亿元，同比增长3.99%：其中征收地方税收8.08亿元，征收公共财政预算收入6.49亿元。

（蒋玉华）

【基本情况】 第六税务分局，位于无锡市工运路18号。承担崇安区、北塘区范围内一般税源户和个体工商户（除重点税源管理分局和行业税源管理分局辖管纳税人）的管理。负责对上述管理对象的地方税和非税收入的日常管理工作；负责税收征管状况监控分析工作；负责纳税评估、日常检查等风险应对工作和数据管理工作；负责管辖范围内地方税收协税护税、综合治税和纳税人之家建设工作；负责税收有关认定管理、涉税事项行政审批的后续管理工作；完成管辖范围内各项税收（非税）收入任务；开展与税务稽查部门、征收服务部门的协作和配合工作。下设五个科室，实有干部职工55人。

【机构设置及主要负责人】

综合科

科　长　周贞宏

副科长　蒋玉华

综合管理科

科　长　惠天海

副科长　曹　煜

基础管理一科

科　长　张新华

基础管理二科

科　长　匡海军

副科长　蒋　萍

风险应对科

科　长　杜　茗

副科长　朱明晔

（钱　洁）

【组织各项收入30.54亿元】 组织各项收入30.54亿元，增幅为3.99%，其中税收收入8.08亿元，同比增长3.86%；组织公共财政预算收入6.49亿元，同比增长2.32%；征收社保费20.53亿元，增长5.4%。

【建立区域税源管理联动服务机制】 建立区域税源管理联动服务机制，内部以党建工作站为总牵头，联合各相关分局人员共同参与，外部由崇安、北塘两区各街道办事处财政所牵头，以地税工作人员和街道办事处财政所工作人员共同编组，按街道行政区划组成10个税源管理服务小组，针对项目税收、重点税源、楼宇出租、股权转让、个体代征等实行定期联合税源排查活动，做好税源流失风险分析和税收疑点风险评估，对苏宁广场出租、兴卫医药股权转让等征缴税收3100万元。

【联合社保机构催缴社保费】 联合北塘社保基金管理中心，对无锡市天瑞园艺有限公司开展联合催缴，通过部门合作，进一步加强社保征缴工作，完成社保费催缴流程1429户次，同时履行社保费催缴职能，做好纳税人缴费能力的调查认定和强制执行，对无锡市钟表眼镜有限公司等3户单位发起社保费欠缴行政强制程序，联合税政一处、社保中心，召集欠缴20万元以上的欠费大户进行集中约谈，签订社保欠费还款承诺书，先后清理社保费陈欠622万元，清理社保费新欠2742万元。

【加强税收基础管理】 按照征管业务操作规程，做好基础管理各项事项，先后完成大集中系统推送各类基础任务15850户次，人均每月完成基础任务66条，准期任务完成率始终保持在96%以上；办理注销清算1130户次，认定非正常户1172户次，基础信息纠错871户次；按照“全覆盖管理、同目标考核、实体化运作”要求，不断推进社会化管理进程，实现个体委托代征税款6159万元，同比增长3.79%。

【规范举报案件查处的执法行为】 完善举报案件监控督办程序，明确专人对接，建立涉税举报案件查处台账，定期通报案件查处进度和结果；明确举报案件查处要求，要求案件承办人员按规定时间和程序完成取证、查处、回复工作，严格落实延期查处申请程序；严格落实发票举报现场快速处理机制，按月发布发票检查小组值班表，对需现场处理的举报案件，组织人员及时到场处理，维护举报人索取发票权益。办理12366举报投诉案件176户次，稽查举报案件14户次。

【制定执法督察工作制度】 制订执法督察工作制度，围绕每月工作难点和薄弱点，选取一项重点事项开展执法督查，先后对定额核定、非正常户认定、注销清算、欠税清理、社保费催缴、个人所得税预征结算等事项进行专项执法督查。对每月督察发现的问题，按照执法要求督促整改，基础管理科专题开会点评存在问题，分局局务会听取整改情况汇报，做到督察有始有终，有问题必整改，整改必到位。

【组织六所小学“红领巾地税行”夏令营活动】 组织无锡市区六所小学的60名阿福小税官代表，开展“红领巾地税行”夏令营活动，通过“童眼看税收”“童言话税收”等互动环节，体验税务职业特点，激发学习税法知识的兴趣。开展全市阿福小税官税法知识网络竞赛，收到答卷6000份，评出阿福奖50名、阿禧奖100名、参与奖200名。活动结束时，在税收法制教育基地凤翔试验学校举行颁奖仪式。

（蒋玉华）

第七税务分局

【概述】 2014年，第七税务分局全力把握税收中心工作的进度要求，将工作责任逐步落实，依靠有效的税收预测分析体系和全体人员的奋力拼搏，组织各项收入53.9亿元，同比增长12.86%，其中税收收入19.82亿元，同比增长18.11%，公共财政预算收入16.08亿元，同比增长17.46%。通过创新建立堵漏增收联动机制，打造税源全封闭管理体系，征收个人所得税5.34亿元，同比增长26%，征收土地增值税1.84亿元，同比增长100%。通过参与政府财税联动分析，及时了解经济运行总体形势和政府性项目进展情况，提高税收征管的针对性和有效性；广泛收集、深入分析、积极运用第三方涉税信息，获取房产、土地等涉税信息3200条；加强与工商、发改、科技、国税等部门的信息共享，及时掌控企业股权变更、财产转让、并购重组等重大涉税信息，依靠联动分析入库个人所得税1.5亿元。落实市局与市中级人民法院联合发布的《关于建立执行工作联动机制的若干意见》，通过与南长、滨湖人民法院建立的信息交流机制和交流平台，获取房产拍卖等执行信息34条，入库税款360.09万元。开展规范化建设年和规范化提升年活动，制定19项工作规范，有效提升和规范干部的执法行为，并在市局组织的行政处罚案卷评比活动中，获得两项第一名，一项第三名的优异成绩。结合纳税人个性化需求，在各科室建立涉税服务专人专岗，及时回复纳税人个性化涉税咨询；建立纳税服务QQ群，通过网络渠道开展税收宣传和咨询服务，在市局组织的纳税人之家先进事项评比活动中，获得一个三等奖和一个优秀奖。在马山万丰社区建立“阿福”农家书屋，拓展涉农服务新渠道，积极打造税收宣传新亮点。完善教育培训内容和培训方式，使教育培训工作做到贴近工作实际、贴近干部需求。在南禅寺商业街开展“江南水弄堂，税宣新天地”文化宣传活动，积极构建以“水润万物，税泽民生”为主题的“水税”文化品牌。积极参加建局二十周年系列文化活动，不断丰富和充实“吴韵税风”文化品牌效应。充分发挥党、工、团、妇的作用，编印《滨湖税印》图册等，展示干部的良好形象。

【基本情况】 第七税务分局，位于无锡市滨湖区滴翠路98-1号。主要负责无锡市滨湖区、南长区内除重点税源、行业管理税源以外的各类地方税、基金（费）的管理。征管户数22239户，其中企业15944户。内设5个科室，实有干部84人，职工1人。

【机构设置及负责人】

综合科
科　长　潘　奇
副科长　娄从杰

综合管理科
科　长　王广前
副科长　刘　杰

基础管理一科
科　长　蒋保足
副科长　李鸣伟
　　　　尹欣慰

基础管理二科
科　长　潘　皎
副科长　钱文宏

风险应对科
科　长　方世佩
副科长　蒋开一
　　　　朱利亚

【开展进社区当“五员”活动】 围绕“服务发展、服务基层、服务纳税人”的目标任务，全体在职党员到挂钩社区开展当“五员”活动。当好政策宣传员，主动服务社区企业发展，帮助企业查找分析在生产经营、财务税收方面存在的问题并提出针对性意见和建议；当好民情联络员，积极参与社区组织的各项活动，密切联系增进感情，做到“身到、情到、心到”；当好社区参议员，积极协助社区干部查找原因，谋划解决难题的对策，共同提高社区发展水平；当好困难帮扶员，组织党员义工进行结对帮扶，开展雪中送炭式的帮扶行动；当好文明创建示范员，自觉维护公共秩序，践行文明礼仪，争做文明表率，为社区民众打造可学、可鉴、可复制“样板”，向居民群众发放宣传资料600多份，为辖区19户高新技术企业办理减免税719.6万元。

【建立“阿福”农家书屋】 在滨湖区马山街道万丰社区建立“阿福”农家书屋，首批上架各类书刊400余册，并设立税收图书专架，通过投放税收图书和税收宣传资料，方便乡镇居民取阅学习。

【分类聚焦开展税收宣传】 以建局20周年为契机，由干部自发组织编撰《滨湖税印》，充分展示税务干部的工作成绩和个人风采；以“江南水弄堂，税宣新天地”为主题在南禅寺商业街开设宣传园地，以图片、文字、漫画等方式制作宣传展板，利用分布于整条商业街的灯杆旗帜牌宣传无锡地税精神，展示地税部门的良好形象和工作业绩。

【规范清名桥古运河景区税收秩序】 依托景区管理机构，定期对餐饮旅游及相关服务业纳税人进行综合评比；发挥景区协护税效用，与协护税组织通过培训、检查、评比等形式对纳税人进行指导和监督，借助制度规范加强税收管理；共享相关职能部门信息，紧密联系工商、国税等相关职能部门获取经营户的全面信息，有针对性地开展经营户涉税风险提醒以及风险管理。借助社会力量督查，由社会各界人员组成评议组织，强化税负评定人员素质结构，促进公开、公平、公正执法，增加入库税款54万余元。

【创业导师团全力助推大学生创业】 成立“阿福大学生创业工作室”，为准备创业的大学生提供行业和项目的选择指导，并在12月由“阿福大学生创业工作室”联合工商等部门，走进大学生创业基地举办政策解读答疑会，宣传国家出台的扶持大学生创业和小微企业发展的最新政策和税收优惠，通过面对面的互动交流，有针对性的给予政策辅导、项目规划和风险提示，为大学生创业者实现梦想再添助力；通过专题讲座、实地体验、重点辅导等形式，引导辅助11个大学生创业团队走上创业道路，为68家大学生创业企业办理税收优惠、各类税收减免200万元。

【开展城市综合体纳税人之家现场调研服务】 联合协护税机构，开展城市综合体纳税人之家专题活动。与入驻太湖新城、太湖广场等城市综合体的80余家商户开展面对面的宣传和交流活动，采取面对面的形式，由税务干部详细讲解相关办税流程，商户结合自身的实际情况，就账务处理、发票开具与保管、税务行政处罚与救济等问题进行详细的咨询，进一步提高城市综合体商户对诚信纳税的认识。同时结合商户反映的问题，对综合体招商、涉税管理、规范经营、构建诚信纳税环境等问题进行深入的探讨。

【开展医院及大中专院校专项核查】 对辖区医院及大中院校开展个人所得税专项核查。将16家医院和17所大中院校2012年和2013年两个年度缴纳的个人所得税进行分析研究。针对数据分析中存在的问题，分别抽取了5家具有代表性的医院和大中院校，上门实地调研，将报表、账簿数据与税务系统内个人所得税建档数据的核对。通过前期的问题查找和实地调研，针对存在的问题，对辖区内医院和大中院校进行有针对性的培训辅导，在此基础之上，要求辅导单位对照政策进行自查自纠，填写自查表格，对少申报税款的，督促及时申报补税，以降低所涉及单位的纳税风险，提高税法遵从。

【扎牢税收执法“笼子”】 积极开展规范化建设年和规范化提升年活动，通过制定19项工作规范、强化内外两个监督，扎牢税收执法“笼子”。分类梳理企业税源登记管理、定额管理、风险评估、注销评估、行政处罚等经常性、复杂性的管理工作，加强事中事后管理，强化行政处罚裁量权管理，严格执法程序。同时根据督察内审工作要求，先后组织开展征收期后大额税款申报情况核实、取消和下放税务行政审批事项贯彻落实情况专项检查、小微企业税收优惠执行情况专项检查、注销清算评估专项检查等活动，提高督察内审工作的成效。

【加强风险应对规范化管理】 依托风险应对专业团队，对风险评估任务开展典型分析，明确应对策略、应对思路和应对重点，有效提高评估针对性和应对有效性，风险应对有效率由62.55%提升到75.18%。结合绩效管理工作要求，对风险评估人员进行合理分组，切实提升人力资源成效。进一步加强应对成果监控，定期通报各科室、各评估小组的风险应对成果，风险管理准期应对率由80%提高到98.6%，入库风险应对税款7800余万元，风险应对贡献率2.66%。

【开展税检共建活动】 与滨湖区检察院、国税二分局签订了《关于加强工作联系配合的协定》，通过加强税务部门与检察院的紧密联系，建立预防职务犯罪工作的交流机制，让分局更好地发挥预防职务犯罪基地的示范作用。

（马戎真）

稽查局

【概述】 2014年，稽查局积极完善全市“一级稽查”运行机制，优化人力资源配置，深化配套制度建设，规范执法工作，提高稽查效能，全年实施检查216户，查补各项收入17991.12万元，其中案件直接查补16160.95万元，组织稽查自查入库1830.17万元。全市查处100万元以上大要案16户，其中1000万元以上案件4户，有力地打击了税收违法行为。为进一步提高结案效率以及防范执法风险，细化案件延期事项、案件进度把握，规范补充稽查管理，强化补充稽查时限。针对在查案件逐户梳理会诊，倒排进度，重点针对高案值、高风险、高难度的“三高”案件，加强过程管理，确保按时结案、产出效益。统一稽查报告制作要求，规范行政处罚及滞纳金加收，使其更符合政策要求及稽查实践。建立稽查查处涉税案件的“办案中心”，初步制定了《稽查局办案中心运行管理规定》《办案中心案件准入准出管理规定》等日常运行规则、管理考评规范，打造专业化、现代化稽查的主阵地。并将稽查内控机制项目化建设、群众路线教育实践活动的开展与稽查业务工作深度结合，加强稽查岗位廉政教育，开设稽查道德讲堂，围绕税收执法权和行政管理权各环节组织风险排查，定期开展纳税人意见反馈，对稽查干部进行社会监督和实情考察，有效防范为税不廉行为的发生。大力营造稽查文化氛围，改造职工之家，鼓励干部关爱社会，开展法制宣传和政策解读；关心弱者，进行扶贫帮困、捐资助学和义务献血。获评全省“依法行政示范单位”，蒋国芳同志被授予无锡市志愿者之星。

【基本情况】 稽查局，位于滨湖区周新西路2号。主要负责指导、协调和管理全市地方税务稽查工作；组织落实税务稽查法律、法规、规章及规范性文件，拟订具体实施办法；监督检查全市地税系统征管对象执行地方税收法规、政策及制度情况；组织查处税务违法案件；牵头组织全市地方税收专项检查工作；组织全市或区域性地方税收专项整治工作；受理税务违法案件的举报，承担案件的转办、查办工作；协调公安、检察、审判等机关处理税务稽查有关工作；承担风险部门推送的高等风险的应对工作。内设9个科室，实有税务干部职工51人。

【机构设置及主要负责人】

综合行政科

科　长　金　成（副科级）（脱产攻读博士）

科　长　张迪秋（副科级）

业务管理科

科　长　张迪秋（副科级）

副科长　许　刚（正股级）

副科长　杜　苹（副股级）

检查执行科

科　长　张　凌（副科级）

副科长　冯　科（副股级）

案件审理科

科　长　华　斌（副科级）

案源管理科（税收违法案件举报中心）

科　长　刘　婷（副科级）

检查一科

副科长　陈　涛（副股级）

检查二科

科　长　谭　涛（正股级）

副科长　赵海忠（副股级）

检查三科

副科长　王　健（副股级，主持工作）

徐　冰（副股级）

检查四科

科　长　张　琦（正股级）

副科长　陆佳峰（副股级）

（赵倩倩）

【成立“办案中心”】 为深化稽查管理改革，主动呼应“一级稽查”的工作模式，按照“高效、规范、精干”的原则，建立稽查查处涉税案件的“办案中心”，在市稽查局、宜兴稽查局设立稽查办案中心二个办案点，根据服务当前、立足长远的要求，初步制定了《稽查局办案中心运行管理规定》《办案中心案件准入准出管理规定》等日常运行规则、管理考评规范，并从软硬件建设入手，配置必要的办案装备，培养专业人才，打造专业化、现代化稽查的主阵地。对12户定向区域整治对象首次被纳入稽查系统办案中心集中管理。

（杜　萍、赵倩倩）

【强化税收违法行为检举案件管理】 完善检举工作网络运行机制，由举报中心牵头，联系管理、纳服、风险评估、监察等各部门形成全市地税系统举报案件协作网络，完善检举管理工作网络运行机制。实施查前指引，将检举工作与案源管理有效结合，在分配稽查案件前，分析检举材料所提供的信息与线索，以此明确检查重点，明晰检查目标。实施查中辅导，对于上级督办案件、大案要案或检查处理难度较大的案件，会同商议，加快取证速度与质量。避免执法随意性，根据检举案件的轻重缓急，实行分类监控，对案情复杂或难度较大的案件实施集体审理。严格限定办案期限，在确保查处质量的前提下提高查处效率。受理举报175件，其中由稽查部门立案查处24件，查补罚2498.85万元，兑现检举奖励3起，支付举报奖金0.77万元。

（杨晓帆、赵倩倩）

【推行重点案件组长负责制】 采用“以检查员为基本元素，以检查科室为项目组”的案源分配格局，由分管局长直接管理并指定一个检查科为税收整治工作的负责科室，同时考虑区域整治对象的行业属性、经营特点等因素，有选择地从全市稽查系统专业人才库、分行业专业化检查人才库中抽调检查力量，以不同单位、不同科室的稽查骨干临时组建项目组，并细分若干小组，实行“重点案件组长负责制”，以此实现人力资源的最优配置，充分调动一线检查人员的工作积极性、主动性、创新性，并通过案件管理、案情分析交流、案例编报等一系列的形式，实现检查方法、检查手段、检查经验、稽查成果的充分交流和扩充利用。

（王　健、赵倩倩）

【举办税务行政处罚听证会】 1月份，组织召开一宗税务稽查案件税务行政处罚听证会。听证会严格按照《税务行政处罚听证程序实施办法》所规定的程序，由案件调查人员及当事人双方对拟进行的税务行政处罚的异议陈述各自观点，在充分考虑听证会当事人陈述意见的基础上，做出相应的税务处罚决定。本次听证会的整个过程体现税务稽查规范的执法行为和严谨的执法程序，也为被查企业提供了一个良好的反映诉求的渠道。

（唐　峰、赵倩倩）

【开展高风险应对辅助系统软件培训】 2月份，组织全体检查人员开展高风险应对辅助系统的上线应用培训。该软件以江苏省无锡地方税务局查账软件为平台，以快速规范应对风评部门推送至稽查的高风险为目标，对推送到稽查部门的高等风险，根据各风险点的风险指标和具体风险描述，与电子账上可采集到的相关数据进行比对分析，配比生成部分风险应对的引导，按照要求核查后最终生成内容翔实的高风险应对报告，以此来引导检查人员对稽查高等风险进行高效规范地应对。该软件在应对中按要求计算和处理企业财务数据，并进行统一的归集、记录和比对，得出结论，极大地提高检查效率；统一了每个风险指标处理的工作底稿和应对内容，实现风险应对过程标准化和规范化；运用检查模型和检查工具，有效地提高风险应对的深度。

（张　凌、赵倩倩）

【开展党的群众路线教育实践活动】 3月份，召开无锡地税稽查局党的群众路线教育实践活动动员大会，全体党员干部以为民务实清廉为主题，积极参与马克思主义群众观点和党的群众路线教育，进一步突出作风建设，坚决反对形式主义、官僚主义、享乐主义和奢靡之风，切实解决基层群众和纳税人反映强烈的突出问题，努力剖析问题，严肃整改，提高做好新形势下税收工作和群众工作的能力。

（杜　萍、赵倩倩）

【与国税、公安联合召开打击发票违法犯罪活动新闻发布会】 4月份，与国税、公安联合召开打击发票违法犯罪活动新闻发布会。发布会邀请纳税人代表、我市新闻媒体工作人员及税务稽查、公安经侦部门干部代表50余人参加。进一步建立和加强发票整治的综合治理机制，推进国地税、公安经侦部门联动，加强对发票违法案件信息的交换，强化协查、异地检查、银行资金流调查等手段的作用。进一步加大宣传教育力度，利用各新闻媒体渠道，将集中宣传与日常引导相结合，加强对纳税人的涉票知识宣传，引导纳税人规范执行，规避涉票、涉税风险，鼓励纳税人主动开展发票使用情况的自查自纠，从而规范用票行为。

（许　刚、赵倩倩）

【拍摄稽查案例微电影】 组织拍摄自编自演微电影《阿福阿禧说税法》2集，结合稽查工作实际，把身边的涉税案例进行提炼，由税务干部担任角色自己演绎。延续了稽查局税法宣传的“微电影”方式，从微观入手，宏观展示，以广大纳税人喜闻乐见、通俗易懂的方式宣传税收政策，更好地促进了纳税人税法遵从度。

（秦怀宇、赵倩倩）

【设立“税海红帆”读书角】 8月份，新建“税海红帆”读书角正式投入使用。读书角旨在加强党员及干部职工的自我教育，鼓励大家多读书、读好书，从而增强干部职工的求知欲和提升自我价值。读书角设置了2个，本着为干部群众办实事的原则，从书柜、读书角标识到每一本好书的购买或收集，兼顾勤俭节约与质量的双面考量，无一不是精挑细选后呈现在干部们的眼前。读书角采用自助式借阅的方式，借阅人自行登记、自行取阅、自行归还，投入使用后，极大地增强了地税文化的浓厚氛围，陶冶干部们汲取知识营养、崇尚积极向上的良好情操。

（杜　萍、赵倩倩）

【蒋国芳被授予无锡市志愿者之星】 由无锡市委书记黄莉新亲自颁奖，蒋国芳同志被授予无锡市志愿者之星。2011年，她注册并加入了无锡市文明办、无锡志愿者总会领导的行知志愿团，成为第一批志愿义工。利用休息时间，自带劳动工具、干粮等前往志愿基地做义工，积极参与无锡市民德行教育论坛，参与“爱心德育基金”“唱响中国感恩歌曲大家唱”等活动；多次参与义务献血，捐款、捐物、捐书等社会公益活动，不断地将自己的小爱播洒给需要的人们。历年来，她不仅自觉学习《弟子规》，而且在工作生活中积极运用和践行，以言传身教感染和影响周围人，她倡议并组织稽查局女干部赴志愿团教育实践基地参加学习，听取“现代女性礼仪知识”专题讲座，并组织实施赴国学“亲子营”行知志愿者活动，稽查局女干部和青年积极分子23人参与志愿服务，受到良好的社会反响。

（杜　萍、赵倩倩）

【获评全省“依法行政示范单位”】 12月，被省局表彰为全省地税系统“依法行政示范单位”。多年来，稽查局按照“规范执法工作、争创法治地税”的目标，积极把握征管改革和稽查管理改革的良好机遇，通过强化法制建设，狠抓执法管理，深化全员依法行政专业化培训，建立源头管理、流程制约、风险监控、绩效考核的稽查工作机制，有效提升依法行政水平。先后通过内部排查、现场征询、上门走访、发放征求意见表、召开座谈会、设置举报箱等形式，对重点稽查企业进行走访，开展问卷调查，并在此基础上进行查摆和整改。据统计反馈，99.5%的纳税人对民主评议整改后的工作情况较为满意。

（张迪秋、赵倩倩）

无锡地税系统2014年度荣誉榜

集 体

一、无锡地税系统获得荣誉

江苏省五一劳动奖状

江苏省第二批学习型党组织、学习型领导班子示范点

2013年度省局依法行政考核优秀等次

2013年度全国税收调查单项先进单位

全省地税系统廉政文化作品优秀奖

全省地税系统政务信息工作先进单位

2013年度全省地税系统优秀税收科调研成果二等奖

全省地税系统“为民”、“务实”网络邮展二等奖

全省地税系统第四届乒乓球比赛竞技组团体优胜奖

2013年度无锡市作风建设和绩效综合考评“二十佳单位”

无锡市政务服务工作先进单位

2013年度无锡市规范执法示范单位

无锡市政府信息公开先进单位

2013年法治无锡建设实事项目优质项目奖

2012-2013年度无锡市市级机关先进基层党组织

2013年度无锡市党政信息工作先进单位特等奖

2013年度无锡市信息化工作先进集体

2013年度无锡市信息化示范应用项目

2013年度无锡市宣传思想文化工作创新奖

2013年无锡市行政权力网上公开透明运行工作先进单位

2013年度无锡市党政网站测评先进单位

2013年度无锡市纪检监察信息工作三等奖

无锡市第六届市级机关办公自动化技能大赛团体一等奖

二、第十届全国法制动漫动画微电影动画类优秀奖

惠山地方税务局（阿福阿禧购车记、开店记系列）

三、第九届全国税收动漫大赛（公益短片类）

锡山地方税务局（二等奖）

惠山地方税务局（三等奖）

江阴地方税务局（优秀奖）

四、2012年全国税收好新闻税收公益好广告评选

惠山地方税务局（三等奖）

宜兴地方税务局（优秀奖）

五、江苏省优秀志愿服务品牌

锡山地方税务局（“蓝翼”志愿服务队）

六、2013年度江苏省残疾人就业工作优秀单位

江阴地方税务局

七、2014全省工会“职工书屋”示范点

宜兴地方税务局

八、江苏地税20周年建功集体

惠山地方税务局

锡山地方税务局

九、全省地税系统依法行政示范单位

第一税务分局

十、2014年度全省地税系统稽查优秀案例

稽查局、江阴地方税务局

十一、2013年度全省地税系统纳税服务调研课题一等奖

第一税务分局

十二、2014年度全省地税系统纳税服务调研课题三等奖

第一税务分局

十三、2013年度无锡市“规范执法示范点”

第二税务分局

第三税务分局

江阴地方税务局

十四、无锡市“六五”普法中期先进单位

第三税务分局

十五、2013年度无锡市法治惠民实事工程展评二等奖

惠山地方税务局

十六、无锡市第五批优质服务品牌

锡山地方税务局（361° 税收渗透服务）

十七、2013年度无锡市残疾人就业服务工作先进单位

江阴地方税务局

十八、2013年度无锡市志愿服务活动十大杰出先进集体

锡山地方税务局（“蓝翼”志愿服务队）

十九、无锡市志愿服务活动先进集体

江阴地方地税局（“暖心联盟”）

惠山地方税务局（“爱心妈妈”志愿团）

二十、无锡市五四红旗团支部

第一税务分局

二十一、无锡市“岗位建功”先进集体

江阴地方税务局第一税务分局

二十二、无锡市巾帼文明岗

宜兴地方税务局第一税务分局

第一税务分局

市行政服务中心地税窗口

第三税务分局综合管理科

个　人

一、入选国家税务总局督察内审人才库

冯　峰

二、参加总局税务稽查现代化建设研究表扬个人

张迪秋

三、总局金税三期信息系统业务测试用例编写表彰个人

胡江波

四、总局税务标准化工作先进个人

胡江波

五、总局“便民办税·春风故事汇”征文比赛优秀奖

宗　丹

六、2013年度全国税收调查单项先进个人

赵锡珍

七、江苏省五一劳动奖章

蒋永成

八、2014年度“江苏好人”

邹涵君

九、江苏省“青年岗位能手”

商林东

十、江苏省哲学社会科学界第八届学术大会优秀论文三等奖

许竹芳、刘　桁

十一、2013年度江苏省残疾人就业工作先进个人

钱耕龙

十二、江苏地税20周年建功个人

张新华

十三、江苏地税岗位标兵

黄　蕾、蒋保足、蒋敏慧、王　健、徐自强、任　未、龚　韵

十四、最美江苏地税人

侯志文、俞红霞

十五、江苏省地方税务局“‘税’月留痕”主题摄影获奖

单　芸（一等奖）

濮志晔、朱沁一（二等奖）

杨玮冰、施静烨（三等奖）

十六、“江苏地税二十载　一诗一票颂神州”书法邮票展

蒋震宇（一等奖）

蒋群英（二等奖）

杜广波、吴志峰（三等奖）

十七、全省地税系统政务信息工作先进个人

任　未、吴晗冰

十八、2013年度省局信息化建设工作先进个人

胡江波

十九、2013年度全省地税系统人事统计工作优秀个人

夏establishes智

二十、2014年度省局大企业税收风险管理工作先进个人

陈　静、王　欣、蔺国威、张国星

二十一、2014年度参加省局税收执法督察和内部审计先进个人

蔡文娅、于　霜、顾文良

二十二、2013年度全省重点税源企业检查先进个人

徐　冰、葛　李、王　伟、唐　峰

二十三、2013年度全省重点税源企业检查优秀检查组

徐　冰、唐　峰、王军峰、徐晓玉

二十四、无锡市优秀共产党员

华　斌

二十五、无锡市五一劳动奖章

张　烽

二十六、无锡市“五一巾帼标兵”

张　莉、付琳燕

二十七、2014年“无锡好人”

潘俊宝

二十八、2012-2013年度无锡市市级机关优秀党务工作者

向　锋

二十九、2012-2013年度无锡市市级机关优秀共产党员

周　廉、夏　星、华　斌

三十、民革无锡市委优秀宣传员

华支敏

三十一、无锡市“岗位建功”先进工作者

陈　倩

三十二、无锡市优秀共青团员

严　杰

三十三、无锡市志愿者之星

蒋国芳

三十四、无锡市优秀志愿者

朱　凯

三十五、无锡市政务服务工作表彰

何　杰（先进个人）

朱啸晨（表扬个人）

三十六、无锡市“六五”普法中期先进个人

李　青

三十七、2013年度无锡市行政执法办案能手

蔡　寅、陈军玉

三十八、2013年度无锡市信息化工作先进个人

蒋震宇

三十九、2013年度全市党政信息工作先进个人

任　未、朱　凯、刘　昕

四十、无锡市政府信息公开先进个人

于佳蔚

四十一、2013年度无锡市网站工作先进个人

钱建峰

四十二、2013年无锡市行政权力网上公开透明运行工作先进个人

钱建峰

四十三、2013年度无锡市社会求助服务工作先进个人

钱梦昳

四十四、“法律在我心中”无锡市公务员学法用法征文比赛

胡恩飞（二等奖）

曹又丹（三等奖）

四十五、第六届无锡市市级机关办公自动化技能大赛

娄从杰（个人一等奖）

朱慧婷、赵晓龙（个人二等奖）

四十六、2013年度无锡市纪检监察信息工作先进个人

王树民

2015年大事记

无锡市地方税务年鉴（2014~2015）

大事记

1月

1月12日 召开全系统完善和深化征管改革动员大会，市局党组书记、局长丁源作动员讲话。

1月28日 局党组书记、局长丁源一行带队走访慰问驻锡73031部队。

1月30日 市委常委、市长汪泉，市委常委、常务副市长黄钦对地税工作作出批示。市长汪泉指出：2014年，面对经济下行压力加大和“营改增”力度加大的严峻挑战，无锡地税局锐意进取、攻坚克难、深化改革、强化管理，较好地完成了组织收入任务，有效保持了地方税收稳定增长，为全市发展大局做出了积极贡献。希望新的一年里再接再厉，争取更大成绩。常务副市长黄钦指出：无锡地税局围绕“提质增效”总目标，服务大局、创新举措，较好完成了2014年各项工作任务。望在新的一年里，全局上下团结一致、攻坚克难，争取各项工作再上新的台阶。

2月

2月4日 召开2015年度全市地税工作会议，回顾2014年工作，分析当前形势，研究部署了2015税收工作任务。局长丁源作了题为《改革促发展 创新著华章 同心聚力迈向税收现代化》的工作报告。

2日25日 在全市开展“三个突破年”活动动员大会上，无锡地税以99.021的得分在C类31个单位中名列第一，荣获2014年度全市市级机关综合考评“二十佳单位”，并得到市委、市政府的通报表彰。

3月

3月17日 省局党组成员、副局长陈筠到宜兴局开展工作调研。

4月

4月2日 无锡地税以“吴韵税风——税收书画作品展”启动第24个税收宣传月，局党组书记、局长丁源，党组成员、副局长李檬，江南大学副校长纪志成，无锡市文联主席刘基平，无锡市滨湖区区委常委、常务副区长徐勇强出席了启动仪式。

4月22日 无锡地税以综合绩效考评得分第三名的成绩荣获全省地税系统“2014年度先进单位”，也是全省地税系统首批“绩效管理工作先进单位”。

4月29日 全省地税系统离退休干部工作会议暨业务培训在无锡召开。省局党组成员、副局长陈筠出席会议。

5月

5月4日 锡山地税局团总支荣获2014年度“全国五四红旗团支部”称号，成为2014年度全省地税系统唯一一个获此殊荣的团组织。

5月14日 总局电子税务管理中心主任姚琴一行，到锡山地税局调研指导信息化建设工作。

5月19日 市政协主席周敏炜、副主席王锡南携市工商联、市政协相关委员会领导一行到市地税局调研指导工作。

5月28日 无锡市委常委、常务副市长黄钦一行到市地税局调研指导工作。听取了关于近期各项工作的汇报，重点是全系统在组织收入、深化征管改革、落实简政放权方面的具体工作措施和成效。

6月

6月8日 局党组书记、局长丁源，市工商联主席周海江，市司法局局长杨智敏共同启动无锡市“纳税人之家”。市委常委、统战部部长陈德荣热烈祝贺纳税人之家的成立，希望充分发挥平台的沟通协调作用，共同营造和谐诚信征纳氛围。

6月9日 党组书记、局长丁源以“深入践行‘三严三实’，奋力推进‘四个地税’建设”为主题，紧密结合自身的学习思考与无锡地税工作实际，为机关党员干部上了一堂专题党课。

6月24日 市委常委、统战部长、市总工会主席陈德荣一行到局调研指导工作。

7月

7月24日 召开全市地税系统半年度工作会议暨干部队伍建设和大数据治税推进会。会议总结了2015年上半年工作，围绕干部队伍建设和大数据治税两大主题，分析研究当前面临的新形势、新要求，部署了下半年各项工作任务。党组书记、局长丁源作了题为《把握时代脉搏 激发队伍活力 全面开启税收现代化建设新征程》的工作报告。

8月

8月3日 省局党组成员、副局长陈茂锋一行到江阴地税局开展“三解三促”活动。

8月27日至28日 省局党组成员、副局长陈筠、省局稽查局局长赵灿奇一行赴宜兴地税局调研，开展“三解三促”活动。

9月

9月25日 “缘来地税 中秋悦谈”主题活动成功举行。

10月

10月12日 中国税务报经济社会专刊发布题为《牵手：“家”为媒 征纳谐》一文，对无锡地税局2015年以来携手工商联、打造纳税人之家“升级版”的情况做了专题报道。

10月15日 无锡地税局与无锡农村商业银行“税银合作、助力发展”签约仪式成功举行。市政府副市长曹佳中，局党组书记、局长丁源，党组成员、副局长李檬以及市金融办、经信委、人民银行、银监局、无锡农村商业银行相关负责人出席签约仪式。

10月19日 省局党组成员、副局长陈筠一行到无锡局开展耕地占用税立法和财行税管理专题调研。

10月20日 总局纳税服务司吴宏韬副司长在省局副局长陈茂锋，市局局长丁源陪同下到锡山局办税服务大厅调研指导，并实地听取纳税服务情况。

10月20日 省地税局局长江建平率省局有关处室负责人在江阴市委书记周铁根陪同下深入江阴靖江园区开展基层调研，无锡地税局局长丁源、泰州市地税局长佘元原等陪同参与调研。

10月21日 “智慧定制 专享服务”无锡地税移动服务平台成功发布。《新华日报》《中国税务报》《无锡日报》等14家媒体到场采访报道。国家税务总局网站、中国税务报A3版头条、中央人民广播电台中国之声《新闻晚高峰》、无锡日报头版、江南晚报、无锡商报以及无锡新闻综合频道《无锡新闻》、都市资讯频道《今晚60分》、梁溪之声广播等新闻媒体，相继对智慧地税APP进行了报道

10月22至23日 省局党组成员、副局长倪静石带领省局相关处室负责人到江阴局开展“三解三促”工作调研活动。

10月31日 无锡市地税系统第五届运动会在惠山区堰桥初级中学成功举行。

11月

11月13日 中国社科院法学研究所专家组到江阴地税局调研法治建设实事项目，参观并实地操作了现代化纳税服务体验区。

12月

12月1日 无锡市国地税合作联席会议在市国税局举行，市国税局、地税局全体局领导，双方各职能部主要负责人参加会议。会上，市国税局汇报了前

期国地税合作的情况，市地税局对《关于深化无锡市国地税合作的实施意见》及《无锡市国地税2016年度重点合作事项》进行了解读。会议审议通过了2016年度国地税合作实施意见及重点合作事项。

12月3日 国家税务总局巡视员、总局科研所研究员靳东升、江苏省地税局陈筠副局长以及江苏省地税局所得处、科研所相关领导深入惠山局调研指导工作。

12月30日 市委办向无锡地税局发来贺信，表彰2015年度我局在信息工作上的突出成就。2015年报送的信息被国务院领导批示7篇、省领导批示5条（其中3篇罗志军书记批示）。

12月31日 市领导汪泉、黄钦等一行到第一税务分局办税服务厅，亲切看望和慰问岁末仍坚守在税收服务一线的基层干部职工。市委常委、市长汪泉代表市委、市政府，向全市地税干部为无锡经济社会发展做出的贡献表示感谢，希望地税部门在新的一年继续再接再厉，在依法征收、落实减税政策、提升创新服务等方面共同发力，完成市委市政府各项目标任务，做出更大的成绩。

概　况

2015年，全市地税系统在省地税局和市委、市政府的正确领导下，围绕“法治引领、改革创新”工作主题，在谋篇布局“十三五”的新起点上为经济社会发展做出贡献。

在经济下行和结构性减税力度加大等背景下，全年征收各项收入976.6亿元，同比增长5.29%，其中：地方税收573.2亿元，同比增长5.38%；公共财政预算收入439.6亿元，同比增长6.87%；征缴社保费350.4亿元，同比增长9.23%。加强征管状况动态监控分析，着力抓好常规性税源。对合同金额300万元以上的9000多个建筑项目开展专项核查，清理建筑项目税收近4亿元；核对房开项目200多个，入库税收超2亿元。规范存量房交易，增加税款1.3亿元。开展企业所得税汇缴风险管理，查补税款3.13亿元。对39家境外上市企业实行风险管理，入库税款5200万元。持续关注欠税增长苗头，多措并举压缩欠税3.2亿元。强化稽查打击职能，立案检查369户，查补总额2.3亿元。加强税收分析和经济调研，先后开展“一带一路”典型企业、苏南国家自主创新示范区建设、外贸企业反补贴情况、“走出去”企业等专项调研，形成分析调研成果50余篇，其中《无锡反映当前物联网产业发展遇到的困难问题及相关建议》被省委书记罗志军批示。

策应国家和区域经济发展战略，抓好国务院推动“双创”的政策落地，制定助推发展和优化服务“10+10”举措，上海自贸区创新服务措施全部落地。全年减免税收突破50亿元，其中为2.1万户小微企业减免税费11亿元；为7000多户次企业落实固定资产加速折旧政策，涉及税款8800万元；全面落实土地增值税普通住宅执行标准和企业改制重组税收优惠政策，减征相关税收7.2亿元；取消利股红核定征收和预征措施，减征个人所得税7.1亿元；全面取消综合基金，减征基金费14亿元，进一步减轻企业负担。反映企业呼声，《基层反映“三证合一”手续简化但后续经营中存在问题亟待解决》得到省委书记罗志军批示。实施无锡“纳税人之家”维权品牌的转型升级，与无锡市工商联合作实现第三方主导运作，开展活动100多次。推进“互联网+税务”建设，研发推广“智慧地税”移动服务平台，为企业纳税人提供“私人定制”服务，累计认证用户2万人次、访问量突破5.5万人次。与人民银行开展税银互动，定期交换欠税纳税人征信信息。与无锡市信用办共建“纳税黑名单”制度，通过网络公告“税收执法黑名单”；与江苏银行、招商银行、民生银行等开展税银合作，将纳税人税收信用指标和数据纳入银行内控制度，协助发放贷款突破5亿元。地税网站建设成果显著，代表国家税务总局参加国务院全国政府网站办事服务专家研讨会，得到国务院领导肯定。创新打造现代化纳税服务体验区，向A级纳税人推出“A+优”服务，为纳税人定制个性化C2B课堂。

规范税源管理事项，重组业务流程，新一轮征管改革全面到位，建立与改革相配套的部门联动、专业化分工协作、税收分析预测、风险管理、信息利用保障等配套机制。制定“大数据治税工程”建设五年行动计划，明确了5个应用方向和23个分析主题，大数据基础平台和大数据能力开放平台初步搭建完成。加强数据采集，依托“征管保障信息交换平台”从20多个部门采集数据146万条，国地税合作交换涉税数据336万条。通过数据的采集利用，累计推送风险管户1.05万户，入库税款25.86亿元，应对贡献率5.52%。编制并发布了《无锡地税“十三五”发展规划》。对接不动产登记改革，启动财产性税源平台建设。建立耕地占用税税源常态化管理机制，为房地产税等税制改革做好准备。加强个人所得税管理，全市8.3万人办理了2014年度自行申报，申报人数同比增长3.66%，强化全员全额明细申报，累计入库个税102.2亿元。打通地税“省级大集中系统”、人社局“金保工程”、财政局“财税系统”三个平台，实现三者间社保数据实时交互，流程可视。累计公告社保非正常户2206户，催缴社会保险费欠费5049户，催缴入库5216万元。

编制行政权力清单，梳理责任事项形成责任清单，并向社会公布。展行政制度汇编，补充完善相关制度33项。制定《税收业务集体审议制度(试行)》，积极推进强制工作“制度化”运行，通过强制执行入库1178.44万元。完善风险应对质量评价体系，开展“过头税”专项检查。修订“五个清单”，开展“纠四风、转四风”等专项整治活动，组织第三方进行明察暗访。

开展“三严三实”专题教育，制定《基层领导班子任期目标管理办法》，推行副科分局长任期制管理。调整市区股职科长选拔聘任机制，深化专业化团队建设，市级以上人才库成员388人次。试水青年公务员“职业生涯管理”完善“市局—基层单位—个人”三级联动的绩效管理体系，开展绩效沟通，帮助基层单位和干部个人进行绩效分析。深化“吴韵税风”文化体系建设，举办第五届职工(趣味)运动会和“小蜜蜂”自行车骑行活动。市局机关蝉联“全国文明单位”荣誉称号，宜兴局、惠山局、锡山局分获“国家级青年文明号”、“全国巾帼示范岗”和“全国红旗团支部”。

（朱　凯）

人事情况

一、人员机构概况

无锡地方税务局机构设置和负责人

局长、党组书记　丁　源
副局长、党组成员　胡建光
副局长、党组成员　李　檬
纪检组组长、党组成员　邵　云
副局长、党组成员　王晓东
总经济师、党组成员　严　郓
总会计师、党组成员　李　青（2015年12月任）

办公室

主　任　高　元（2015年1月任）
副主任　汪泽峰
　　　　任　未

综合处（2015年1月成立）

处　长　尤正明（2015年1月任）
副处长　丁立君（2015年1月任）

政策法规处

处　长　陈其英（2015年1月任）
副处长　杨玮冰

税政管理一处（基金管理处）

处　长　薛　枫（2015年11月退休）
副处长　余立平
　　　　王晓东

税政管理二处

处　长　杜庆祖
副处长　周　廉

规划财务处

处　长　张　珏
副处长　沈治国
　　　　曾丽萍

征管和科技发展处

处　长　钟小新
副处长　赵建东（2015年1月任）
　　　　蒋　萃
　　　　李　俊（2015年1月调任第六税务分局副局长）

数据管理处

处　长　蒋震宇
副处长　韩　林
　　　　陈　波

督察内审处

处　长　陈其英（2015年1月调任政策法规处处长）
　　　　张农高（2015年1月任）
副处长　惠　煜

基层工作处（2015年1月机构撤销）

处　长　尤正明（2015年1月改任综合处处长）
副处长　唐　枫（2015年1月调任惠山地税局党组成员、副局长）

人事处

处　长　纪　珑
副处长　董　芳

监察室

主　任　王　琦
副主任　缪　序

机关后勤服务中心

主　任　张叶军
副主任　丁超其（2015年12月任）
　　　　周　雄（聘）

电子税务中心

主　任　韩　林

耕地占用税和契税管理所

所　长　李　军

新区耕地占用税和契税管理所

所　长　徐　忠

机关党委

书　记　丁　源
副书记　胡建光
　　　　陈　倩
　　　　周　进（2015年6月换届不再担任）

工　会

主　席　尤正明（2015年6月任）

副主席　严　郓（2015年6月换届不再担任）

　　　　刘献忠（2015年6月任）

团　委

副书记　戴　炜

　　　　赵　敏（2015年4月任）

税收风险监控局

局　长　许竹芳（2015年5月退休）

　　　　顾建碧（2015年5月任）

副局长　周晓良（2015年1月任）

　　　　王向新

稽查局

局　长　蒋永成（副处职）

副局长　朱　宏（正科职）

　　　　张晓阳（正科职）

（2015年5月调任第七税务分局副局长）

稽查一分局

副局长　张　平（2015年1月转任副主任科员）

　　　　张迪秋（2015年1月任）

第一税务分局（纳税服务局）

局　长　李　军

副局长　路　平（2015年1月调任第六税务分局副局长）

　　　　何　杰

　　　　吴志峰

　　　　徐　忠

第二税务分局

局　长　倪丽英

副局长　赵建东（2015年1月调任征管和科技发展处副处长）

　　　　富春雨（2015年1月任）

　　　　武　亮

第三税务分局

局　长　潘　涛（副处职）

副局长　周伟根（正科职）

　　　　包一铮（正科职）

第四税务分局

局　长　赵伟泉（2015年1月转任主任科员）

　　　　蒋　平（2015年1月任）

副局长　王诚平（2015年1月调任第五税务分局副局长）

　　　　富春雨（2015年1月改任第二税务分局副局长）

　　　　王首婉（2015年1月任）

　　　　蔺卫新（2015年1月任）

第五税务分局

局　长　侯　平（2015年1月调任第六税务分局局长）

　　　　华维真（2015年1月任）

副局长　刘　帆（2015年1月调任第六税务分局副局长）

　　　　王诚平（2015年1月任）

　　　　向　峰

　　　　丁超其（2015年1月任，2015年12月调任市局机关后勤服务中心副主任）

第六税务分局

局　长　华维真（2015年1月调任第五税务分局局长）

　　　　侯　平（2015年1月任）

副局长　刘　帆（2015年1月任）

　　　　路　平（2015年1月任）

　　　　周晓良（2015年1月调任税收风险监控局副局长）

　　　　李　俊（2015年1月任）

　　　　丁超其（2015年1月调任第五税务分局副局长）

第七税务分局

局　长　蒋　平（2015年1月改任第四税务分局局长）

副局长　王首婉（2015年1月改任第四税务分局副局长）

　　　　蔺卫新（2015年1月改任第四税务分局副局长）

第七税务分局（执法督察局）（2015年1月成立）

局　长　张农高（2015年1月兼任）

副局长　顾建碧（2015年1月任，2015年5月调任税收风险监控局局长）

张晓阳（2015年5月任）

江阴地方税务局

局长、党组书记　任东飚

副局长、党组副书记　顾敏明（正科级）

副局长、党组成员　陈增伟（正科级）

钱敏郁

纪检组长、党组成员　张农高（2015年1月提任督察内审处处长兼无锡地税局第七税务分局局长）

副局长、党组成员　顾　恩（2015年1月任副局长，免江阴地税局八分局分局长）

纪检组组长、党组成员　徐　益（2015年3月任纪检组长，免江阴地税局四分局副分局长）

分局长、党组成员　董庆健（2015年2月任党组成员）

宜兴地方税务局

局长、党组书记　庞德征

副局长、党组副书记　潘曙光（正科级）

副局长、党组成员　程旭伟

纪检组组长、党组成员　储永宝

副局长、党组成员　许永明

锡山地方税务局

局长、党组书记　严卫中

党组副书记、纪检组组长　吴晓红（2015年3月改任纪检组长）

副局长、党组成员　陶　江

副局长、党组成员　戴　炜（2015年1月任）

副局长、党组成员　张　益（2015年3月免纪检组长）

惠山地方税务局

局长、党组书记　李　青

党组副书记、纪检组组长　蒋　苏（2015年1月任，免副局长）

副局长、党组成员　唐春晖

副局长、党组成员　蒋伟康

副局长、党组成员　顾建碧（2015年1月调任无锡地税局第七税务分局副局长）

副局长、党组成员　唐　枫（2015年1月任）

二、2015年江苏省无锡地方税务局机构设置图

（根据锡地税发〔2014〕113号文《关于完善和深化税收征管改革的实施意见》）

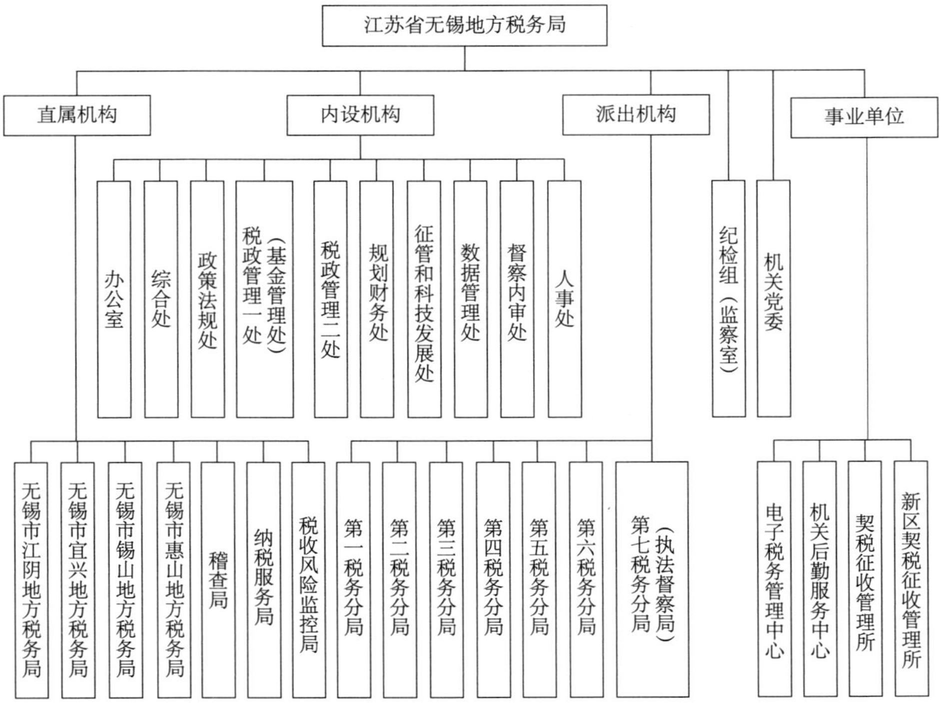

各项收入概况

2015年江苏省各市地方税收分税种完成情况

表2-1　　　　单位：万元

指标 下级单位	税收收入合计	营业税	企业所得税	个人所得税	城市维护建设税
全省合计	57520615	24428162	5551985	9022082	4313832
苏南五市	31068856	11777551	3326804	5998206	2680465
省直属征收局	1331283	608678	356493	284709	47920
南京市	7949552	2737580	882071	1666860	801809
无锡市	5732154	2499031	548769	1022613	530057
徐州市	4008632	1990065	191540	269628	315316
常州市	3589119	1367552	408805	579836	260866
苏州市	11440388	3951022	1335809	2381287	924706
南通市	5552649	2300501	638512	1147522	277996
连云港市	2207868	1158393	94468	137580	125095
淮安市	2752585	1403890	126070	153773	199182
盐城市	3759455	2018133	200426	396270	206896
扬州市	2525682	1133222	192204	230228	184439
镇江市	2357643	1222366	151350	347610	163027
泰州市	2333829	1137901	199732	238103	180905
宿迁市	1979776	899828	225736	166063	95618

2015年无锡市地方税各税种收入比重表

表2-2　　单位：万元

项　目	全　市		市　区		江阴、宜兴市	
	税　额	比重（%）	税　额	比重（%）	税　额	比重（%）
地方税收入合计	5732154	100.00	3406417	100.00	2325737	100.00
一、省级税收	393558	6.87	240636	7.06	152922	6.58
1.营业税	393564	6.87	240642	7.06	152922	6.58
2.企业所得税	−6		−6		0	
二、市县级税收	5338596	93.13	3165781	92.94	2172815	93.42
1.营业税	2105467	36.73	1301152	38.20	804315	34.58
2.土地使用税	204499	3.57	98296	2.89	106203	4.57
3.企业所得税	548775	9.57	267917	7.87	280858	12.08
4.个人所得税	1022613	17.84	617378	18.12	405235	17.42
5.城建税	530057	9.25	323510	9.50	206547	8.88
6.印花税	105494	1.84	59263	1.74	46231	1.99
7.土地增值税	174989	3.05	103816	3.05	71173	3.06
8.车船税	54519	0.95	32744	0.96	21775	0.94
9.房产税	310990	5.43	203947	5.99	107043	4.60
10.资源税	3386	0.06	0	0.00	3386	0.15
11.契税	246145	4.29	144766	4.25	101379	4.36
12.耕地占用税	31662	0.55	12992	0.38	18670	0.80

2015年无锡地方税收分产业完成情况表

表2-3 单位：万元

产业	累计		
	实绩	同期	增减（%）
税收收入合计	5732154	5439755	5.38
一、第一产业	827	639	29.42
二、第二产业	1967888	1914904	2.77
（一）采矿业	3386	2717	24.62
（二）制造业	1232421	1151214	7.05
（三）电力、燃气及水的生产和供应业	61885	57745	7.17
（四）建筑业	670196	703228	-4.70
三、第三产业	3763439	3524212	6.79
其中：（一）批发和零售业	263129	220213	19.49
（二）交通运输、仓储及邮政业	50496	56685	-10.92
（三）住宿和餐饮业	87699	90310	-2.89
（四）信息传输、软件和信息技术服务业	36757	51659	-28.85
（五）金融业	660005	716909	-7.94
（六）房地产业	1648781	1554628	6.06
（七）租赁和商务服务业	661393	434025	52.39
（八）科学研究和技术服务业	61700	51678	19.39
（九）居民服务、修理和其他服务业	226710	258535	-12.31
（十）教育	6027	5702	5.70
（十一）卫生和社会工作	9344	8101	15.34
（十二）文化、体育和娱乐业	16978	17969	-5.52
（十三）公共管理、社会保障和社会组织	34420	57798	-40.45

2015年无锡市地方税收入分级次分单位完成情况表

表2-4　　　　单位：万元

项　目	地方税收入合计				其中：省级				市县级			
	实绩	同期	增减额	增幅（%）	实绩	同期	增减额	增幅（%）	实绩	同期	增减额	增幅（%）
全市	5732154	5439755	292399	5.38	393558	396760	−3202	−0.81	5338596	5042995	295601	5.86
一、市区	3406417	3271322	135095	4.13	240636	238218	2418	1.02	3165781	3033104	132677	4.37
1.税务二分局	1231194	1115127	116067	10.41	210422	209106	1316	0.63	1020772	906021	114751	12.67
2.税务三分局	579964	605867	−25903	−4.28	4355	3818	537	14.06	575609	602049	−26440	−4.39
3.税务四分局	360056	379229	−19173	−5.06	3155	1471	1684	114.48	356901	377758	−20857	−5.52
4.税务五分局	269069	281163	−12094	−4.30	1275	1397	−122	−8.73	267794	279766	−11972	−4.28
5.锡山地税局	457240	417714	39526	9.46	12375	13695	−1320	−9.64	444865	404019	40846	10.11
6.惠山地税局	508894	472222	36672	7.77	9054	8731	323	3.70	499840	463491	36349	7.84
二、二市（县）	2325737	2168433	157304	7.25	152922	158542	−5620	−3.54	2172815	2009891	162924	8.11
1.江阴市	1538042	1419540	118502	8.35	104004	108806	−4802	−4.41	1434038	1310734	123304	9.41
2.宜兴市	787695	748893	38802	5.18	48918	49736	−818	−1.64	738777	699157	39620	5.67

2015年无锡地方税分注册类型完成情况表

表2–5 单位:万元

注册类型	累计		
	实绩	同期	增减(%)
合计	5732154	5439755	5.38
一、内资企业小计	4872044	4561537	6.81
1.国有企业	933268	763259	22.27
2.集体企业	120851	119191	1.39
3.股份合作企业	10334	11236	−8.03
4.联营企业	5544	7777	−28.71
5.股份公司	2376690	2189511	8.55
6.私营企业	1425357	1470563	−3.07
7.其他企业	0	0	
二、港澳台投资企业	242531	239990	1.06
三、外商投资企业	464847	464890	−0.01
四、个体经营	152732	173338	−11.89

2015年个人所得税分项目对比表

表2–6 单位:万元

项目	累计			
	实绩	同期	同比增减	增幅(%)
合计	1022613	961020	61593	6.41
1.工资、薪金所得	489605	429886	59719	13.89
2.个体工商户生产、经营所得	58684	65034	−6350	−9.76
3.企事业单位承包、承租经营所得	43251	51783	−8532	−16.48
4.劳务报酬所得	25194	21378	3816	17.85
5.稿酬所得	33	13	20	151.34
6.特许权使用费所得	7	1	6	621.71
7.利息、股息、红利所得	197956	200025	−2069	−1.03
8.财产租赁所得	3202	3024	178	5.88
9.财产转让所得	197451	184041	13410	7.29
10.偶然所得	2886	2121	765	36.06
11.其他所得	2341	1881	460	24.47
12.税款滞纳金、罚款收入	2003	1833	170	9.28

2015年无锡企业所得税分产业对比表

表2-7　　单位：万元

项　目	累　计		
	实　绩	同期累计	增幅（%）
企业所得税合计	548769	588886	-6.81
一、第一产业	0	0	
二、第二产业	330675	342040	-3.32
（一）采矿业	0	0	
（二）制造业	211095	224062	-5.79
（三）电力、燃气及水的生产和供应业	10826	11332	-4.47
（四）建筑业	108754	106646	1.98
三、第三产业	218094	246846	-11.65
其中：（一）批发和零售业	39697	36137	9.85
（二）交通运输、仓储及邮政业	10706	14098	-24.06
（三）住宿和餐饮业	1927	2004	-3.84
（四）信息传输、软件和信息技术服务业	3567	5171	-31.02
（五）金融业	9926	16471	-39.74
（六）房地产业	51637	99541	-48.12
（七）租赁和商务服务业	67639	38232	76.92
（八）科学研究和技术服务业	12692	10536	20.46
（九）居民服务、修理和其他服务业	12233	15532	-21.24
（十）教育	825	877	-5.93
（十一）卫生和社会工作	677	981	-30.99
（十二）文化、体育和娱乐业	2410	3609	-33.22
（十三）公共管理、社会保障和社会组织	4158	3657	13.70

2015年无锡地方税收分税种完成情况表

表2-8　　单位：万元

项　目	累　计			
	实　绩	同　期	增收额	±（%）
各项收入总计	9766351	9275981	490370	5.29
一、地方税合计（含两税）	5732154	5439755	292399	5.38
（一）省级收入	393558	396760	-3202	-0.81

续表2-8

项　　目	累　　计			
	实　绩	同　期	增收额	±（%）
1.省级营业税	393564	396743	−3179	−0.80
2.省级企业所得税	−6	17	−23	−135.29
（二）市县级收入	5338596	5042995	295601	5.86
1.营业税	2105467	1706120	399347	23.41
2.土地使用税	204499	218849	−14350	−6.56
3.企业所得税	548775	588869	−40094	−6.81
4.个人所得税	1022613	961020	61593	6.41
5.城建税	530057	470742	59315	12.60
6.印花税	105494	107603	−2109	−1.96
7.土地增值税	174989	282372	−107383	−38.03
8.车船税	54519	48347	6172	12.77
9.房产税	310990	292023	18967	6.50
10.资源税	3386	2716	670	24.67
11.两税合计	277807	364334	−86527	−23.75
其中：1.契税	246145	317615	−71470	−22.50
2.耕地占用税	31662	46719	−15057	−32.23
二、非税收入合计	4034197	3836226	197971	5.16
1.社会保险费	3504191	3208192	295999	9.23
2.教育费附加	224627	204107	20520	10.05
3.其他基金费	305379	423927	−118548	−27.96
公共财政预算收入（税收）	4394933	4111931	283002	6.88

2015年全市地方税收入分地区完成情况表

表2-9　　　　单位：万元

税　　种	累　　计		
	实　绩	同　期	±（%）
地方税收入合计	5732154	5439755	5.38
其中：市县级税收	5338596	5042995	5.86
一、市区地方税收	3406417	3271322	4.13
其中：市县级税收	3165781	3033104	4.37
1.市属	292549	365290	−19.91

续表2-9

税　　种	累　　计		
	实　绩	同　期	±（%）
2.崇安区	165102	149278	10.60
3.南长区	156478	144152	8.55
4.北塘区	135427	149857	−9.63
5.滨湖区	681621	598616	13.87
6.新区	788847	757521	4.14
7.锡山区	444854	404014	10.11
8.惠山区	500903	464376	7.87
二、江阴市地方税收	1538042	1419540	8.35
其中：市县级税收	1434038	1310734	9.41
三、宜兴市地方税收	787695	748893	5.18
其中：市县级税收	738777	699157	5.67

2015年全市营业税分税目对比表

表2-10　　单位：万元

项　目	累计			
	实绩	同期	同比增加	增幅（%）
合计	2499031	2102863	396168	18.84
一、建筑业	440869	458686	−17817	−3.88
其中：建筑	341541	344876	−3335	−0.97
安装	14676	24922	−10246	−41.11
二、交通运输业	5	11	−6	−54.55
1.陆路运输	4	8	−4	−50.00
2.水路运输	0	0	0	
3.航空运输	0	0	0	
4.管道运输	0	0	0	
5.装卸搬运	1	3	−2	−66.67
三、邮电通信业	2	15606	−15604	−99.99
1.邮政	1	360	−359	−99.72
2.电信	1	15246	−15245	−99.99

续表2-10

项　目	累计			
	实绩	同期	同比增加	增幅（%）
四、金融保险业	393336	396613	-3277	-0.83
1.金融	353419	352719	700	0.20
2.保险	39917	43894	-3977	-9.06
五、娱乐业	2148	3042	-894	-29.39
其中：按5%税率征收	2148	3042	-894	-29.39
按10%税率征收	0	0	0	
按20%税率征收	0	0	0	
六、服务业	299291	305341	-6050	-1.98
1.代理业	5678	7098	-1420	-20.01
2.旅店业	11887	12001	-114	-0.95
3.饮食业	50964	53022	-2058	-3.88
4.旅游业	1140	1080	60	5.56
5.仓储业	2	40	-38	-95.00
6.租赁业	60380	62154	-1774	-2.85
其中：房屋租赁	27067	25217	1850	7.34
7.广告业	0	2	-2	
8.其他服务业	169240	169944	-704	-0.41
七、转让无形资产	9790	1073	8717	812.40
其中：转让土地使用权	9649	1113	8536	766.94
八、销售不动产	949878	701997	247881	35.31
九、文化体育业	6004	5780	224	3.88
十、税款滞纳金罚款收入	397708	214714	182994	85.23

税政管理

流转税管理

【概述】 2015年，税政部门以组织税收收入为中心，围绕依法行政、安全履职，在建筑项目、房开项目营业税管理、拆迁安置房营业税管理等方面加强政策执行，深化营业税税种管理，服务税制改革发展，提升营业税的科学化、专业化、精细化管理水平，入库营业税249.90亿元，同比增收39.62亿元，增长18.84%；其中省级营业税39.36亿元，同比减收3179万元，下降0.8%，市县级营业税210.55亿元，同比增收39.94亿元，增长23.41%。营业税占地方税收入比重为43.6%。工作中，开展营业税收入专题分析，按月对营业税收入情况从征收总量、征收增量、分税目分别与周边城市进行比较分析，寻找征收盲区和管理薄弱点，同时对重点税目进行重点分析、剖析。进行营业税专项管理，通过对营业税征收项目、行业税负的分析，开展了建筑业、房地产业营业税专项管理；通过对拆迁安置房税收“回头看”，进一步规范税收管理，督查纳税人自查自纠。开展“后‘营改增’时期地税征管的分析与建议”课题调研，提出重构后“营改增”时代地税管理体系配置、创新后“营改增”时代地税管理服务手段、优化后“营改增”时代地税管理外部环境等方面的建议。落实税收优惠政策，发挥税政服务于经济的职能，为符合营业税减免税备案和审批条件的14412户纳税人办理减免营业税21.88亿元，其中为72户适用再就业税收优惠的纳税人减免营业税77万元。

【对建筑业、房地产开发项目进行专项管理】 8–12月，开展建筑业、房地产业营业税专项管理，核查建筑项目9212个，清理建筑项目税收4亿元，其中营业税3.3亿元；核对房开项目207个，入库税收2.2亿元；进行建筑项目预清算（清算）3208个，预清算率达73.08%，清算绩效1.15亿元；监控重点项目2536个，平均开票率31.25%，比年初提高了4.5个百分点。

【对特定行业进行税收风险专题应对】 5月，对经营性事业单位进行风险应对，根据审计部门提供的行政性收费转为经营性收入的事业单位名单，在分析的基础上，对尚未实行“营改增”的单位实施风险应对19户，补交营业税54万元。7月，对劳务派遣企业中营业税税负偏低、开具发票未申报的单位进行风险应对57户，查补税14.77万元。

【落实小微企业优惠政策】 按照《国家税务总局关于小微企业免征增值税和营业税有关问题的公告》规定：按月申报，月营业额不超过3万元或按季申报，季营业额不超过9万元的营业税纳税人免征营业税。地税局以多渠道宣传政策、直接减免等方式落实政策，对21014户纳税人减免税收2490.70万元。

（余立平）

所得税（国际税收）管理

【概述】 2015年，所得税（国际税收）部门围绕组织收入工作主线，发挥职能作用，落实各项工作部署，推进企业所得税重点税源和高风险事项团队管理、自然人股权转让个人所得税征管、境外上市企业涉税风险核查、企业反避税调查和监控、"走出去"企业信息报告和宣传辅导等年度重点工作，入库企业所得税54.88亿元，同比增长-6.81%。完成2014年度企业所得税汇缴35183户；1.5万户次企业享受企业所得税优惠35.2亿元（已折算成税款），其中431户企业享受研发费加计扣除金额11.46亿元；284户高新技术企业减免税款7.40亿元；组织开展企业所得税重点税源和高风险事项团队管理，查补企业所得税1.96亿元。入库个人所得税102.26亿元，同比增长6.41%，其中完成年所得12万元以上个人所得税自行纳税申报、两处及两处以上取得工薪所得纳税人自行纳税申报工作，补缴税款4986.43万元；完成来自于1644户企业的7067名外籍人员的年度申报资料和数据的审核确认工作，补缴个人所得税678.55万元。开具中国居民身份证明1份；对享受协定待遇申请1户纳税人进行后续管理；组织开展国家创新示范区税收政策实施、"一路一带"参与典型企业、企业重组业务和非货币性资产投资、小额贷款公司、市县两级认定的非营利组织等的情况调研。

（严　亦）

【落实固定资产加速折旧政策】 继续通过政策宣传、排查比对、逐户提醒、定期通报等措施落实固定资产加速折旧政策。9月，财政部 国家税务总局发布《关于进一步完善固定资产加速折旧企业所得税政策的通知》，明确对"轻工、纺织、机械、汽车等四个领域重点行业的企业2015年1月1日后新购进的固定资产，可由企业选择缩短折旧年限或采取加速折旧的方法"。全市7096户次企业享受固定资产加速折旧，优惠税款9004万元，其中151户企业享受六大行业固定资产加速折旧政策，政策享受面达100%；72户企业享受行业扩围新政；6859户企业享受固定资产加速折旧一次性扣除政策，政策享受面达到26.4%。

（史文斌）

【组织开展企业所得税重点税源和高风险事项团队管理】 通过强化部门协作，运用风险管理模型和指标，开展企业所得税管理团队实体化运作，对重点税源户、重点和复杂事项进行逐户分析筛选风险点，强化风险点验证等措施，经风险管理平台推送2856户企业纳入风险应对，查补各类税款3.13亿元，其中查补企业所得税1.96亿元。

（严　亦）

【组织个人所得税自行纳税申报工作】 通过加强宣传辅导、税源监控、申报服务，事前数据分析梳理，事中政策宣传提醒，事后征管排查核实等管理措施，82895人在法定申报期内办理了2014年度个人所得税自行纳税申报，申报人数同比增长3.66%，1607名纳税人申报补缴税款2944.88万元。同时完成了7719户、15013人的两处或两处以上取得工薪所得的自行申报，入库税款2041.55万元。

（杨　玲）

【组织开展自然人股东转让股权的个人所得税核查】 制订完善股权转让征管操作流程，建立股权变更涉税事项管理台账，实现对股权变更涉税事项管理及管理措施落实情况的动态监控。通过加强日常股权转让事项跟踪管理、风险推送应对管理、低平价转让核定管理等综合管理措施，征缴自然人股权转让所得个人所得税6.19亿元，比上年增加4.35亿元，同比增长235.6%，占个人所得税增长额的45.5%，拉动个人所得税增长6.3个百分点。

（杨　玲、王广前）

【停止执行利股红所得个人所得税两项征管措施】 6月，分别以锡地税规〔2015〕1号、2号文件，废止自2006年以来有关利股红所得个人所得税征管措施的文件——锡地税发〔2006〕83号第四条第一款、锡地税发〔2006〕138号、锡地税发〔2007〕66号、锡地税发〔2008〕46号、锡地税函〔2009〕33号。从7月1日起，停止执行利股红所得个人所得税"预征管理"和"核定征收"两项征管措施。同时明确了停止执行两项征管措施的后续业务操作问题。

（杨　玲）

【组织开发"自然人股权变更涉税事项管理系统"】 集中全系统个人所得税团队成员和业务骨干，根据股权转让税收管理目标开展调查研究，采集了解基层一线工作需求，结合本地实际借鉴吸收其他地区相关经验，在项目设计定稿前由宜兴地税局进行先期试点，经过多次集中研讨和论证，确定自然人股权转让管理流程，提出配套的信息化管理软件建设需求，通过招投标确定软件公司开发“自然人股权变更涉税事项管理系统”，该系统于年底开发成功并上线试运行。

（杨　玲、王广前）

【组织开展境外上市企业涉税风险核查】 加强39户境外上市企业的长效管理，针对涉税风险开展风险应对，通过对股票期权、高管薪酬等重点事项管理，补缴入库税款5200万元。其中对无锡境外上市的新增12户企业进行风险识别和推送，入库各项税款933.49万元。

【开展国际税收情报交换工作】 立足日常税收管理，整合基础信息，主动向对方国提供有价值的税收自动情报，同时根据对方国的请求做好专项情报的回复，做好对方国转来情报的调查核实工作。向美国、日本、加拿大、韩国提供自动情报200份，提供5份自动情报交换和2份专项情报交换，通过情报交换获得了纳税人境外收入情况。

（周　廉）

【组织开展企业反避税调查和监控】 通过在关联交易核查、汇缴和股权转让核实时关注避税案件等措施，3户企业获得国家税务总局反避税立案和结案。开展企业反避税监控管理，对关联交易的企业，及时提醒企业自行进行调整，2户企业自行调整并缴纳税款10.35万元。

【组织开展“对外”支付的税收风险管理】 做好对外支付合同的登记和税款扣缴，对经常发生对外支付的单位进行税收政策辅导和管理提醒。在获取外管局对外支付信息15852条后，开展对外支付信息核对和税收风险识别，通过风险管理措施，查补各项税收656.07万元。

【组织开展“走出去”企业信息报告和宣传辅导】 对无锡577家“走出去”企业的情况进行核实，对“走出去”企业的企业所得税和个人所得税进行重点关注，对涉及境外所得抵免进行审核。积极做好走出去企业的税收宣传和辅导，5月22日，与国税部门一起召集32家有较大金额对外投资的纳税人，进行专题培训和宣传，帮助纳税人了解和维护境外的自身权益。

（周　廉、王广前）

其他地方税种管理

【概述】 2015年，财产行为税工作在市局党组的正确领导下，紧紧围绕“法治引领、改革创新”工作主题，认真落实省局深化税源专业化改革要求，一手抓税源管理和组织收入，一手抓依法行政和执法规范，在财产行为税基础建设、税种管理、政策落实、服务保障方面抓深抓实，促进了依法行政与组织收入的平稳协调，“九税一费”收入188.64亿元，同比减收10.47亿元，降幅为5.26%。狠抓土地增值税管理规范化工作，积极贯彻落实土地增值税普通住宅标准，引入专业机构助力土地增值税清算审核，优化造价预警指标，加强土地增值税风险监控。建立耕地占用税税源常态化管理机制，开展税源清查，实施信息核实，建立税源台账，防止信息遗漏。健全存量房交易税收管理规范，全市评估存量房46736套，征收存量房地产交易税收25亿元。积极向纳税人宣传企业改制重组税收优惠、公共租赁住房税收优惠、体育场馆“房、土”两税优惠等新政；严格执行省局简化涉税审批事项的要求，除土地使用税困难减免外，其余减免税优惠均由办税服务窗口一次性完成审批或者备案手续，为1167户（次）企业减免地方税收12.34亿元。

【狠抓土地增值税管理规范化工作】 一是积极贯彻落实土地增值税普通住宅标准，受理房地产项目土地增值税清算申报118个，其中享受普通住宅政策优惠的项目71个，办理退税64750.88万元。二是引入专业机构助力土地增值税清算审核，通过政府采购招标方式引入了三家专业的建筑工程造价咨询事务所，对清算后申请大额退税或者单位造价偏高的项目，由造价事务所协助税务部门对房地产项目的建安成本进行审核，全年共对28个项目开展了清算协审。三是优化造价预警指标，加强土地增值税风险监控，召集业务骨干、造价专业人员进行多次研讨，对原有的造价预警指标进行了优化，建立了2007–2014年不同类型房屋建安造价预警指标，并细化了土建、水电、消防、智能化等子目内容，同时设置了门窗、土方、桩基以及地下室抗拔桩等专业指标的预警值。

【建立耕地占用税税源常态化管理机制】 一是开展税源清查，各主管局分别与对应国土部门对接，摸清自2013年起辖区占用耕地报批状况，已申报、待申报税收明细，待批准转化税源信息等情况。二是实施信息核实，将摸查到的信息与省国土厅、市国土局网站公布的建设用地审批信息、市地税局主题税源平台采集的第三方信息比对核实，防止信息遗漏，核实批地信息1028条，摸排出待转化税源9908万元。三是建立税源台账，通过税源摸排，建立《耕地占用税税源及征收台账》，登记了2013–2015年应征实征税源明细、待批税源信息等，并实施按月登记。四是强化日常监管，落实税源监控责任，对税源监控、核对、与国土部门的衔接指定专俍负责，实现耕地占用税的税源监控管理工作常态化。

【健全存量房交易税收管理规范】 继续深化完善存量房评估系统，对系统内标准房信息数据开展第二次全面更新和完善，报省局审批更新标准房价格3405个，并上报全部评估报告，对小区信息等数据全面补充完善。结合无锡存量房交易税收征管工作特点，制定下发《关于进一步加强存量房交易环节税收征管工作的通知》《存量房评估系统数据维护有关要求》等文件，建立健全工作制度规范，全面促进安全履职。全市系统评估存量房46736套，评估调整比例达54%，调增计税价格25.27亿元，增加税款1.55亿元。

（缪　凯）

基金（费）管理

【概述】 2015年，税政部门贯彻落实基金征收项目清单制，围绕“清理旧欠、杜绝新欠”的工作目标，加大征缴宣传，提高缴费人的缴费意识，提高管理的有效性、针对性。一是关注民生、规范基金费征收管理。制定《关于贯彻〈江苏省社会保险费欠费管理办法（试行）〉的实施意见》，将欠费管理措施落到实处，实施意见按照操作性、延续性的原则，对社保费非正常户管理、欠费催缴管理、欠费核实等内容进行了细化。扎实开展社保费欠费催缴，将欠费催缴纳入大集中系统管理，催缴过程留有痕迹，催缴文书全部纳入系统管理，按月对催缴情况进行通报。催缴社会保险费欠费5749户次，催缴入库5216.18万元；市地税局、市人社局联合社保部门向社会公告非正常户2206户，涉及欠费4676万元；联合约谈欠费大户14户次；申请法院强制执行11户。二是加强部门协作、形成管理合力。9月，市地税局、市人社局召开社保费征缴工作联席会议，对社会保险费征缴中的难点进行了分析；对社会保险费协同办公平台的建设达成一致意见。10月，市地税局、市残联召开征缴工作联席会议，对残疾人就业保障金征收过程中出现的问题进行剖析，对收入形势进行预测。与人社部门共同推进全民登记工作，配合人社部门做好新增和扩面保险费的征收工作，利用税务登记信息，支持和协助人社部门推进全民登记工作，向社保部门提供新办企业名单11021户。三是落实优惠政策，服务地方经济发展。取消基金费征收项目5项（综合基金、职工教育经费统筹、退休人员社会化管理费、二等乙级伤残军人医疗费、土地年租金），直接减轻企业负担13.5亿元。落实《江苏省财政厅江苏省国家税务局江苏省地方税务局关于公布对小微企业减免部分政府性基金额通知》，减免小微企业防洪保安资金8.2亿元，减免83398户小微企业残疾人就业保障金1.32亿元。对职工人数20人（含）以下的小微企业，直接免征残疾人就业保障金三年。

【征收非税收入403亿元】 征收社会保险费、教育费附加、地方教育附加、防洪保安资金等非税收入403.36亿元，比上年增长5.14%，其中社会保险费350.42亿元，比上年增收29.6亿元，增长9.23%。

【推进社保费并联管理服务系统建设】 在社保费三方联网的基础

上，推进社保费并联管理服务系统建设。社保费并联管理服务系统是建立在地税“省级大集中系统”、人社“金保工程”、财政“财税系统”之间的一个共享操作平台，是连接三方的纽带，通过数据交互实时化、事项任务化、流程可视化，覆盖社会保险费的登记管理、申报征收、欠费管理、实时对账、风险管理、税费差异分析等各个环节，使之成为部门间加强协作、形成管理合力的重要载体，促进了社会保险费的有效管理。

【向市政府专题汇报社保费征缴工作】 7月，以《保民生 维稳定 无锡地税累计征收社保费突破2000亿元》为主题向市政府作专题汇报，全面汇报全市社保费的征管绩效、存在问题；9月，省政府简报刊登《无锡市社保费征收工作成效显著》，对无锡的社保费征收管理工作给予肯定。

（余立平）

征收管理

【概述】 2015年，无锡地税局继续深化完善征管改革，重组税源管理机构。全面启动“大数据治税工程”建设，形成深化数据聚合、优化纳税服务、强化税源管理、量化税收分析、细化内部管理等5个应用方向、23个分析主题。进一步加强登记、申报和欠税管理，构建科学合理的征管状况指标和绩效指标，实时动态监控征管工作，促进管理提质增效。做好个体定额核定，核定个体营业税定额19219户，调高定额5554户，月总定额5.5亿元，户均定额2.87万元，定额户均增幅10.96%。继续推进第三方涉税信息交换共享，获取税收征管保障成员单位共享信息2107.99万条。

【实施新一轮征管机构调整】 1月，根据江苏省地方税务局深化和完善税收征管改革的要求，结合无锡地税实际情况，对税源管理机构实施重组，将基础管理机构和风险应对机构进行分设，并单独设立执法督察局，各机构职能相应进行调整完善，形成纳税服务（征收纳服）、风险监控、基础管理、风险应对、税务稽查、执法督察六大系列的专业化征管模式。

【制定税收征管改革配套运行机制】 在机构、岗责、人员调整到位后，及时制定与改革相配套的多项运行机制，以支撑和保障改革后各职能机构既各负其责又注重协同，促进日常税源管理工作的顺畅有序和紧密衔接，具体包括：税源管理统筹联动工作机制、风险管理运行工作机制、收入分析预测机制、收入责任分解落实机制、与地方党委和政府联系沟通工作机制、综合税收业务快速响应机制、纳税服务联动工作机制、涉税数据信息利用保障机制等。

【实施“大数据治税”工程建设】 出台《“大数据治税工程”建设实施意见》，全面启动“大数据治税工程”建设相关工作，确立“大数据治税工程”建设的总体目标是：通过大数据治税工程建设，夯实涉税大数据汇集聚合和分析挖掘基础，深化涉税大数据在改进税收管理服务中的创新应用，显著促进服务提质、管理增效、纳税遵从。工作重心和着力点确立在涉税大数据的分析应用上，全面采集归集管理对象填报的信息数据、管理服务过程中形成的信息数据、外部第三方信息数据以及互联网涉税情报数据，加强信息数据的全面整合、深度加工，进行多主题全方位的分析应用，确定深化数据聚合、优化纳税服务、强化税源管理、量化税收分析、细化内部管理等5个应用方向、23个分析主题。

【改造征管质量监控分析平台】 结合深化征管改革机构调整，对税源及征管状况监控分析指标做出相应调整，按照征收纳服、基础管理、风险应对、税务稽查分别进行指标归集。5月份组织基层相关业务骨干分别对征、评、管、查4个方面的36个指标提出业务需求，6月份完成对各指标的计算公式、取数规则、展现形式的论证。7月份组织软件公司完成平台的搭建，同时将省局原有的37个指标一并整合进新平台。

（陆文君）

【推进登记制度改革】 10月1日起正式实施“三证合一”“一照一码”登记制度改革。将原来分别由工商部门核发工商营业执照、质监部门核发组织机构代码证、税务部门核发税务登记证，改为纳税人一次申请、由工商部门核发一个加载法人和其他组织统一社会信用代码的营业执照。简化企业登记注册的手续，由原来三个证变为一个营业执照和一个统一社会信用代码。截至12月31日无锡地税接入19209户三证合一纳税人登记信息。

【开展个体营业税定额核定工作】 定额核定工作改变原来全面开展信息采集的方式，仅对具有典型性或日常征管中发现纳税人信息发生变化的进行信息采集和调整。重点是对定额2万至3万元的个体户，停车、洗车行业，以及餐饮、娱乐等服务业的个体户进行调查。定额核定工作由税源管理部门基础管理科具体实施，同时充分利用协税护税网络，联合委托代征工作人员进行实地核查，全面掌握纳税人的实际经营情况，核定个体营业税定额19219户，调高定额5554户，月总定额5.5亿元，户均定额2.87万元，定额户均增幅10.96%。

【开展委托代征账户清理】 8月份，开展个体委托代征系统未结报、未入库的清理工作，重点对2014年度以前未结报税款进行处理，实现每天结报每天入库。截至2015年10月，市区范围内35家街道个体委托代征工作站未结报税款全部清理完毕，处理问题数据2万条，清理入库金额1500万元。

【推进第三方涉税信息交换共享】 与国税部门建立涉税数据交换的专线，对纳税人登记信息、申报信息、共管户开票销售收入情况、入库信息、企业所得税核定征收信息、退税信息等涉税信息进行实时或定期交换共享。10月份，在市政府保障办的牵头下，与市工商局、市发改委、市国土局、市住房和城乡建设局等20个部门再次进行信息采集需求的论证与对接，完善第三方信息采集内容，获取税收征管保障成员单位共享信息2107.99万条。

（陆文君）

税收法制建设

【概述】 2015年，税收法制工作深入学习贯彻中共十八届四中全会精神，突出税收权责管理和税收政策管理两大工作重点，制定《建设“法治地税”，推进依法行政工作意见》，分解法治地税建设工作责任。举办两期法制业务培训，全系统分管领导和法制人才库、法制岗位等人员参加培训。继续开展税务法院执行联动，征收入库不动产拍卖税款1.4亿元；加大对税务行政处罚行为的日常考核和通报力度，推动行政强制有效运作，通过强制执行清缴欠税（费）1178.44万元，其中社保费强制执行案件21起，申请执行金额779.53万元，成功执行4起，执行入库社保费56.8万元。对促进中小企业转型发展工作开展自查，调研苏南国家自主创新示范区相关情况；对市政府及有关部门制定的相关征求意见进行答复和反馈，报送相关材料或提出意见建议20余件；协助国家税务总局做好涉及无锡14家企业补贴案件的调查，维护无锡外贸企业的合法权益。

【开展法治税务示范基地创建】 8月，制定《江苏省无锡地方税务局法治税务示范基地建设实施办法》，明确创建对象、申报条件、考核方式等，制订考核评价指标。同时，制定《“规范执法示范岗”争创办法》，按照面向基层的原则，以工作业绩和执法规范化为主要评价内容，制订相应的考核评价指标。年底，开展“法治税务示范基地”和“规范执法示范岗”申报评选，经过自行申报、组织评估、法律知识测试、审查确定、结果公示等程序，8家单位及20位个人分别被评为“法治税务示范基地”和“规范执法示范岗”。做好省地税局法治税务示范基地的创建，符合创建条件的成熟一家，创建一家，宜兴局、三分局被省地税局评为“法治税务示范基地”。

【开展税收规范性文件清理】 3月起，按照《国务院关于清理规范税收等优惠政策的通知》和《税收规范性文件制定管理办法》要求，开展二次税收规范性文件清理，清理全文失效废止文件29件，部分条款失效废止文件44件，现行有效税收规范性文件112件，并及时向社会进行公告。通过对税收规范性文件进行集中清理，全面、彻底、系统地梳理各类规范性文件的底数，为规范税收执法和优化纳税服务提供有效的制度依据和坚实的工作基础。

【加强政策执行情况反馈工作】 6月，把开展税收政策执行情况反馈报告工作列入日常工作计划，落实税收政策执行情况反馈报告工作的各项任务要求，对反馈报告报送的数量、时间等进行明确，选择现行税收政策在合法性、合理性、可操作性等方面存在的普遍性和重要问题进行调查研究并反馈报告，做好税收政策执行情况反馈上报工作，全年形成政策反馈报告10篇，其中向省地税局报送的《关于国家自主创新示范区税收政策向全国推广的问题及建议》引起国家税务总局和省地税局重视，为上级税务机关制定完善税收政策提供了依据。

【建立综合税收业务快速响应机制】 3月，制定《综合税收业务快速响应工作机制》，对基层单位向市地税局提交发起的需涉及多个职能部门协调解决的复杂、综合类税收业务问题实行快速响应，充分发挥各职能部门之间协作配合、衔接的职能作用，解决基层单位在依法行政、税收政策执行等工作过程中存在的问题和需求，先后召开8次综合税收业务联席会议，形成7个会议纪要，以统一的确定性意见在全系统执行。

【制定《税收业务集体审议制度（试行）》】 5月，制定下发《税收业务集体审议制度（试行）》，着力解决税收政策管理、税收征收管理、信息数据管理、风险控制应对等各类税收业务的确定性问题。文件规定城镇土地使用税困难减免、企业(个人)所得税征收方式实行核定征收、符合条件行政处罚案件等七类事项须由市局或分局进行集体审议；集体审议工作由分局领导班子及相关业务科室负责人组成集体审议小组组织实施，负责法规工作的科室牵头负责集体审议相关工作；文件对审议期限、审议提请、审议决定执行等做出要求。

【编制行政权力清单和责任清单】 5月起，在2014年摸清行政权力底数，清理行政权力基础上，编制行政权力事项目录并由市审改办统一向社会公布；落实转变政府职能的要求，梳理责任事项，根据职责法定、权责分明、权责匹配的原则，梳理“贯彻执行税收法律、法规、规章和规范性文件，并结合本地实际情况，制定具体的实施办法”“承担国务院、省政府、市政府指定的各项地方税收、基金（费）的征收管理工作，管理地税发票和其他税收票证”等10个责任事项，界定“社会保险费征收管理”1项与相关部门的职责边界，明确“税务行政处罚”“税务行政强制”等12个事项的事中事后监管责任。两项清单均在地税外网进行公布。

【开展“议案论法”行政争议案例评析活动】 10月，在江阴地税局开展“议案论法”行政争议案例评析活动，各单位分管领导，负责法规工作的科室负责人、经办人员，法制团队成员和市地税局机关处室五十余人参加活动。活动通过将近年国内2起典型税务行政复议和诉讼案件制作成情景剧，归纳提炼14个日常税务行政争议焦点问题，参加活动的税务干部从纳税主体、法律适用及法定程序、行政处罚认定等角度对焦点问题展开辩论，与会的专家进行分析点评。通过案例评析活动，明确一些涉税业务难点的处理办法，为日常执法工作提供指引。

（夏静宜）

稽查管理

【概述】 2015年，全市地税稽查系统紧紧围绕税务稽查现代化的工作主题，抓住改革机遇，锐意开拓创新，聚力攻坚克难，不断探索新思路，谋划新举措，争创新优势，稽查实现收入4.32亿元，其中案件查补2.03亿元，同比增长21.67%，组织稽查自查入库2.3亿元，同比增长46.50%。查处100万元以上大要案21户，其中1000万元以上案件2户，有力地打击了税收违法行为。对出口退（免）税企业、黄金交易企业、资本交易、高等院校、信托公司等指令性检查项目以及房地产及建筑安装业、保险业、其他“营改增”行业、高收入者个人所得税、营利性教育培训机构（含涉外）、中介、服务业等792户企业进行税收专项检查，查补收入及罚款5062.89万元，全市行业性税收秩序得到整顿和规范。在打击发票违法犯罪活动工作中，重点核查发票的合法性和业务的真实性、关联性，开展案件的延伸检查，将虚开发票案件移送公安机关，严厉打击“卖方市场”违法行为。全系统检举工作网络运行机制得到完善，检举工作反馈疏导机制加强。在规范稽查对外执法行为，统一税收政策执行及案件处理口径中做出有益探索，锡山稽查局推行“说理式服务”，依托“稽查参事团”积极开展民主庭审活动，对案件进行公开评议，确保案件处理的合法与合理，充分维护纳税人权益；惠山稽查局延续案件庭审制活动，探索启动“稽查案情调查室”活动，联动税收自查工作，大力促进税企双方共同防范风险，携手推动服务经济社会发展，建设有序税收环境；江阴稽查局创新稽查方法，推行“税务稽查查前预案制度”，最大限度为纳税人节约了检查的时间和成本，提升稽查质效和稽查执法能力；宜兴稽查局积极探索“重点税源审计式检查、行业税源流水式检查、特殊税源解剖式检查”等多元化的税务稽查方法，大力推行电子税务稽查，提高信息化稽查能力，以“差别化”案件管理的形式拓宽检查思路，挖掘案件深度。对两市两区稽查局、市稽查局各科和派出分局就案件户数、大要案数、稽查查补数、同比增幅、任务完成进度、结案率、入库率等指标进行阶段性通报，并结合户均查补额、人均案件数、人均查补额、各项重点工作相关指标确定考核权重和考核参考依据。

（赵倩倩）

【开展税收专项检查工作】 根据总局、省局有关要求，组织开展对出口退（免）税企业、黄金交易企业、资本交易、高等院校、信托公司等指令性检查项目以及房地产及建筑安装业、保险业、其他“营改增”行业、高收入者个人所得税、营利性教育培训机构（含涉外）、中介、服务业等指导性检查项目的专项检查。先后对298户企业进行专项检查，查补收入5062.89万元；组织995户企业开展自查，入库地方各税2.3亿元。

（谭　涛、赵倩倩）

【开展稽查积案专项清理工作】 采取专项措施梳理积案现状和特点，分析积案成因、确定积案处理原则。同时积极探索积案清理途径，针对不同类型的执行难案件，依法合理运用各项执行措施，加强对未执行完毕案件的跟踪管理，确保稽查案件执行到位。对拒不执行和妨碍执行的纳税人，依程序进行公开曝光，加强信用监督力度，达到移送标准的依法移送公安机关立案查处；对达到强制执行条件的案件，按规定实施强制执行，清理积案71户，入库收入1.2亿元。

（刘 婷、赵倩倩）

【牵头打击发票违法犯罪活动】 会同市局相关处室商议并会签了2015年打击发票违法犯罪活动工作文件，以金融保险、房地产、商业批发与零售、药品与医疗器械、餐饮娱乐、加工制造、中介机构等行业为重点对象开展打击发票违法犯罪活动。对地税各级税收风险应对部门及应对人员提出新要求，明确相关职责，严格按照发票违法问题相关规定处理处罚。查处发票违法案件92起，查处违法发票1588份，涉及金额1.6亿元，查补收入1534万元。

（谭 涛、赵倩倩）

【落实税务稽查随机抽查实施方案】 建立健全双随机抽查制度和案源管理制度，科学安排税务稽查随机抽查工作，制订严密的实施方案，坚持人机结合，提高选案的精准性和规范性。与市局相关处室充分沟通，合理确定市级重点税源企业标准，及时筛选高风险企业，并根据税务登记、企业上年度纳税情况及随机抽查工作计划等，对稽查对象分类别录库进行维护和调整。同时适时向社会公布随机抽查的事项清单、抽查情况及结果，自觉接受社会监督。

（张 凌、赵倩倩）

【推进大数据治税工程】 依托互联网下的大数据分析，积极探索大数据挖掘，主动寻找案源信息，参与风险识别，充分实现稽查成果增值利用最大化，大力推进大数据治税工程和税务稽查现代化建设。组织高风险应对团队，对近年来案件中查处的涉税违法问题进行整理归纳，分行业和税种确定了53个常见税收风险情形，并结合实际工作经验总结出应对策略，助推风险指标模型创建及风险识别工作，充分体现稽查成果的增值利用效应。

（张 凌、赵倩倩）

【实行税务稽查绩效管理】 科学合理设定监控指标，将税务稽查入库率指标设定为年度刚性必成指标，并突出对大案要案查处工作的考核，体现指标的引导作用。研究设定增值利用和案例分析两项指标，鼓励做好稽查成果归纳、丰富、提炼，提高稽查成果增值利用的水平，同时将稽查增值利用和稽查案例分析作为加分项，鼓励基层部门和干部多出成果，更好地推进年度稽查重点工作。

（许 刚、赵倩倩）

【落实《重大税务案件审理办法》】 优化稽查四环节的运行规则，放大协查和涉税检举管理成果，规范自由裁量权的行使，厘清稽查在风险管理中的运行机理，重点落实轮查、抽查相结合的选案规则和完善风险筛选、识别、排序、推送一体化的案源形成和协调机制，落实《重大税务案件审理办法》，进一步明确重大税务案件标准，规范审理程序，提高审理质量，充分发挥重大税务案件审理制度的权力制约和审核把关功能。全年审理案件389件，查补收入1.07亿元，其中100万元以上大要案18户。

（张迪秋、赵倩倩）

【开展全市稽查案例评比交流】 两市两区稽查局、市稽查局各检查科选派专人对10篇案例进行讲述，重点介绍案件的检查方案、疑难分析、查账方法、相关检查措施，以及对案件查处过程中涉及的法律运用、成功经验、不足之处和针对性工作建议。从案例的前瞻性、典型性、复杂性、检查方法的创新性及案件编写讲述质量等方面对参选案例进行评分，评选出优秀案例5篇。通过展示和评比稽查案例分析，及时总结提炼稽查工作经验和心得，交流稽查查办案件的工作方法和经验，有效促进查处涉税案件的业务能力和执法水平的进一步提高。

（秦怀宇、赵倩倩）

规划财务

【概述】2015年，无锡地税系统组织各项收入976.6亿元，比上年增长5.29%，其中入库地方税收573.2亿元，比上年增长5.38%；组织非税收入403.4亿元，比上年增长5.2%，其中征缴社保费350.4亿元，比上年增长9.23%。完成一般公共预算收入439.5亿元，比上年增长6.88%，圆满完成市政府下达的增长目标。规划财务处紧扣全局年度工作总体部署和省局规划财务工作安排，以组织收入为中心，以税收分析为抓手，以绩效考评为杠杆，以税收征管改革和国库集中支付改革为契机，切实发挥规划财务部门组织收入和经费保障的双重职能，实现收入统筹更加主动、收入质量更加优化、保障运转更加有力、财务管理更加规范的预期目标。

【建立收入责任分担机制】创新推出专业化模式下收入责任分担机制，以明晰收入责任主体、强化责任分担为切入点，构建与税源专业化管理相适应、与“征、管、评、查”和机关业务部门职能相对应、与促进收入持续增长要求相一致的收入责任分担工作机制。积极牵头梳理明确收入责任清单和收入责任考核指标，税政、法规、征科、风险、规财以及征、评、管、查9个部门分别承担十九项责任清单中的对应责任，收入责任细化到与组织收入相关的19个方面，全面覆盖税源鉴定、税款征收、税源监控、风险分析、税源管理、责任评价等方面，将组织收入工作责任具体细化分解落实，形成责任共担的局面。同时明确考核评价标准，对责任部门列出责任考核清单，利用绩效考核，定期通报收入目标、完成进度等情况，加强对征管主观努力程度评估，推动责任主体更好履职尽责。

【制定促进收入增长二十条专项意见】2015年，出台“加强税收征管、促进收入增长”二十条专项意见，激发各单位、各部门在组织收入工作中主动履职尽责。定期对意见的执行情况进行跟踪与反馈，适时与实施部门、牵头部门沟通协作，确保增收措施落实精准到位。对1077户企业股权转让信息进行分析，实现税收2.44亿元；对4539户建筑房地产企业进行风险分析，实现税收4.39亿元；另外，着重做好对当期新欠和历史陈欠的清缴工作，对5683户欠税企业进行催缴，压缩陈欠0.4亿元、新欠4.23亿元。通过落实专项意见组织入库地方税收97.5亿元。

【完善经济税收分析平台】加快税收分析监控平台的完善升级，根据工作需要进一步完善开发需求，充分利用税收会统、重点税源监控、税收调查、税收征管软件等数据，大幅拓展和延伸各类税收、经济指标。以基础指标体系为依托，打造全面共享统一的分析数据载体，为税收分析提供坚实的技术支撑。先后完成新编制表格52张，制作完成表格131张，验收87张，为大数据治税工作的开展奠定坚实的数据基础。

【开展税收专题分析】完成各类收入分析及分析专报25篇，在地税内网刊登收入分析简报13篇，全面剖析当前收入状况及组织收入难点；《培育旅游业税源 提高旅游业税收贡献》《无锡高新区电商业经济税收情况调研》《江阴经济税源新形势与税收增长新动力分析》3篇报告被省局刊用;《我市电子商务经济税收发汗情况分析与建议》和《“十二五”期间我市房地产行业税收情况分析与建议》2篇被市政府党政信息刊登在领导参阅件上。同时试行收入分析向税源分析的推进转化，组织编写税源监控分析案例16篇，积极促进税收分析成果转化。

【强化税款资金安全管理】 对市区范围内35家街道个体委托代征工作站未结报税款全部清理完毕，全面捋顺个体委托代征工作站账户余额组成情况，清理历史遗留税款43万元。另外根据省局工作安排，10月1日起全面启用税收缴款书（税务收现定额票）代替原有印花税票证的使用，根据文件要求对旧版印花税票证进行全面清理，清理印花税票证10种共计2544747份。

【开展欠税数据核实工作】 开展多轮欠税数据核实工作，按区域布置各核算单位比对主题税源综合分析平台和会统报表的欠税数据，发现分税种、分缴款方式、分区域的数据差异。对主题税源综合分析平台中的欠税明细记录进行逐条核实，发现虚欠户数18户，虚欠金额631万元，通过及时处理有效减少欠税数据。对剔除虚欠后的数据差异，要求各核算单位对差异存在的原因进行逐项排查并详细说明。

【完善财务管理岗责体系】 重新修订财务管理制度，以《江苏省无锡地方税务局市区经费管理改革及规范财务管理具体办法》《江苏省无锡地方税务系统政府采购管理暂行办法》《江苏省无锡地方税务系统房屋资产管理暂行办法》等制度为基础规范，以《无锡地方税务系统项目支出操作指南》《无锡地税系统政府采购操作手册》《无锡地方税务系统资产管理操作指南》等操作手册为执行标准，细化具体业务流程，规范各操作环节。全面梳理财务管理工作机制，调整基层单位经费核拨制为报账制，对新核算模式下的岗位设置、人员配备、岗位职责目标进行重新界定与明确。规划财务处设置专人专岗，配齐配精财务人员，通过各岗位人员的协调配合，充分发挥会计集中核算的优势，实现与国库集中支付制度的高度融合。

【实施资产管理问责机制】 建立资产管理全程控管机制，严格履行报批手续，确保经费账与实物账一致。建立卡片户籍制度，根据“谁使用、谁保管、谁负责”的原则，将每一件固定资产确认到具体保管人，做到问责到人。建立分级分类管理机制，完善固定资产管理软件功能，及时、直观地掌握固定资产的最新数据和变更情况。建立物品调剂管理机制，通过合理调配、报废一件重置一件等方式，避免重复采购、盲目采购。

【实行政府采购“采、管、监”三分离】 对政府采购环节实行源头控制，强化采购预算编制的刚性要求，将事前论证作为项目采购预算确认前的必经环节；对照地方政府公布的政府采购目录与采购金额标准，将相应的采购方式、程序固定化、具体化、标准化，并严格执行。对管理环节做到严格规范，采购各个环节之间通过制作流程图、表证单书与操作手册予以具体化、标准化，明确责任与操作标准，进一步提高采购工作质量和效率。在执行环节确保公开透明，采购项目预算确定后，择时在系统内部予以公开，重要环节由监察部门人员参与，严把高风险环节关口。

【项目预算全面实现“三化”管理】 规划财务处充分运用我局TPASS综合管理平台，对项目预算进行流程化管理，以处室、基层分局为运用单位，根据岗位职责与财务审批权限设立各节点审批角色，创建6个业务流程清单，16张表证单书，全覆盖市区9个核算单位及15个处室，涉及立项申请、预算编制、指标下达、支出审批、资金使用效率评价等5个操作环节。通过运行实现项目预算全流程管理、预算执行全过程可控的预期目标，建立执行进度预警控制机制，进一步提升预算资金使用效益。

（周梦思）

纳税服务

【概述】 2015年，全市纳税服务条线坚持需求导向和创新引领，以“科技”“升级”“融合”为主线，努力提升纳税服务水平。开发“智慧地税”手机APP应用平台，满足纳税人一般涉税需求，提供个性化定制服务，认证3.1万人，涵盖企业2.1万户，访问量突破6万人次。整合“12366”热线、网站、微信等平台数据，创建纳税人需求数据库。建立“020专家服务团”，“12366”热线受理人工咨询20.5万人次，在线咨询突破1万人次。改版升级微信平台，利用“纳税人学堂”开展各类培训300多场次，参训人数5.2万人，网上纳税人学堂点击量27.6万人次。与无锡市工商联牵手合作，打造升级版“纳税人之家”。市区、两市两区五个纳税人之家，全面升级运行，开展“纳税人之家”活动127场次，参加现场活动人员6156人次，解决各类涉税诉求843个。编写《纳税服务及风险防范手册》，规范10大类、175个涉税事项，明确2136项审核规范和操作要求，列明或有风险218项，以高标准的本地化版本促进全国纳税服务规范落地生根。制定实施“12366”咨询联动、纳税人之家升级联动、税法宣传联动、局长服务企业等6个联动服务制度，启动各类纳税服务任务6590项。召开无锡市国地税合作联席会议，共同制定《关于深化无锡市国地税合作的实施意见》及《无锡市国地税2016年度重点合作事项》，有序开展数据交换、委托代征系统升级、联合开展2016年个体工商户定额典型调查和定额核定、联合税法宣传辅导等事项。拓展纳税信用结果应用，与无锡农村商业银行、民生银行等开展税银合作，有力缓解小微企业融资难问题。

【“纳税人学堂”530培训基地落户市国际人才交流服务中心】 2月6日，副局长李檬为无锡市国际人才交流服务中心的“纳税人学堂”530培训基地揭牌，为全市进一步优化创业服务环境提供有力支撑。4月，“纳税人学堂”在530培训基地与市人社局联合举办“东方硅谷”企业专题交流活动，为来自全市电子信息、生物医药、新能源、新材料等行业的60余家“东方硅谷”企业创业者代表、高层管理人员、财务负责人讲解税收优惠政策，扶持企业创业。

【举办纳税人《日常办税涉税风险提醒》发布会】 3月25日，举办纳税人《日常办税涉税风险提醒》发布会，就《风险提醒》的编写背景、目的、结构内容、发布渠道及后续规划等情况向广大纳税人和社会各界人士进行介绍。纳税人学堂讲师就《风险提醒》的内容进行具体解读。《风险提醒》的推出，有利于提升纳税人的日常办税业务能力，了解税收法律法规，有效规避涉税风险具有重要的帮助作用，成为日常办税的“好助手”。

【更新完善《纳税服务及风险防范手册》】 为进一步加强纳税服务规范化建设，促使《全国税务机关纳税服务规范》落地生根，以《全国税务机关纳税服务规范》为蓝本，编印《纳税服务及风险防范手册》。手册涵盖税务登记、税务认定、发票办理、申报纳税、优惠办理、证明办理、纳税咨询、纳税辅导、维权服务、管理事项10大类内容，规范涉税事项，明确审核规范和操作要求，对纳税服务过程中可能存在的执法风险、质量风险和投诉风险进行列明。

【"五微"行动助力小微企业发展】 宣传产品制作入微，帮助纳税人进一步熟知和了解相关优惠内容；改版微信宣传入微，第一时间将小微优惠政策送至纳税人手边；辅导培训实用入微，依托"纳税人学堂"密集开展小微企业税收优惠专题辅导8场次；深入企业关爱入微，走进"530创业服务中心"、无锡电大、江阴市职业技术学校等单位，向企业送去政策宣传；采集需求贴心入微，通过多种渠道进行小微企业涉税需求调查，收到有效调查问卷700余份，有效建议近百条。

【全力落实"三证合一"】 迅速向窗口全体工作人员传达改革精神，从思想责任意识和业务流程规范两方面组织全员学习，确保按照整体计划推进。积极与无锡市行政服务中心、工商、国税、质监、公安等部门进行协商对接，按照流程获取资料、高效办理税务登记。制作《地税税务登记后续事项告知书》、CA证书办理等，用主动的提醒和服务提高办税效率。

【启动纳税人权益保护工作机制】 通过对各类原始数据的采集分析，迅速归集整理热点诉求，积极提出合理改进建议，全面提升纳税人权益保护工作的内涵和深度。线上线下多渠道收集原始需求，科学分析多手段进行需求分类，提升站位多举措优化服务建议。全年受理纳税服务投诉、社保费意见建议等诉求222个，办结率97%以上。按月编发《纳税人权益保护分析专报》，多部门实现报告共享，发挥全局联动优势，提升权益保护水平。

【运用大数据开展纳税人需求分析】 以1–5月"12366"热线9.5万条来电数据为基础进行分析利用，摸清咨询对象身份特征。通过对来电企业咨询的时间、内容、主管机关、区域、行业等设定"标签"开展关联分析，全面挖掘纳税人需求，指导后续需求响应反馈工作。形成纳税人需求专项分析报告和分主管税务机关的个性化分析报告，形成咨询辅导应对任务，确保纳税人诉求得到及时响应。

【全面构建纳税服务联动工作机制】 自2014年年底专项研究并制定实施《纳税服务联动工作机制》《纳税服务任务管理办法》及《纳税服务事项清单》等制度，形成市局党组统一领导、纳税服务机构统筹协调、各单位各部门各负其责的纳税服务联动格局后，又制定实施6大类26项纳税服务事项、14项联动服务任务，通过纳税服务事项任务管理中心，实现纳税服务工作任务的落实跟踪问效，启动各类纳税服务任务6590项，其信息被省地税局专题简报录用。

【首批省级"首席办税员"、"首席咨询员"全新亮相】 9月1日起，首批省级"首席办税员""首席咨询员"佩戴专门标识、岗位窗口放置专门席卡，以崭新面貌服务于税人。经过业务考核、民主推荐、各地审核公示、省局研究等程序，无锡地税系统13名税务干部获得省级首批"首席办税员"资格，2人获得"首席咨询员"资格。"首席办税员""首席咨询员"挂牌上岗，在纳税服务条线全面营造"比、学、赶、超"的氛围。

【落实《全国税务机关纳税服务规范》】 启动纳税服务联动协调小组，梳理服务规范升级中尚缺失的环节，将服务规范升级落实作为绩效任务进行部署，实现"任务流、工作流、绩效流"三流合一。分类型、小班化、多批次开展培训，确保纳税服务一线人员能够熟练掌握服务规范升级的全部要求。通过地税网站、纳税人学校、纳税人之家、微博微信等多种渠道向纳税人宣传服务规范升级的主要情况，增强纳税人参与和监督。对规范升级中的热点问题进行搜集整理，提前落实办税服务厅压力测试及相关事项保障；通过"金点子"征集等活动，力促服务规范升级落地生根。

【开展联合办税服务】 建立"国地税联合办税服务厅"，集成国地税两方服务资源，联合实行首问负责制、AB岗工作制、办税公开制、意见反馈制等对外服务制度；联合开展纳税人培训，汇聚地税部门的纳税人学堂和国税相关培训内容，每月在联合培训教室内开展纳税人新办企业培训班等课程，联合解答纳税人提出的各类涉税问题；联办业务专窗所有工作人员不分国地税，统一受理无锡市区企业税务登记等业务事项，纳税人在一个窗口即可将国地税登记办理完毕，缩短纳税人办税时间，提高国地税登记信息的一致性。

【纳税人之家建设受到市委常委、常务副市长黄钦批示】 年初全面升级"纳税人之家"，在工商联的紧密配合协作下成效明显，撰写的成果汇报受到无锡市委常委、常务副市长黄钦批示：要充分发挥无锡地税"纳税人之家"品牌作用，扩大与工商联、行业协会等社会组织的合作，搭建"开放　民主　公信　维权　共赢"的维权平台，为构建和谐税收关系奠定坚实的基础。

【"智慧地税"移动服务平台成功上线并受总局纳税服务司领导肯定】 10月20日，成功举办"智慧定制 专享服务"移动服务平台（智慧地税APP）新闻发布会，国家税务总局纳税服务司副司长吴宏韬，省地税局副局长陈茂锋、纳税服务处处长钟武斌、副处长李芬，无锡市工商联副主席窦林等领导和纳税人代表等出席发布会，《经济日报》等十余家媒体派员采访报道。

【"税银合作"助推小微企业发展】 与民生银行、无锡农村商业银行等商业银行签订"税银合作"框架协议，在征信体系和风控制度中引入税务机关诚信纳税相关指标，向诚信纳税人推出增值金融服务，并利用银行网点拓宽办税服务资源，为纳税人提供自助办税服务；发放信用贷款1.72亿元，惠及180户小微企业。"税银互动"有效缓解小微企业融资难、融资贵问题，有助于提高全民诚信纳税意识，推进社会信用体系建设。

【开展局长服务企业活动】 出台局长服务企业工作制度，明确局长范围、服务对象、数量、服务机制、绩效管理等各项要素，实现局长与企业之间的长期、固化服务。明确服务内容、细化服务流程，并建立转办事项分类处理机制，确保纳税人诉求得到有效响应。市局领导、县区局、市区分局领导上门服务118次，涉及企业113家，解决各类问题150个，吸收各类意见建议10条。

（房　媛）

税收信息化建设

【概述】 2015年无锡地税信息化建设认真贯彻落实江苏省地税局工作会议和条线工作会议精神，围绕数据质量管理、数据分析利用、数据安全管理等工作开展积极探索和实践。各基层分局数据管理工作有序展开，按计划实施并完成，未发生任何违规事件。在数据的深度分析利用上，抓紧《纳税遵从和税源管理及税收征收状况监控分析平台》的建设和推广应用。监控分析平台于2015年1月上线运行，并不断优化完善。抓紧大数据平台的研发，成立无锡地税大数据涉税应用平台项目和项目组，围绕大数据平台建设、数据归集整理和开发大数据应用三个方面开展工作。

【纳税遵从和税源管理及税收征收状况监控分析平台上线运行】 1月底该项目上线运行。技术方面，即席查询、多主题关联、工作台、一户式搜索、时间轴、思维导图式关联，以及TRAS数据导入、ETL等核心功能全部到位；业务方面，领导决策辅助分析、单主题数据查询、多主题关联分析、一户式查询分析、纳税遵从行为监控分析、风险管理状况监控分析、税收征管状况监控分析、税收征管绩效监控分析、税源税收状况监控分析、税收风险预分析等模块全面建成投入使用，为提升无锡地税局税收数据应用水平提供了有力支撑。

【大数据涉税应用平台启动实施】 根据江苏省地税局开展基于大数据的地税管理现代化工程建设的意见,成立“大数据治税工程”项目组。启动实施无锡地税大数据涉税应用平台项目。围绕大数据平台建设、数据归集整理和开发大数据应用三个方面展开工作。通过构建大数据软硬件系统平台，借助云计算技术，实现业务系统的全历史时期数据整合、归集、处理、加工，并基于此平台针对数据分析挖掘需求，开发大数据应用，实现以数据为核心、应用需求为导向的“平台+应用”服务模式。

【内网大数据基础架构平台上线】 在局内网搭建大数据基础架构平台、部署大数据存储和管理平台及对大数据平台的压力测试。通过主机、存储和网络等物理资源的投入实现平台上线。针对无锡地税局的数据规模和数据类型，在内网机房构建的大数据集基础架构平台，采用分布式存储计算架构，包含5个数据节点，存储容量20TB，运算能力达到每分钟处理100万次关联分析。

【完成城域网核心路由器更新项目(第一期)】 替换5台核心路由器，其中市局中心节点一台，锡山、惠山、三分局、四分局节点各一台，通过RPR协议组成高速光纤环网。

【完成数据防泄漏平台二期开发工作】 主要是增加安全虚拟磁盘方案支持云O盘选项，构建新的数据防泄露大数据分析平台，新增文件销毁工具，并将服务器平台迁移至Linux平台，更新数据库，提升平台整体性能。

【完成虚拟化桌面系统的搭建(内网第一期)】 为了提高桌面终端的可靠性和安全性，3月在全市地税系统实施虚拟化桌面系统的搭建，首先在大厅进行外设兼容性测试、性能压力测试，为后续全面部署使用奠定基础。

（王　欣）

行政管理

政务管理

【概述】 2015年，全系统政务管理工作按照各级领导的要求，围绕中心服务大局，牵头编制“十三五”规划，通过与中国人民大学合作，既吸收了高校研究成果，又提升了税收科研水平；最终形成《无锡地税“十三五”规划》和“法治、惠民、智慧、幸福”四个专项分规划。巩固大宣传格局，围绕服务苏南自主创新示范区建设、助推双创、优化服务、大数据治税、“互联网+税务”行动等年度重点工作，策划并落实年度宣传项目。编发《无锡地税简报》200期，向上级机关编报信息622篇；5篇调研成果分获第八次全国国际税收优秀科研成果一、二、三等奖。在2015年度全省地税系统绩效考核中，为无锡市局获得加分52分，本级部门横向对比位居机关各处室第一名，本省地市级机关部门对比位列全省地税系统办公室条线第一名。

【提炼建设“四个地税”组织发展愿景】 面对经济税收新常态，组织开展战略机遇全局讨论。在汇聚讨论意见基础上，理顺思路，突出亮点，提炼形成了建设“法治地税、惠民地税、智慧地税、幸福地税”的奋斗目标和发展愿景，并成为全系统对未来发展的集体共识。

【发布《无锡地税十三五规划》以及四个专项分规划】 从服务决策、资政辅政角度，组织开展《无锡地税“十三五”规划》编制工作。在编制过程中，坚持实事求是、问题导向的原则，总结“十二五”发展情况、经验和矛盾问题，研究解决地税改革发展中的重点难点问题，明确发展思路和发展方向；坚持分类指导、突出重点的原则，对“十三五”发展环境做出分析判断，加强对全局重要工作的研究，突出法治地税、惠民地税、智慧地税、幸福地税建设等重点任务；坚持探索创新、改革发展的原则，围绕“法治、惠民、智慧、幸福”四大主题，提出了一系列举措和制度安排；坚持上下衔接、统筹兼顾的原则，认真贯彻《中共中央关于制定国民经济和社会发展第十三个五年规划的建议》要求，充分体现“四个全面”的战略布局，体现国家财税体制改革和国家税务总局税收现代化的战略部署，体现无锡市委十二届九次全会的要求；坚持集思广益、开门规划的原则，严格遵守前期研究、文本起草、衔接协调、征求意见、规划论证、审批发布等各相关环节的要求，有序推进规划编制工作。最终形成《无锡地税“十三五”规划》和“法治、惠民、智慧、幸福”四个专项分规划，共计10万字。

（朱　凯）

【精心组织第24个税收宣传月】 第24个税收宣传月期间，利用新兴媒体，加强传统媒体与微博、微信、手机报、新闻客户端、网站联合互动；在江南大学举行第24个税收宣传月启动仪式暨“吴韵税风——税收书画作品展”开幕仪式，在全市范围内启动“青少年税收感知计划”；编写出版《中国税收故事绘本》，开展“阿福小税官”体验活动，在江南大学等院校招募、选拔许遥峰等15位青年学生参与到税收宣传活动中。

【牵头开展江苏省税务摄影协会苏南分会系列活动】 3月，江苏省税务摄影协会苏南分会成立，无锡地税副局长李檬当选苏南分会主席，办公室主任高元当选秘书长。苏南分会下设无锡、南京、苏州、常州、镇江、园区、港区等7个会员单位，全年先后组织苏南分会成员深入税收管理、生产经营、农业生产一线开展摄影专题培训、摄影采风、摄影比赛等活动，形成照片素材230幅，22幅被《江苏地税》《无锡税苑》等刊用。

【《中国税务报》专题报道“纳税人之家”升级版】 10月12日，《中国税务报》经济社会专刊发表题为《牵手：“家”为媒 征纳谐》的文章，对无锡地税局携手工商联、打造纳税人之家“升级版”的情况做了专题报道。报道4000余字，以“不再既做运动员又做裁判员”“升级，让大家都尝到了甜头”“如今家的氛围更浓厚了”三个部分，全面阐释“纳税人之家”升级的主要原因、做法、成效、展望。

【开展“阿福杯”无锡地税好新闻评审】 与市委宣传部、市记协、无锡地税局联合开展2015年度“阿福杯——无锡地税好新闻”评选活动，收到来自新华社、中央人民广播电台、中国税务报社、无锡日报社等各级各类媒体报送的稿件200余篇，经过两轮评审，《家为媒，征纳谐》《服务互联网+企业》《江阴地税推出O2O税收服务》等27篇作品分别获得消息通讯类、图片、广播电视类参赛作品一、二、三等奖，《税务小白也能享受“纳税人学堂”私人订制服务》等4篇作品获得新媒体融合奖。无锡日报报业集团、无锡广播电视集团获得组织奖。

【开展舆情处置模拟实训】 在全系统办公室条线培训班组织开展舆情处置模拟实训，各基层单位综合科长（办公室主任）及工作人员60余人参加实训。实训以发生在税务系统的4起真实舆情为案例，通过分组模拟召开新闻发布会的形式进行演练。来自武汉大学新闻与传播学院夏琼老师以点评的形式介绍舆情处置要点。

（于佳蔚）

【政务信息资政辅政功能进一步发挥】 关注深化改革过程中的新情况、新变化，加强对发展难题和突出矛盾的调查研究，当好参谋助手，编发《无锡地税简报》200期，8篇建议类信息被领导采纳并列入市局相关工作计划，提炼总结的“智慧地税”、大数据治税、“互联网+税务”等专题信息被总局领导批示；开展经济税源、行业企业、政策落实等信息调研工作，向上级机关编报信息600多篇，上报信息被中办国办采用14篇、国务院领导批示6篇、省领导批示5篇，其中《推进注册资本登记制度改革应重点破除三难》《固定资产加速折旧政策有待完善》等信息受到国务院总理李克强的批示；《无锡物联网产业快速发展存在问题亟待帮助解决》《“三证合一”运行存在的问题及建议》《大数据治税的建议及思考》等3篇调研信息受到省委罗志军书记的批示。

（朱　凯）

【网站建设工作经验参与国务院办公厅交流】 6月17日，参加由国务院办公厅在清华大学公共管理学院组织召开的政府网站办事服务专家研讨会，副局长李檬以《注重体验 彰显诚意 无锡地税携手“互联网+”打造“智慧地税”便民网站》为题，就无锡地税局网站在信息公开一目了然、网上办事一站办理、征纳互动一路畅通、服务扩展一心为民等方面的内容以及“互联网+”时代政府网站建设的展望与与会专家进行深入交流。

【筹划开展工作性调研】 突出税制改革、税收政策、征管改革、纳税服务等重点，开展工作性调研，在调研的选题立项、布置实施、完稿结题等环节实行“快速反应机制”和有益工作、领导认可的“成果评价机制”，先后完成了关于“走出去”企业发展、税收政策促进科技创新以及税收现代化指标体系等调研报告，其中经过多次调研形成的《无锡物联网产业快速发展存在问题亟待帮助解决》先后受到省委罗志军书记、市委书记李小敏批示。在全省地税系统科调研工作会议上，从立足规范化建设、加强队伍管理、创新调研方式、丰富科研渠道等方面介绍了经验做法。

【强化责任分解推进督查督办】 根据各单位各部门的职责分工和年度目标任务，将督查督办贯穿于全年工作全过程，制作《2015年全市地税系统重点工作任务分解表》，明确34项重点工作，并将责任分解至各部门。先后开展税收优惠政策落实情况、重点工作推进情况、创新项目进展情况等专项督查，强化工作的时效性，确保上级和本级重大工作部署的贯彻落实。

【强化创新项目组织管理】 围绕2015年度全局工作重点，统筹组织19个创新项目的推进，包括税收风险管理、大数据应用、纳税服务、干部队伍建设、行政业务管理等方面，在年终根据项目成果在关键环节、重点领域的工作机制和管理模式上的创新进展情况，经由内网投票及局长办公会议研究，最终评选出10个优秀创新项目。

【多项税收科调研成果在总局、省局获奖】 在省部级刊物发表税收科研文章48篇。《常设机构课税难点及对策思考》等五篇文章分获第八次全国国际税收优秀科研成果一、二、三等奖，《基于税务行政裁量基准的税收法治国际借鉴研究》《构建税收数据终端防泄露体系研究》分获全省地税系统2015年度优秀税收科调研成果一等奖和二等奖。6月，在中国国际税收研究会组织的《新一轮税制改革框架下地方税制建设的国际比较研究》课题结题会上，作为课题参与单位做了题为《房地产税税制设计的国际借鉴研究》的课题交流。

（孙　庄）

事务管理

【车辆管理】 加强车辆管理岗人员及专职驾驶员业务测试工作，对驾驶员进行以考代训的学习培训，参考驾驶员全部通过测试，促进安全行车意识的提高。

【食品安全】 加强食堂卫生管理，规范食品采购、存储、烹饪等环节。规范采购渠道，减少直接现金支出。机关膳食委员会不定期开展食品卫生检查，确保安全工作落到实处。

【开展"平安型、节约型"示范机关创建活动】 按照市委、市政府的统一部署，在机关管理中把"两型"机关创建工作摆在突出位置，向全体工作人员倡议从节约一张纸、一滴水、一度电等细微小事的点滴做起，自觉养成勤俭节约、珍惜公物的良好习惯。全年用电量同比下降3.1%，用水下降2.3%，用油下降23%（存在车改因素）。严格落实非本单位人员出入登记制度，加强巡视，保障大楼正常工作秩序。

（胡西根）

干部队伍建设

人事管理

【概述】 2015年，人事处贯彻落实全市地税系统工作会议和省局人事工作要点精神，扎实开展“三严三实”专题教育，加强领导干部队伍建设，做好新一轮征管改革的人力资源保障，实施干部能力素质提升工程，开展干部档案专项审查，深化专业化团队和人才库建设，强化干部日常教育培训，探索青年公务员培养新路子。按照考核程序，完成全系统2014年度工作人员考核，对223人进行奖励，其中44人记三等功，175人予以嘉奖。按照公务员法及全省公务员招录管理相关规定，新招录公务员37人，其中市区14人。不断优化人力资源配置，为无锡地税事业发展提供人才保障。实施国家统一实行公务员扣缴养老金制度，落实上级规范津补贴有关规定。加强全系统事业单位管理，完成下属10个事业单位的年检工作。做好编外用工和离退休干部管理服务工作。

【组织召开党员领导干部民主生活会】 1月，组织全系统各级党组织围绕严守党的政治纪律、严格执行民主集中制，结合党的群众路线教育实践活动整改任务的落实情况，以对中央巡视组在江苏巡视反馈意见的整改落实工作为重点，召开2014年度民主生活会。每个领导班子和党员领导干部对照有关规定深刻查摆问题，开展批评和自我批评，明确具体整改措施。

【做好征管改革的人力资源保障工作】 1月，根据征管改革对人力资源的要求，全面分析人力资源现状、人员思想和配置工作中可能遇到的矛盾和困难，力求做到人力资源科学合理配备。根据部分处室职能调整以及人员需要，对局机关处室人员进行适当调整，对机关处室人力资源予以重点保障。按照新的机构设置，根据基层各单位职能及人员现状，对市区分局进行人力资源的重新配置，市区工作人员岗位调整比例超过80%。对市区中层领导和科长作了新的配备，各基层单位和机关处室主要领导作了调整安排；市区副科级和股级干部进行双向选择，重新分配岗位。

【组织开展干部档案专项审查】 3月中旬，根据全国干部人事档案专项审核工作要求，对全系统干部档案中记载的出生时间、参加工作时间、入党时间、学历学位、工作经历、干部身份、家庭主要成员及重要社会关系等重要信息进行专项审查，特别是对档案材料是否涂改造假，干部信息是否真实准确，重要原始依据材料是否完整规范等进行从严审核，并指导二市二区局做好档案审查工作。在负责审查市区干部档案609份中，发现档案中需要补充学历学位160人，需要补充劳动合同、社保证明10人，需要核实出生年月、工作时间、姓名的80人，其中需要赴外市公安机关等部门调查的25人，在无锡市范围内公安机关等部门调查的29人，干部档案专项审查工作于年底完成。

【做好人员出入境管理工作】 5月，根据苏地税函〔2015〕76号文件精神，认真做好违规办理和持有因私出国（境）证件专项治理工作，进一步完善登记备案人员信息库，加强对持有因私出国（境）证件人员的管理与监督，严肃执行科职以上领导干部及市局机关工作人员因私出国（境）证件市局集中保管纪律，对需要登记备案人员信息按要求报省地税局和无锡市委组织部备案。纳入集中管理的科职以上领导因私出国（境）证件68本。

【组织开展“三严三实”专题教育】 6月启动“三严三实”专题教育，12月完成。先后制定“专题教育实施方案”、成立“专题教育协调小组”、印发“专题教育学习研讨计划”，认真抓好实施方案和计划的推进。专题教育中注重三个结合：与党的群众路线教育实践活动的延展深化相结合、与党组中心组学习集中研讨学习相结合、与“三解三促”活动相结合，并把抓好学习教育作为履行党建主体责任的重要任务，坚持把专题教育融入日常工作，从严要求，着重抓好三个专题的学习研讨，每个专题都安排了两次集中学习研讨，每次集中研讨都安排2名班子成员作交流发言。在学习研讨中注重四个结合:与领导干部日常工作相结合,与解决干部思想矛盾相结合,与组织活动相结合,与干部培训相结合。局党组班子成员深刻剖析自身存在的问题和不足，以“问题清单”的形式，查找并列出自身需要整改和纠正的地方，做到边学边改。局领导班子梳理归纳并列入边学边改项目12项，全部完成整改，其中建立和完善制度6项。

【探索实施科长选聘和管理新办法】 6月，制定下发《无锡地税系统科长管理暂行办法》，对市区股职科长选拔聘任工作作出重大调整，全面实施股职科长的任期制管理，正副股职科长每届任期三年，任期届满后全部进行重新选拔，将选拔权最大限度地下放至基层单位，激发股职科长的活力。6月底完成市区各单位股职科长选拔聘任工作，选聘了正股职科长38人，副股职科长47人。

【全面加强领导班子建设】 8月，制定下发《领导班子任期目标管理办法（试行）》，完善对领导班子的评价机制，增强领导班子和领导干部的履职意识和履职能力。同月，制定下发《无锡地税系统基层单位“三型五强班子”考核评价办法》《无锡地税系统基层单位创建“三型五强班子”的工作意见》，紧扣“三严三实”好干部要求，围绕严肃党内政治生活、加强干部教育管理、加强权力运行制约监督等，建制度、立规矩，强化领导班子建设。

【加强专业化团队和人才库建设】 8月，制定《江苏省无锡地方税务局关于深化专业化团队建设的意见》，对专业化团队建设思路进行调整，进一步明确加强项目化管理，提升专业化团队运作质效。11月，制定《江苏省无锡地方税务局2015年专业人才库补充调整办法》，对全系统行政执法类、综合管理类和专业技术类三个大类专业人才库成员进行重新审核确认，保留原有21个人才库，新增1个绩效管理人才库，市局级以上人才库成员达388人次。

【实行副科职分局长任期制管理】 8月，制定下发《无锡地税系统县（市、区）地税局副科职分局长任期制管理办法（试行）》，规范和加强县（市、区）地税局副科职分局长、副科职科长队伍建设，建立能上能下、充满活力的选人用人机制。副科职分局长任期内实行目标管理，副科职分局长任期目标由所在县级局制定，统一报市局备案。任期目标考评分期中阶段性考评和任期期满考评，考评由所在县级局组织实施，结果报市局备案。任期考评情况记入副科职分局长任期履职档案，与个人绩效考核挂钩，作为确定考评等次的重要依据和干部任用的重要参考。

【组织开展科级领导干部选拔任用】 贯彻落实《党政领导干部选拔任用工作条例》，坚持“20字”的好干部用人标准，努力构建有效管用、简便易行的选人用人机制。根据职位特点和选拔范围，先后组织开展科级正职领导干部及副科级分局长的选任工作，3人被提任为科级正职领导干部，5人被提任为副科级分局长。

【组织实施人员职务职级并行制度】 11月起，按照省地税局和无锡市委组织部、市人社局的统一部署，组织二市二区局贯彻落实《中共中央办公厅国务院办公厅印发<县以下机关建立公务员职务与职级并行制度的意见>的通知》

（中办发〔2015〕4号），以及省委办公厅、省政府办公厅《关于全省县以下机关建立公务员职务与职级并行制度的实施意见》，对二市二区局符合职级晋升条件的495名干部完成了初核、民主测评和考核、公示四个环节的工作，并按干部所任职务的管理权限进入审批程序。

【部署实施干部能力素质提升工程】 12月，制定《无锡地税系统干部能力素质提升工程建设实施方案》，干部能力素质提升工程包含广大干部和各级领导班子两个层面，广大干部着力在思想政治素质、职业道德素养、业务能力素质、履职尽责能力、依法治税能力、开拓创新能力等方面实现提升，各级领导班子着力在引领力、凝聚力、创新力、执行力、公信力等方面实现提升。干部能力素质提升工程围绕市局"十三五"规划推进税收现代化的目标愿景，贴近征管改革和依法治税战略目标，明确定位，找准着力点，促进"治税"和"治队"的深度融合和协调良性发展。统筹兼顾长期性和阶段性，稳步抓好各阶段的重点工作，拟通过3—5年的努力，使无锡地税系统干部能力素质明显增强。干部能力提升着力点放在基层，促进基层干部能力素质大提升。贴近地税工作实际，针对队伍建设面临的新形势、新要求，不断探索提升干部能力素质的新途径、创造新思路、解决新问题，使地税干部队伍全面适应改革要求和实践检验。

【扎实做好离退休人员工作】 8月，离退休干部党支部进行换届改选，健全离退休干部党组织建设。坚持集中学习日制度，深入学习习近平总书记系列重要讲话和全国人大、政协两会精神，积极开展"增添正能量、建设新无锡"主题实践活动，开展专题党课《迎接法制时代的到来——学习十八届四中全会精神》专题辅导。先后组织参加棋牌友谊赛、保龄球比赛、纪念抗战胜利70周年文艺汇演。走访慰问离退休干部130人次、遗孀14人次。相继被授予"全市离退休干部先进集体""2012—2014年度市级机关退管工作先进集体""2012—2014年度市级机关先进退休职工之家"。

（李普春）

绩效管理

【概述】 2015年，无锡地税局围绕"法治引领、改革创新"工作主题，探索"制度+科技"的现代绩效管理思路，实现绩效管理工作新突破。进一步明确和扩大绩效管理领导小组成员范围，在市县两级绩效办配备专职绩效管理工作人员，完善三级联动的组织管理体系。进一步完善修订"一个意见、三个办法"制度规范，形成了科学完备的管理制度体系。进一步拓展管理范围，优化基层组织、机关处室和干部个人"三位一体"工作机制。持续优化平台系统，实现预警提醒实时化、结果排名公开化、绩效分析立体化。统筹推进"三个融合"，一是绩效管理与税收中心工作的融合，科学编制绩效计划和指标体系，使之与各项工作协同推进；二是组织绩效与岗位绩效的融合，依托系统平台实现数据内部对接，促进个人与组织共同提升；三是管理制度与绩效文化的融合，构建"崇德尚绩、追求卓越"的价值理念，发挥"硬规范"与"软约束"的集聚效应。闭环运作强化过程管控，实时采集目标完成进度和考评相关数据，通过预警提醒、分析反馈开展双向沟通，按季度分"征、评、管、查、综合"五个序列评选"绩效之星"，发挥正向激励作用。《OKR在税收专业化团队绩效管理中的适用性研究》被总局以研究报告形式专题刊发。

【荣获全省地税系统2014年工作先进单位】 以绩效管理为杠杆，倒逼税收工作提质增效，在省地税局年度综合绩效考评中得分第三名，在4月14日《关于表彰2014年度先进单位的决定》中，被表彰为江苏省地税系统"2014年度先进单位"，也是全省地税系统首批"绩效管理工作先进单位"。

【荣获市级机关绩效管理和作风建设综合考评"二十佳单位"】 2月16日，经过无锡市市级机关部门（单位）绩效管理和作风建设综合考评领导小组办公室对全市109个部门（单位）的年度综合考评，无锡地税局以99.021的得分在C类（48家垂管和公共服务口部门、单位）31个单位中名列第一，在《中共无锡市委 无锡市人民政府关于表彰2014年度市级机关部门（单位）绩效管理和作风建设综合考评二十佳单位和2014年度科学发展先进地区 先进开发区的决定》中，被表彰为2014年度无锡市市级机关综合考评“二十佳单位”。

【完善绩效管理制度规范】 完善修订《绩效管理工作意见》和《组织绩效管理办法（试行）》《机关处室绩效考核办法（试行）》《全员岗位绩效管理办法（试行）》，基本形成了科学完备的绩效管理制度体系。进一步明确和扩大绩效管理领导小组成员范围，在市县两级绩效办配备专职绩效管理工作人员，完善“市局—基层单位—个人”三级联动的组织体系。进一步拓展管理范围，优化基层组织、机关处室和干部个人“三位一体”的工作机制，形成横向到边、纵向到底、任务到岗、责任到人的职责体系。

【推进绩效文化建设】 构建“崇德尚绩、追求卓越”的绩效价值理念，发挥绩效管理制度硬规范与绩效文化软约束的集聚效应。编写《绩效管理指导手册》，分级分层组织开展全员绩效辅导和操作技能培训，编印14期《绩效动态》，总结提炼各单位绩效管理的经验做法，鼓励基层单位争做绩效管理标杆。

【升级绩效管理平台系统】 强化数据资源的统筹与整合，优化系统界面的操作与显示，支持申报、评估的随时录入和绩效结果的即时刷新，实时监控被考评对象的工作进度并提示改进和纠偏。拓展数据增值利用的广度和深度，从税收收入、征管质量、风险管控、服务效能等方面进行可视化绩效监控和关联分析，提供决策参考和工作督导。

（钮 欣）

思想文化建设

【概述】 2015年，无锡地税局以社会主义理想信念教育为引导，健全思想政治工作体系，以文化品牌为依托，丰富文化建设载体，以标杆打造为引领，深化文明创建内涵，进一步激发干部创业创新的动力和活力。通过广泛调研论证，研究制定《加强和改进思想政治工作的实施意见》和《全面加强“吴韵税风”文化建设的指导意见》。围绕社会主义核心价值观和税收中心工作任务，通过全系统干部职工的讨论交流，着力构建“崇德尚信、求是知行”的无锡地税核心价值理念，并形成无锡地税文化品牌标识“玉飞凤”。加强人文关怀疏导，成立“塑阳光心态 促安全履职”创新项目团队，依托智慧地税开辟“局长信箱”和“书记信箱”，帮助干部解决实际困难，帮扶各类型困难干部职工114人次。组织新一届工会换届选举，调整优化市区16个文体俱乐部，组织开展第12个主题读书月系列活动，参与江苏省地税局和无锡市重大文体活动，分别荣获省局综合性趣味运动会团体二等奖、省局歌唱比赛三等奖、无锡市市级机关第六届办公自动化技能大赛团体总分第一名等成绩。举办无锡地税系统第五届职工（趣味）运动会，汇编《吴韵税风》文化刊物3本，编印《文化手册》1套。与73036部队结对共建拥军优属，从资金和政策层面支持江阴市李家桥村、盐城市响水县淮河村的开展新农村建设，全系统投入帮扶资金、个人捐款捐物90.36万元。

【健全思想政治工作制度体系】 研究制定了《加强和改进思想政治工作的实施意见》，明确新常态下无锡地税系统开展思想政治工作的指导思想、工作目标、工作机制和方法路径，确立联动工作、关怀沟通、培育引导、文化感召和绩效牵引等“五大机制”。落实领导班子责任，发挥综合、人事、纪检监察、党工团妇等部门的行政综合功能，每年召开2次思想政治工作联席会议，分析干部职工的思想状况，了解存在的共性矛盾、倾向性问题，提出工作意见和对策，形成通力协作、齐抓共管的新局面。

【确立“崇德尚信、求是知行”核心价值理念】 加强理想信念教育，以社会主义核心价值观为引领，利用内网“地税论坛”栏目开辟核心价值理念大讨论，1305名干部职工参与讨论，参与率达91.4%，通过发帖跟帖深入交流，收集合理意见建议，构建确立“崇德尚信、求是知行”的无锡地税核心价值理念，形成全体干部职工“共同认可、内心坚守、自觉实践”的基本价值取向，增强干部职工对组织的认同感和归属感，夯实共同进步与全员发展的思想基础。

【构建“吴韵税风”文化体系】 开展税收文化现代化建设的探索实践，编制《全面加强“吴韵税风”文化建设的指导意见》，拓展“吴韵税风”文化品牌的内涵和外延，在各类文化活动中导入文化品牌标识“玉飞凤”，依托《吴韵税风》文化系列刊物，汇编优秀原创文化作品，形成《无锡地税文化手册》，追溯无锡地税局成立以来的发展历程和管理经验，重新整合提炼，以“为国聚财、为民执法”为组织使命、以建设“四个地税”（法治、惠民、智慧、幸福）为发展愿景、以“崇德尚信·求是知行”为价值理念、以“五大行为文化”（法治、执行、绩效、廉政、公益）为行为规范，提升文化品牌的影响力和传导力。

【形成“阳光心态”研究报告】 与锡山地税局共同成立“塑阳光心态，促安全履职”创新项目团队，以关心人、理解人和尊重人为根本，加强人文关怀疏导，畅通领导班子与基层干部沟通交流，落实局长接待日和关怀提醒五必谈制度，分级分类分析归纳干部职工合理的需求诉求，提出针对实际问题有的放矢的构建工作体系，帮助干部职工减压减负解难，提高干部忠实履职、安全履职意识。其经验被江苏省地税局以专题简报《汇聚新动能、促进新发展，全力构筑思想政治工作新体系》刊发。

【组织开展第12个主题读书月活动】 开展“品味书香·税悦成长”主题荐书活动，围绕“我所喜欢的一本书”主题，结合税收工作、日常生活，基层单位的11个代表队用情景剧、微电影、演说、辩论、快板等多种形式，现场推荐了3本励志类、3本生活类、3本文学类和2本传记类书籍。活动汇编了《“吴韵税风”读书月专辑》，收录刊发干部职工阅读心得作品72篇，传递了全系统“爱读书、善读书、多读书”的文化风尚。

【举办第五届职工趣味运动会】 10月31日，在惠山区堰桥初级中学举行无锡市地税系统第五届运动会。13个代表队近800人（次）参加了19个运动项目的竞赛角逐。本届运动会以“阳光、凝聚、超越”为主题，比赛分别设置了健身舞（操）、拔河等集体项目，双背夹球、袋鼠运瓜等双人项目和摸石过河、滚铁环、自行车慢骑等个人项目。宜兴地税局、江阴地税局、惠山地税局、锡山地税局、第二税务分局和第一税务分局分别获得团体总分前六名，第三税务分局、第六税务分局获得精神文明奖。

【召开工会第四次代表大会】 6月18日，召开无锡地方税务局工会第四次代表大会。市级机关工会主席王小良出席会议，来自市局基层工会的96名代表参加了会议。会议审议并通过了严郓代表第三届工会委员会作的《充分发挥主力军作用，为实现“四个地税”建功立业》工作报告。采取无记名投票差额选举的办法，选举产生了以尤正明为主席的新一届工会委员会和经费审查委员会。第四届工会委员会以服务税收新常态、务实发挥工会职能，组织参与各种职业技能培训和岗位练兵，维护干部职工根本利益，创造舒心工作、全面发展的环境氛围，使工会组织成为值得信赖和依靠的“职工之家”。

（钮　欣）

廉政建设

【概述】 2015年，全市地税系统认真贯彻落实省局和市委关于党风廉政建设的各项决策部署，紧紧围绕法治引领、改革创新的总体工作目标，持续强化制度建设。完善机制，强化党风廉政建设责任落实，修订完善责任清单，特别明确市局处室的管理责任；对二市二区局纪检组实行派驻。强化责任落实，局党组将党风廉政建设与税收中心工作同检查同落实，逐级签订党风廉政建设责任书，对30项党风廉政重点工作确定责任主体及责任内容。健全监督制度，开展监督制度梳理更新，制定《关于实施党风廉政建设责任追究的实施办法（试行）》。坚持系统教育预防，持续增强防范意识，夯实廉政教育制度，坚持在各类培训中开设廉政课程，坚持和完善党组中心组廉政专题学习、主要负责人定期讲党课、反腐倡廉专题民主生活会制度等。开展专题警示教育，邀请扬州税院专家和党校教授为全体中层以上领导干部作预防职务犯罪讲座。深化廉政文化建设，实现省级廉政文化示范点的全覆盖。坚持严明纪律建设，持之以恒纠正“四风”，牢固树立纪律规矩意识，加大对制度落实的督查督办工作，做到逢节必抓、逢点必查、查实必惩，“三公”经费较上年下降25.6%。强化监督检查，在重要节日开展专项督查，与第三方合作开展两次作风效能明察暗访。坚持严格案件管理，从严执纪有效监督，全年受理并按时办结各类举报事宜45件，发放信访通知书3份，廉政谈话2人，提醒谈话1人。严格案件查办，全年办理“一案双查”案件17起，处理责任人8人次，其中批评教育7人，诫勉谈话1人，有6人受到党政纪处分，对36人次追究执法过错责任；组织开展内部财务审计发现问题33个，提出建设性意见41项。强化部门协作，通过部门联动，突出加强对征管评查、人财物事等重点环节制度落实的监督。坚持畅通的平台互动，拓展外部监督效用，办税服务厅公共服务标准化工作通过专家组验收；向20名和793名纳税人税风税纪监察员征集意见建议；与市检察院成立协作配合工作指导小组，建立六项常态化的沟通协作机制。坚持可持续的队伍建设，全面提升纪检监察水平，调整2名市（区）局纪检组长，明确纪检组长分工；与机关党委联合组织1期纪检干部培训，选拔调整纪检监察人才库人员14人。

【召开领导班子及其成员述职述廉述法大会】 1月5日，召开领导班子及其成员述职述廉述法大会，党组书记、局长丁源代表局领导班子按照述职述廉述法的相关要求，就党组一班人学习贯彻党的十八大以及十八届四中、五中全会，按照省局工作部署，切实加强班子自身建设，扎实做好各项税收工作等进行全面总结，剖析存在的问题和不足。局党组成员、基层单位主要负责人、机关全体中层干部以及机关干部代表参加会议，并对领导班子及其成员进行民主测评。省局监察室主任宋燕南参加会议并就述职述廉述法工作提出具体要求。

【开展内控机制项目化建设成果展评】 1月15日，组织开展项目化建设成果集中展评，从基层单位自行申报的24个项目中筛选出12个项目进行现场交流和演示，内容既有基层单位的经验，也有机关部门的做法，多角度、多层面地展示全系统内控机制建设项目化推进成果。经过专家评委现场评比，惠山地税局“依托绩效管理平台，打造权力阳光运行机制”获得一等奖、第四税务分局“RISK，重点税源所得税后续管理”、江阴地税局“小规模纳税人转为一般纳税人的个体户管理”获得二等奖，还有9个参评项目分别获得三等奖和优秀奖。

【开展贯彻中央“八项规定”和省市委“十项规定”情况自查】 2月份根据无锡市委要求开展了贯彻中央“八项规定”和省市委“十项规定”四个方面情况的自查。在领导干部带头方面，坚持履行“第一责任人”职责，切实履行“一岗双责”，严格落实责任清单制度，中央“八项规定”出台后局班子成员严格遵守，坚持率先垂范、做好表率。在严格执行生活待遇及办公用房规定方面，贯彻落实《党政机关厉行节约反对浪费条例》等系列配套制度情况。在严格公务接待管理方面，严格控制公务接待费用支出，严格控制公务接待标准，接待费用同比下降38.4%，切实控制办公成本，通过完善节电、节水、节油、降低办公资源消耗等办法，压缩办公耗材支出。同时严格控制会议经费支出，严格控制参会人数；严格公务用车管理，降低车辆运行成本，运行费用同比下降8.4%；严格执行因公出国境的相关规定，费用同比下降13.8%。在着力解决干部群众反映强烈的突出问题方面，坚持问题导向，通过梳理归纳出12项问题，并整改到位。在加强监督检查方面，突出加强对重要节日期间作风建设的监督检查，每年聘请第三方人员开展2次明察暗访，加强与规划财务、督察内审等部门的协同，重点加强基层单位执法监察、效能监察以及领导干部离任审计等工作。

【部署年度党风廉政暨作风效能建设工作】 3月20日，召开全系统党风廉政暨作风效能建设大会，传达学习贯彻市纪委五次全会、全省地税系统党风廉政建设暨机关作风建设工作会议精神，全面部署党风廉政暨作风效能建设七个方面的工作，即严明党的纪律、夯实主体责任、持续改进作风、严厉惩治腐败、强化权力制约、健全系统防控、立足“三转”履责。

【办税服务厅公共服务标准通过评审】 4月3日，市纪委、市标准化研究中心等部门组织专家对办税服务厅公共服务标准进行评审。自上年7月起开始的办税服务厅公共服务标准化工作，通过相关职能处室与纳服局的上下联动，整体推进，历经准备部署、草案编写、试点运行等多个工作阶段，初步形成了符合GB/T1.1-2009等系列国家标准要求的《无锡地税局办税服务厅公共服务规范》。评审组在听取纳服局标准编制小组的情况汇报，审查标准送审稿，对标准的基本原则、服务提供、服务保障、服务监督、评价与改进等内容进行充分讨论和评议，专家组认为办税服务厅公共服务标准在体现“公开服务、公正服务、优质服务、文明服务、诚信服务、安全服务”等共性服务要求的同时，还可提供“延时服务、预约服务、绿色通道服务”等个性服务，能满足日常管理需求，具有贴近实际、操作性强、结构合理、指导思想清晰、科学实用等特点。

【开展“‘510’自警教育”系列活动】 5月上旬至6月底在全系统开展了“‘510’自警教育”五个一系列活动。集中开展一次预防职务犯罪讲座，邀请有关专家为全系统全体中层以上领导干部、股级干部和市区部分税务干部代表作预防职务犯罪讲座。上一堂廉政党课，各单位“一把手”在活动期间为本单位税务干部上一堂廉政党课，制作成录像，统一在廉政教育平台播放。组织一次廉政对照，对照各级的廉政规定和税收工作要求进行自我解剖。组织一系列廉政宣传活动，通过开展以反腐倡廉为主题的朗诵会、演讲和征文比赛、读书、电影以及预防职务犯罪大讨论，宣传身边涌现出来的党员干部勤政廉政事迹，利用廉政教育基地开展警示教育。开展一次廉政风险排查活动，税务干部结合税源管理改革后的新岗位和新情况，开展岗位廉政风险自我排查，对排查出的风险点进行集中点评，研究制定进一步完善防控风险的制度机制。

【举办“预防职务犯罪案例研析及规范执法”专题廉政教育讲座】 5月13日，邀请国家税务总局扬州税务进修学院讲师李文波做预防职务犯罪专题廉政教育讲座，李文波讲师从近年来全国税务系统有关职务犯罪的大量典型案例入手，详细分析了当前职务犯罪的现状和产生的原因，深刻剖析了职务犯罪的心理状态，系统总结了当前主要职务犯罪的规律、特点，对于帮助干部端正心态，正确认识人身的价值和意义、职务犯罪的性质和危害，把好交友、美色、节日关，加强职务犯罪行为后果的成本分析，以其深入浅出的说服力实现警示教育目标。

【开展违规吃请和公款吃喝问题专项整治工作】 为巩固、坚持和深化落实中央“八项规定”精神，坚决防止“四风”问题反弹，根据省局纪检组和中共无锡市委办《关于开展违规吃请和公款吃喝问题专项整治工作的通知》要求，6月至7月在全系统部署开展了违规吃请和公款吃喝问题专项整治工作。各单位各部门对违规吃请、公款吃喝问题，突出重点对象、重点问题，集中进行排查梳理，并对各单位各部门开展自查自纠、专项检查情况进行督查，检查中各单位各部门围绕吃喝问题专项整治和隐身变异“四风”专项整治中的薄弱环节，建立完善相关具体规定，从强化日常监管入手，抓住接待审批、财务报支、经费管理等关键环节，严格公务接待和工作餐管理，严肃财经纪律。

【税检全力推进惩治和预防职务犯罪工作】 11月9日，与市检察院召开惩治和预防职务犯罪工作联席会议，市检察院党组书记、检察长蒋永良等领导以及反渎职侵权局、反贪局、职务犯罪预防处、职务犯罪侦查指挥中心等部门的主要领导和党组书记、局长丁源、纪检组长邵云、总经济师严郓以及办公室、法规处、征科处、督审处、监察室主要负责人参加会议。双方就成立惩治和预防职务犯罪协作配合工作指导小组、准确把握四类问题的界限、完善六项工作机制达成共识，对税检全力推进惩治和预防职务犯罪工作起到了促进作用。

【组织纪检监察干部的警示教育活动】 11月13日，组织市区纪检监察干部30余人到廉政文化馆接受警示教育。廉政文化馆内展示的至德文脉、东林风骨、锡商精神的勤廉故事，近几年无锡反腐实录、成因剖析等警示教育素材，世界各国关于廉政建设的先进做法引起了受教育者的深刻思索，通过一块块展板、一幅幅图片、一个个形象的物件和一条条警示语，亲身感受到从古到今无锡人的廉洁风范、当代英模的勤廉事迹、腐败分子的前车之鉴。在视频教育厅，一个个违纪违法的典型案例，让大家看到走向腐败的演变过程及受到法律严惩的结局，警示教育深刻而鲜活。活动进一步敲响了纪检监察干部的廉政之钟、拉紧了廉政之弦，促进其以忠诚、干净、担当的实际行动，切实履职尽责。

【组织开展党组理论学习中心组报告会暨警示教育】 12月3日，邀请中共无锡市委党校党史党建室主任尹清亮就中共中央新修订的《中国共产党廉洁自律准则》和《中国共产党纪律处分条例》做专题辅导，尹教授围绕把纪律和规矩挺在前面的重大意义、什么是党的纪律和规矩、“两项法规”的修订背景、重大意义以及如何学习贯彻好“两项法规”做了全面、深入的解读，同时还分别观看了省纪委拍摄的警示教育片《违纪之鉴》和市纪委拍摄的警示教育片《官瓷人生之醒》。

【实现省级廉政文化示范点全覆盖】 廉政文化建设在全系统不断深入、扎实推进，结出了丰硕果实。自2006年无锡地税局被命名为省级廉政文化示范点以来，各单位思想重视，积极开展争创工作，继宜兴、惠山、锡山地税局先后被命名为省廉政文化示范点后，2015年10月11日江阴局通过了由省纪委、省委宣传部、省级机关纪工委联合组成的“省级廉政文化示范点”工作组的考核验收，成功创建为省级廉政文化示范点，至此实现了无锡地税系统省级廉政文化示范点全覆盖。

（王树民）

督察内审

【概述】 2015年，督察内审处围绕“法治引领、改革创新”的工作主题，依法履职，突出监督重点。顺应深化税源专业化管理改革的需求，新增风险应对质量检查、巡视检查的组织落实和牵头内控机制建设的三项职能；市区范围内设立执法督察局；两市两区局单独成立督察内审科，建立起市、县两级职责到人的督审模式。加强制度建设，修订《领导干部任期经济责任审计相关规定》《税收风险应对复审管理办法》。落实国家税务总局、省地税局、市地税局布置的各项税收执法督察工作，按要求开展各类财务审计和经济责任审计，并针对在各督审项目中发现的问题，做好整改落实和责任追究工作。配合省地税局、无锡市审计局等各级内外部监督部门对市局开展的各类审计检查工作；联合江阴局开发中等风险应对质量内控管理系统。充分利用督察内审工作成果指导实际工作，为领导决策、完善内控、加强管理、改进工作提供决策依据。

【开展建筑业税收管理专项执法督察】 根据省地税局工作要求和“营改增”的需求，以建筑项目登记、管理、开票、清算等环节为督察重点，对无锡市2014年建筑业税收管理开展专项执法督察。各基层单位完成自查12369户次，查出问题388个，涉及税款4435.38万元。联合监察室、执法督察局，根据自查情况和疑点数据分析，重点抽查了22户企业，补缴税款348.94万元。

【开展税收执法督察工作】 对落实税收优惠政策情况、严格税收执法情况和《重大税务案件审理办法》《税务稽查工作规程》《税收个案批复工作规程（试行）》的执行情况、税收优惠政策及其他税收政策清理情况四项重点内容组织开展税收执法督察。采取督察小组交叉审理、联席会议集体审议和局长办公会议审定三级审理的方式，强化对执法督察工作的规范，确保工作落到实处。各基层单位自查抽查9870户次，发现有问题434户次，补缴税款3567.79万元，加收滞纳金12.94万元，办理退税86.82万元，自查面达到100%。市局组成两个督察小组开展重点抽查，发现存在问题47户次，补缴税款164.65万元。

【组织开展风险应对复审】 从应对程序的规范性、应对结果的真实性和应对反馈的准确性等方面开展常态化风险应对复审工作。2014年全市地税系统完成风险应对户数10369户，2015年共对316户风险应对案件开展了复审，复审面达到3.05%。复审发现问题138户，补缴税款880.93万元，加收滞纳金31.32万元。

【组织开展税收个案批复清理工作】 根据总局、省地税局相关工作要求，针对2012年3月1日—2015年4月1日期间，特定税务行政相对人的特定事项办理的个案批复，执行请示、会签、审查、备案、公开程序的情况开展重点督察。经督察，在此期间，市局共收到省局4个批复，均已按照省局的批复要求严格执行，落实到位；市局及江阴地税局、宜兴地税局、锡山地税局和惠山地税局在此期间内未办理过税收个案批复。

【组织开展税收执法疑点核实】 根据省地税局工作部署，通过大集中系统的执法督察模块及时将省地税局下发的疑点数据推送到各基层单位，各基层单位对推送的执法疑点核查任务按照全面核查、重点核查、一般核查三类进行逐级分解。经核查2014年1月—2015年7月期间涉及的3类27项指标547条疑点数据，发现其中取数准确数176个，核查有问题109个，问题数占核查疑点数的19.9%，补缴税款17.48万元，多缴税款3.5万元，加收滞纳金0.1万元。

【组织开展“过头税”现象检查工作】 根据省地税局工作要求，全面核查2015年1月至7月期间“税务机关对已营改增项目代开发票及征税、大额申报税款异常入库和提前征收税款风险分析”三个指标涉及的406条疑点指标，共计发现存在问题26条，涉及税款3.48万元。

【开展领导干部经济责任审计】 以领导干部履职、执纪情况为着力点，对惠山地税局局长李青开展任中经济责任审计；应人事部门提请，对原风险监控局徐竹芳局长开展离任经济责任审计，全面反映领导干部任期内履职情况和纪律的执行情况，发挥任期经济责任审计在预防和惩治腐败、促进领导干部廉洁自律和客观评价使用干部等方面的作用。

【开展内部财务审计】 根据2015年度内部财务审计工作计划安排，对惠山地税局2014年财务管理情况开展内部审计。以财务管理制度落实情况为切入点，重点检查预决算执行、基本建设项目、固定资产处置、大宗物品采购、财务收支管理和大额资金使用等方面的情况。对审计发现的问题，及时沟通，跟踪整改落实，有效发挥审计监督作用。

【开展“三代”手续费专项审计自查】 根据省局工作部署，督察内审处紧扣“梳理疑点、明确重点、消除盲点、解决难点”思路，围绕2014年度代扣代收代征（以下简称“三代”）税款手续费的主体资格、代征协议规范、税款支付比例、经费预算管理、支付方式管理和流程职责等环节，全面开展“三代”专项审计。各基层单位对照自查内容，于8月底前全面完成自查工作，9月中旬，市局审计组对锡山地税局和惠山地税局开展重点抽查。2014年，全市地税系统制定“三代”税款手续费管理制度8个，签订委托代征协议单位147个；各基层单位均按规定单独设置会计科目，真实、全面核算“三代”税款手续费收支情况；结算支付流程完备，相关附件（附表）齐全。

【组织开展培训费专项审计】 根据2015年度内部财务审计工作计划安排，对2014年全市地税系统培训费使用管理情况开展专项审计。从检查情况看，2014年各单位能按规定编报年度培训计划；培训费的构成大部分能实行综合定额标准，分项核定、总额控制；未发现借培训名义安排公款旅游、组织会餐等情况，也未发现开支与培训无关的其他费用。

【强化督察内审成果运用】 召开2次督察工作联席会议，向相关部门通报执法督察中发现的问题，提出管理性建议，在征询相关业务部门意见的基础上，明确问题的定性处理，抓好问题的整改落实。针对在风险应对质量复审和各督审项目中发现的问题，在《无锡地税简报》上刊发了7期《督审动态》，一方面归集整理存在的问题，剖析问题成因，提出防范风险的意见建议，实现执法风险警钟长鸣；另一方面给各基层单位提供一个学习交流的平台，共同推进全市督察内审工作。上报《建筑项目预清算管理工作亟待加强》和《基层风险应对质量问题应引起高度关注》2篇工作建议，以供领导决策和职能部门管理参考。

【落实税收执法责任制】 根据《江苏省无锡地方税务局税收执法责任制实施办法（试行）》，开展考核评议工作。结合绩效管理考核标准，及时更新完善税收执法责任制考核评议指标。对原有的79项考核指标细化分解，分别确定了行政处理方式，并落实到相应的岗位、环节。通过内部考核与外部评议相结合、日常考核与重点考核相结合、考核评议与绩效管理相结合的方式，强化对重点岗位、重点环节及重点事项的税收执法过错责任追究，规范干部执法行为，以批评教育及责令做出书面检查方式问责36人次，不断营造依法治税氛围。

（詹　佳）

党建及群团工作

【概述】 2015年，机关党委以建设“学习型、服务型、创新型”党组织为目标，结合领导干部“三严三实”专题学习教育强化党建主体责任，抓好基层党建，初步形成“七个一”活动特色；与金坛黄金村开展党建共建；“税海红帆”被评为市级机关创建党建服务品牌十佳单位，党建信息工作获得市级机关一等奖。把握青年干部思想动态，启动青年干部“辅导员”制，结合“营改增”税制改革、深化征管改革等工作，举办“税悦青春·改革思辨”“税悦青春·助力成长”等系列活动，开通“税悦青春”微信公众号为品牌宣传载体，创建“税悦青春”青年工作品牌。工会深入开展十八项文化俱乐部活动以及扶贫帮困等活动。妇委会继续夯实“税玫瑰”文化品牌建设，开展三八妇女节系列活动。

【完成机关党委换届选举工作】 加强基层党建引领，召开江苏省无锡地方税务局第五次党员代表大会，选举产生第五届中共江苏省无锡地方税务局机关委员会。基层党支部按规定完成组建、改选、增补工作。指导基层工青妇等群众组织健全调整到位。根据征管改革的机构组建，结合地税工作实际，成立5个党总支，23个党支部；1个团总支，11个团支部；9个妇女工作小组。

【丰富“税海红帆”品牌内涵】 在多年党建实践的基础上，形成“税海红帆”党建品牌核心理念为“顺势凝心、勇当脊梁”。以“‘三严三实’转作风、坚定信念扬红帆”为主题，基层各支部统一开展包括组织一堂专题党课、参观一个红色教育基地、评选表彰一批优秀典型、开展“我为组织献一计”活动、开展一轮“红帆党员微帮助”、过一次“绩效沟通”专题组织生活、过一次民主生活会在内的“七个一”活动。“七个一”活动作为加强党建工作特别是规范党内生活、落实“三会一课”的重要抓手，因地制宜的明确基层党建要求和“税海红帆”党建品牌的外在形式，逐步形成富有地税特色的党建文化。其中“我为组织献一计”活动收到问题建议170条，内容涉及纳税服务、人才培养、文化建设、廉政建设等各个方面，机关有关部门针对问题建议，逐条提出改进方案或说明情况，归类后报市局党组作为“三严三实”教育活动中纠正问题的重要参考。

【建章立制 进一步夯实党建基础】 注重发挥党的思想政治工作优势，以制度建设为重点，以党章为根本依据，结合无锡地税建设新形势新要求，建立并逐步完善党建制度体系。先后制定下发《中共无锡市地税局党组中心组学习制度》《关于推进学习型机关建设指导意见》《学习宣传贯彻十八大精神实施方案》《无锡地税系统党员干部职工激励关怀帮扶相关意见》《落实“三会一课”制度工作的实施意见》和年度基层党组织生活指导计划等，形成以党组中心组为龙头、以各级领导班子为重点、全体党员干部积极参与的学习格局。9个基层党支部因地制宜设立“红帆读书角”，在党组织的引导下营造悦读氛围，提升党员干部素养。制度化开展对党员干部的关怀激励工作，对患重病或家庭发生困难的62名党员干部给予温暖关怀。

【融入中山路“15分钟党建圈”开展组织生活】 各党支部主动走出机关大门，牵头整合社会各界党建资源，合力开展维权、政策等需求服务。地处城区的党支部与周围的机关、银行、企业、社区等搭建“15分钟党建圈”组织生活平台，将支部组织生活与服务纳税人的业务工作结合得更加紧密，地税六分局党支部与江苏银行党支部联合组织生活时激发创意火花，联手开辟“税银贷”业务，将A、B级诚信纳税户列入小微企业贷款的信用体系，助力小微企业发展。各支部组织党员、团员在社会上广泛开展“地税暖洋洋义工群”活动，机关党委率机关总支与机关驻地东河花园社区结对共建，提供“税政讲坛”“银发护航”“扶贫帮困”等服务项目，并捐助电脑、老年急救包，还帮社区助建健身房、合唱团等等。

【与金坛市朱林镇黄金村成立“地税青年干部教育实践联系点”】 机关党总支与茅山老区金坛朱林镇黄金村签约结对开展党建共建活动，市级机关工委周艳阳书记和局党组丁源书记带队走访黄金村，推动机关部门和老区乡镇党组织优势互补、互助共赢，将黄金村作为机关党员践行“三严三实”“三解三促”的实践阵地；局党组选派机关干部蒋玉华到黄金村挂职第一书记；在黄金村挂牌建立“地税青年干部教育实践联系点”，通过共建促进双方党建工作打开视野，放大党建的格局。

【开展“税悦青春”青年工作品牌建设】 品牌Logo以红、绿、深棕为色调，寓意锡税青年在舞动的红色团旗下，以“悦”的状态扎根于“税”的事业，一株株新苗蓬勃生长为地税事业的栋梁之材。同时，创新性的开通全省地税系统首家以团委牵头的微信公众平台“税悦青春”，自2015年5月4日开通以来，推送各类资讯122条，阅读47373次，用户数416人，是无锡地税市区团员青年的4倍，有效地推动团组织建立直接面向团员青年的小型化、分散化网络平台，无锡地税网上青年工作平台初步建成。

【开展“税悦青春·改革思辨”会】 组织团员青年深入学习贯彻中共十八届四中全会和习近平总书记系列讲话精神，用马克思主义中国化最新成果武装头脑、指导实践，结合本职工作推动落实。开展“税悦青春·改革思辨”会，以丰富生动形式组织团员青年认真学习、深刻领会全市地税工作会议精神，引导广大团员青年充分认识征管和机构改革的重要性，积极投身“四个地税”建设。思辨会中，组织形式以落实“团建分片”机制为着力点，平衡青年分布，按照团建小组对“营改增”；“纳服全流程”；“征管改革二十年”等热点话题进行了深入的思辨讨论，最终以TED秀形式呈现，思辨会引导地税青年运用马克思主义辩证观正确看待改革发展过程中的机遇和挑战，进一步培养了地税青年大格局、大胸襟。

【举办“税悦青春”系列活动】 举办“税悦青春·暖心行动”，联合妇委会、机关膳委会，开展中秋节“舌尖上的地税”活动、“税悦青春·相伴成长”新进大学生座谈会等活动；联合市级机关、南长区团委举办“幸福相约”单身青年联谊活动。开展“税悦青春·榜样力量”活动，紧密结合地税工作重点、群众关注热点、青年干部特点，开展以思想教育、技能提升、创新创效、服务示范、风采展示等主要内容的岗位创建活动。全系统6名青年被评为“无锡市青春榜样”。建立“税悦青春·青年专刊”，并形成定期交流机制。通过搭建业务交流学习平台，积极发挥青年税官思想敏锐、智力密集的优势，围绕征管改革和组织收入中心工作，开展献计献策和专题调研活动，推进青年骨干专业化团队建设。针对青年成才培养计划，接力“导师制”，建立“辅导员制”，邀请业务骨干和退休干部担任青年干部的人生导师、辅导员，组织青年干部定期访谈交流活动，强化青年干部对导师、辅导员为人做事的魅力感受，明确青年干部成长成才的正确方向。每个基层团支部与一名80岁以上的退休老干部结对，定期走访，进行生活相互关心以及思想相互交流，通过老少牵手，传承地税文化。

【编制《无锡地税团建工作手册》】 无锡地税共青团全面贯彻落实中共十八届四中全会提出的“全面推进依法治国的精神”，将制度建设放在重要位置，将党的要求、法律的规定和团的职能有机结合起来，初步形成符合无锡地税实际的《无锡地税团建工作手册》。通过建章立制，明确基本工作规范、明确两级团组织设置与职能、明确团的组织生活制度、明确团的推优办法等，初步探索团员青年、团干部及各级团组织积分评价办法，通过"量化指标+柔性指标"，逐步建立团员青年工作绩效文化。

【顺应形势 调整妇委会各级组织】 随着征管改革的机构和人员大调整，各级领导高度重视妇女工作，迅速重新组建各级妇委会、妇女工作小组，4月底，各单位妇女小组全部调整到位，健全新机构下的妇女组织。地税实有女干部196人，占干部总数的32.6%，特别是副科（股）长以上领导干部中女同志占比40%。

【持续深化"税苑玫瑰"妇女工作品牌建设】 妇委会以素质提升为抓手，开展丰富活动，聚力发展。持续推进"地税爱心妈妈""地税雁翔中队""地税爱心书柜"以及帮助居家养老的"地税女儿"等等公益项目，取到良好的社会效益。以"家风家训系列活动"为载体，分别举办以情绪管理、家庭教育为主题的"从心出发 让爱流动"专题讲座，开展《修身正心、义礼传家——中国家谱中的家训族规资料展》，以及同包粽子共度端午等活动，妇女干部在全局干部职工中积极倡议"传承好家训、培育好家风、建设好家庭"，第三税务分局业务管理科和第一税务分局办税服务科获江苏省巾帼文明岗，张新华家庭被表彰为全市"最美家庭"。

（赵　敏）

江阴地方税务局

【概述】 2015年，江阴地税局上下同心，全面完成各项工作任务。坚持目标引领，凝聚增收合力，组织地税收入保持较高增速，通过突出风险管理引擎作用，突出收入目标导向作用、强化统筹协调明确部门责任，突出收入分析预判作用、管控重点税源增质效等举措，完成各项收入240.52亿元，比上年增长4.37%，其中税收收入153.8亿元，比上年增长8.35%；完成公共财政预算收入113.26亿元，比上年增长10.59%；完成各项非税收入86.71亿元。强化统筹协作，夯实管理基础，征管改革效能实现充分释放，初步形成“理念对接、事项对接、环节对接、人员对接”的良好局面。风险应对绩效稳步提升，建立“税源信息反馈平台”，自主开发应用“涉税风险自查申报系统”，34358个企业纳税人填报该系统，查补地方各税2.17亿元；加强风险应对，准期风险应对率达97.8%，风险应对有效率达99.73 %，风险应对绩效10.6亿元，风险应对贡献率达6.7%。基础管理水平显著增强，年所得12万元以上个人所得税自行申报人数17904人，征缴个人所得税8.93亿元，占个人所得税总量的51.23%；欠税欠费清缴工作力度空前加大，清缴新欠1.32亿元，入库陈欠1.48亿元，核实虚欠2727.72万元。数据及信息化保障作用日益明显，初步完成税务智能搜索平台建设，拓展数据管理多维度合作，加强数据质量全方位控制。完善内控机制，规范执法行为，税收法治环境取得不断优化。落实小型微利企业税收优惠政策，为2617个小型微利企业减免企业所得税1280.77万元；全力抓好企业所得税汇算清缴及后续管理；全面规范自然人股权转让个人所得税征管；开展建筑业、房地产业营业税专项管理；反避税调查取得零的突破。实施“痕迹”管理降风险，围绕执法权、审核权查找能控制整个执法行为的关键风险节点，合理设计表证单等留痕载体，全方位防控税收执法风险。开展督查内审找漏洞，认真组织风险应对复审，补缴税款107.36万元；组织建筑业税收管理专项执法督察，查补税款433.23万元；组织年度税收执法督查，督查企业1880个，查补税款595.28万元。强化稽查震慑促遵从，加大案件查处力度，立案检查87件，比上年增长30%，查补税款及罚款收入1.13亿元，比上年增长5.6%。创新服务品牌，丰富宣传形式，便民办税举措做到推陈出新，打造体验式服务品牌，整合互联网、微信等新兴媒体，开通“江阴地税”微信平台；全面打造集导税、模拟体验、税企互动、阅读、自助办税等五大功能区为一体的现代化纳税服务体验区。丰富多样化宣传形式，推进便捷化服务举措，维护纳税人合理化权力权益。深化绩效管理，激扬地税文化，以干部绩效管理为新引擎，全方位激发工作热情。开启菜单式培训新模式，全面提升业务水平，探索青年干部培养新办法，全方位抓好梯队建设，开展为期9个月的“顺应税收新常态，激扬江海新税风”主题活动。推出党风廉政建设新举措，成功创建省级廉政文化示范点。开启地税文化建设新征程，以文化建设为载体，丰富税务干部的业余文化生活，成功组建网球、羽毛球、棋类、摄影等17个俱乐部，并积极开展各项活动；积极投身地税文明创建，获得国家级荣誉2个、省级荣誉4个、无锡市级荣誉43个。

【基本情况】 江阴地税局，位于江阴市虹桥北路158号。内设6个机关职能科室，另设监察室及机关党委；2个直属机构（稽查局、风险监控分局）；9个派出机构（第一税务分局，第三至第十分局）；事业单位2个（计算机中心、耕地占用税和契税管理所）；1个代管机构（靖江园区税务分局）。主要负责江阴市范围内地方税收、基金（费）的征收管理工作。征管登记户数90026，其中个体工商户38162户；纳税户数44621户，其中个体工商户10086户。实有税务干部271人。

【机构设置及主要负责人】

办公室

副主任　顾慧武（主持工作）
　　　　吴晗冰

税源管理科

科　长　赵国君

规划财务科

科　长　黄谢荣
副科长　吴燕红（女）
　　　　肖许锋

督查内审科

科　长　刘　炜

数据管理科

科　长　费铭海
副科长　朱为民

人事教育科

科　长　勇晓伟

监察室

主　任　任晓红

机关党委

书　记　蒋永成（4月免，兼）
　　　　任东飚（4月任，兼）
副书记　张农高（4月免，兼）
　　　　顾　恩（4月任，兼）
　　　　汤正平

稽查局

第一税务分局（纳税服务局） 位于江阴市虹桥北路158号。负责对江苏省地税局明确的69项和无锡地税局明确的税源管理事项的受理和办理；负责个体及社会零散税收委托代征工作站的代征工作及税收资金安全管理；负责江阴市地方税收对外窗口的统一管理，具体负责主城区办税服务厅及各办税服务点、行政服务中心地税窗口的实体管理，负责江阴市地方税款（基金、费）征收及纳税服务工作，负责各办税厅（点）统一受理江阴市依纳税人申请发起的所有涉税事项。内设综合业务股、宣传咨询股、办税服务股。

局　长　陈小珍（女）
副局长　黄　蕾（女）

第二税务分局（风险监控分局） 位于江阴市虹桥北路158号。负责江苏省地税局明确的25项税源管理事项的集约化处理。负责江阴市税收风险管理的统筹组织。承担涉税举报信息处理职能、税源管理机构反馈税源信息的归集分析职能，其他第三方涉税信息（包括系统内外、上级下级等各方面提供的涉税信息及互联网涉税情报信息）的归集和分析利用等管理职能。负责风险推送工作。组织实施风险指标、风险模型的本地化建设和维护工作。承担大企业管理的组织职能。负责制定风险管理的各类制度规范、流程优化和风险应对管理等工作。内设综合股（涉税信访举报统筹处置中心）、风险管理股。

局　长　黄谢荣（5月任）
副局长　吴莉敏（女，主持工作）

第三税务分局（基础管理分局） 位于江阴市虹桥北路158号。按照江苏省地税局税源管理事项清单明确的48项管理内容和江阴地税局明确的税源管理事项专司基础管理职能，负责对除稽查机构以外的各个税源管理机构的欠税清缴和个体工商户的信息采集、停复业核查、个体定额典型调查、定额核定工作，负责对个体及社会零散税收委托代征工作站协管工作的管理，并积极履行发现税源信息并向风险监控部门反馈的职能。内设综合股、基础管理一股（对应江阴地税局第八税务分局）、基础管理二股（对应江阴地税局第四税务分局）、基础管理三股（对应江阴地税局第六税务分局）、基础管理四股（对应江阴地税局第五税务分局）、基础管理五股（对应江阴地税局第七税务分局）、基础管理六股（对应江阴地税局第九税务分局）、基础管理七股（对应江阴地税局第十税务分局）。

局　长　单　芸（女）
副局长　卞纪林

第四税务分局 位于江阴市虹桥北路158号。负责江阴高新区范围内，除重点税源风险应对分局管辖的金融业（银行、保险、证券）企业、房地产开发企业、国家税务总局和江苏省地税局列名大企业以外纳税人的中等风险应对工作；承担堵漏增收职能和税收（基金费）收入任务落实的主体责任，落实政府联系人制度，负责实施管辖对象的税源监控分析、税源排查联动和税源信息反馈等风险信息管理工作；负责上级交办的其他事项。内设综合股、风险应对股。

局　长　顾敏明（兼）

副局长　展　翔（主持工作）

李天白（女）

朱钧亮

第五税务分局　位于江阴市华士镇澄杨路81号。负责华士镇、新桥镇、周庄镇行政区范围内，除重点税源风险应对分局管辖对象以外纳税人的中等风险应对工作；承担堵漏增收职能和税收（基金费）收入任务落实的主体责任，落实政府联系人制度，负责实施管辖对象的税源监控分析、税源排查联动和税源信息反馈等风险信息管理工作；负责上级交办的其他事项。内设综合股、风险应对一股（华士）、风险应对二股（周庄）、风险应对三股（新桥）。

局　长　郭国锋

副局长　陶品忠

沈　悫

第六税务分局　位于江阴市虹桥北路158号。负责澄江街道、南闸街道、云亭街道行政区范围内，除重点税源风险应对分局管辖对象以外纳税人的中等风险应对工作；承担堵漏增收职能和税收（基金费）收入任务落实的主体责任，落实政府联系人制度，负责实施管辖对象的税源监控分析、税源排查联动和税源信息反馈等风险信息管理工作；负责上级交办的其他事项。内设综合股、风险应对一股（城中）、风险应对二股（虹桥）、风险应对三股（南闸）、风险应对四股（云亭）。

局　长　薛　兵

副局长　姚志雄

庞　伟

第七税务分局　位于江阴市长泾镇人民路146号。负责长泾镇、顾山镇、祝塘镇行政区范围内，除重点税源风险应对分局管辖对象以外纳税人的中等风险应对工作；承担堵漏增收职能和税收（基金费）收入任务落实的主体责任，落实政府联系人制度，负责实施管辖对象的税源监控分析、税源排查联动和税源信息反馈等风险信息管理工作；负责上级交办的其他事项。内设综合股、风险应对一股（长泾）、风险应对二股（祝塘）、风险应对三股（顾山）。

局　长　胡玉东

副局长　蒋一春

第八税务分局（重点税源风险应对分局）　位于江阴市虹桥北路158号。负责：1.金融业（银行、保险、证券）企业，2.房地产开发企业，3.国家税务总局列名大企业，4.江苏省地税局列名大企业，5.上市公司，6.国有及国有控股市属企业（按市财政局提供名单），7.“双百”企业（按《无锡市江阴地方税务局双百企业精品管理办法》）的中等风险应对工作（上述5—7项不含第四税务分局管辖纳税人）；承担堵漏增收职能和税收（基金费）收入任务落实的主体责任，落实政府联系人制度，负责实施管辖对象的税源监控分析、税源排查联动和税源信息反馈等风险信息管理工作；负责上级交办的其他事项。内设综合股、风险应对一、二、三股。

局　长　沈利球

副局长　马　萍（女）

赵国赟

第九税务分局　位于江阴市青阳镇府前路2号。负责青阳镇、月城镇、徐霞客镇行政区范围内，除重点税源风险应对分局管辖对象以外纳税人的中等风险应对工作；承担堵漏增收职能和税收（基金费）收入任务落实的主体责任，落实政府联系人制度，负责实施管辖对象的税源监控分析、税源排查联动和税源信息反馈等风险信息管理工作；负责上级交办的其他事项。内设综合股、风险应对一股（青阳）、风险应对二股（月城）、风险应对三股（徐霞客）。

局　长　朱伯勋

副局长　杨　青

徐锡峰

第十税务分局　位于江阴市镇澄路2253号。负责江阴临港经济开发区及下属临港街道、璜土镇行政区范围内，除重点税源风险应对分局管辖对象以外纳税人的中等风险应对工作；承担堵漏增收职能和税收（基金费）收入任务落实的主体责任，落实政府联系人制度，负责实施管辖对象的税源监控分析、税源排查联动和税源信息反馈等风险信息管理工作；负责上级交办的其他事项。内设综合股、风险应对一股（临港新城）、风险应对二股（璜土）。

局　长　钱耕龙

副局长　张志杰

靖江园区税务分局　位于江阴经济开发区靖江园区内。负责江阴经济开发区靖江园区范围内的地方税收征收管理工作。内设风险应对股。

局　长　董庆健

耕地占用税和契税管理所　位于江阴市行政服务中心内。承担江阴市耕地占用税和契税的征收管理与税源管理工作。

所　长　吴燕红（女）

副所长　黄　蕾（女）

稽查局　位于江阴市虹桥北路158号。负责江苏省地税局明确的32项税源管理事项的应对（高等风险应对和交办、转办案件查处）；负责对江阴市地税稽查系统稽查工作的指导、协调和管理；直接查处全市地税系统征管范围内的税务违法案件；牵头组织全市地方税收的专项检查、专项整治工作；接收并查处风险管理部门所推送的江阴市范围内高风险应对案件；负责发现税源信息向风险监控机构反馈；负责协助公安部门的协护税工作。内设综合股，审理股，检查一、二股。

局　长　任　锋（女）

副局长　吴　凯

　　　　沈静娟（女）

【企业所得税汇算清缴】　认真做好2014年度企业所得税汇算清缴工作。强化对内对外培训，组织纳税人汇缴培训27场次，涉及企业7500个，基本做到应汇缴企业全面覆盖。清理管户，做好纳税鉴定工作，认真开展汇缴户数的核实工作，及时修改错误鉴定，确保企业能正常进行汇缴申报。定期通报，及时跟踪汇缴进度，通过对申报进度和申报数据实施动态监控，定期通报完成情况，完成7594个企业的企业所得税年度汇算清缴，其中查账征收企业5222个、核定征收企业2372个，汇缴率达100%，汇缴期内补缴企业所得税5.98亿元。

【落实企业所得税优惠政策】　积极落实企业所得税各项优惠政策，96个企业享受免税收入税收优惠，优惠收入额52.42亿元；101个企业享受加计扣除税收优惠，其中57个企业享受研发费加计扣除金额1.62亿元，44个企业享受支付残疾人工资加计扣除金额2088.52万元；9个企业享受减免所得额优惠，优惠所得额3448.58万元；2645个企业直接享受减免企业所得税优惠，减免企业所得税1.02亿元，其中符合条件的2617个小型微利企业减免企业所得税1280.77万元、26个高新技术企业减免企业所得税8528.46万元。

【两例反避税案件顺利结案】　积极开展反避税工作，监控关联交易申报，通过投资控股信息与关联交易申报情况的比对分析，对85个未进行关联关系和关联交易申报的企业进行逐户催报。强化关联交易审核，审核企业申报的关联交易信息，强化数据比对核实，分析原因，锁定避税疑点，掌握关联交易相关数据。加强部门间沟通交流，及时将反避税调查情况、谈判过程、定价方法、调整方案向上级地税局汇报，主动请求上级地税局的指导。创新反避税调查方法，综合运用可比非受控价格法、再销售价格法、成本加成法、交易净利润法等调整方法，合理确定反避税调整方案。对2个企业的反避税调查顺利结案，调增应纳税所得额7947.56万元，弥补亏损后，补缴企业所得税20.25万元，补缴其他税费64.20万元，并按规定加收滞纳金8.21万元。

【年所得12万元以上个人所得税自行申报1.7万人】　认真做好年所得12万元以上个人所得税自行申报工作，受理年所得12万元以上个人所得税自行申报17888人次，完成上级局下达目标任务的132.5%，比上年同期增长9.76%，补缴税款771万元。其中通过对纳税人进行网上申报的辅导，网上申报率达到79.14%；两处以上工资薪金所得个人申报6593人次，完成目标任务的146.51%，比上年同期增长54.37%，补缴税款747万元；外籍个人年度申报完成978人次，比上年同期233人增加745人，增长319.74%，通过审核的外籍个人年度申报补缴个人所得税111万元。

【规范自然人股权转让个人所得税征管】 不断规范自然人股权转让个人所得税征管，建立股权转让工作流程，明确纳税服务、基础管理、风险应对等各部门的协作分工，建立专人专岗专业化管理机制，统一工作流程。规范基础信息登记，实施股权转让链式管理。建立《自然人股东股权转让台账》，详细记录转让方、受让方身份信息、转让时间、交易价格等情况，同时对核定调整情况、个人所得税缴纳情况进行登记，动态掌握所辖企业自然人股东投资入股、转让交易等涉税事项，实施跟踪管理，保证股权交易链条中各环节转让收入和成本的真实性。对发生股权变动的2037个企业进行逐户核查，对转让价格明显偏低且无正当理由的268个企业股东依法进行核定，调整面达13.16%，征收入库股权转让个人所得税3.81亿元，比上年增长518.61%。

【首次申请法院强制执行程序追缴社保费570万元】 不断强化社保费欠费管理力度，首次申请法院强制执行程序追缴社保费，破解社保费清欠难题，对17个欠费企业启动申请法院强制执行流程，涉案金额4150万余元，通过法院强制执行程序追缴入库570万余元欠费。在申请法院强制执行程序追缴社保费过程中，严格把好选案关，重点对有缴费能力且恶意拖欠社保费的欠费单位和职工屡次上访的欠费单位，列入提请法院进行强制执行名单。全面梳理操作流程，按照行政执法文书制作时间节点，绘制强制执行流程图，形成《社保费强制执行提请操作手册》。关注文书送达，针对无法联系或者拒收文书的用人单位，适时采用邮寄送达、留置送达或者公示送达等多种送达方式，并留存相应的证据材料，确保程序合法有效。密切跟踪案件进展，定期与法院进行沟通，力争强制执行实施到位。

【荣获全省扶残助残先进集体荣誉称号】 多年来，始终大力支持地方残疾人事业的发展，通过报纸、媒体、纳税人学校、入户宣传等手段，大力宣传残疾人相关税收优惠政策，保障各项政策落实到位。认真履行职责，坚持税费并重、依法计征的原则，推行残疾人保障金精细化管理和科学化征收，2011—2015年，累计征收残疾人保障金2.68亿元，为地方扶残助残工作提供稳定可靠的财力保障。热心助残公益，动员干部职工关爱残疾人事业，帮助解决残疾群众的实际困难，在“暖心联盟”志愿者组织下的“助残火炬手”们，多次到江阴市金钥匙启智中心，对自闭症儿童开展慰问和结对帮扶活动，被江苏省政府残工委授予“全省扶残助残先进集体”荣誉称号。

【深入开展税收征管改革】 在机构设置上，直属机构设稽查局、风险监控分局（与数据管理科合署办公）；派出机构设纳税服务局、基础管理分局、重点税源风险应对分局、6个风险应对分局；机关科室合并原税政法规科、征管和科技发展科，成立税源管理科；单独成立督察内审科。在征管架构上，除专业化分局外，各风险应对分局、基础管理分局下辖各股以及纳税服务局各办税服务延伸点按属地原则合署办公。在人员管理上，各基础管理股和办税服务点的日常行政管理工作，纳入属地风险应对分局的行政管理体系中；税源管理任务考核，实行“职责不混、分工协作、责任共担、绩效共享”的考评机制。在税源管理上，全面落实税源管理清单机制，并实行以税源管理统筹协作联席会议制度为中心的局机关一级统筹、以农村风险应对分局为中心的基层分局二级统筹。初步形成“理念对接、事项对接、环节对接、人员对接”的征管局面。

【开展个体户定期定额核定工作】 2月，全面完成2015年度营业税个体户定期定额（简称“双定”）核定工作，对4589户营业税个体户进行“双定”，其中起征点以上1025户，占全部定额户的22%，“双定”核定面达100%，总体定额增长5.16%，同口径定额增长6.8%。在定额核定中，抓好典型调查，针对中午及晚间营业高峰时段，分行业分组进行实地调查，摸清摸透重点行业的经营情况，为核定定额打好基础；科学核定定额，根据典型调查及实地核查情况，将地段、经营、规模等情况一一录入计算机，确保定额标准口径统一，同时坚持“公平、公开、公正”的原则，对内坚持集体审议，对外组织召开行业民主评税会，提升纳税遵从度；加强协作互动，加强与工商、国税部门及居委会社区的联系协作，充分利用各部门信息，全面整合个体代征工作站力量，加强对代征站的管理和考核，提升个体委托代征工作实效。

【加强"小转一"纳税人征管】多举措开展"小转一"（增值税小规模纳税人转一般纳税人）个体工商户的清理工作。加强宣传辅导，通过办税服务厅和委托代征工作站的登记及开票窗口，向个体业主及财务人员发放税收宣传资料，对重点纳税人采取上门辅导和约谈的方式，有效提高重点纳税人主动申报意识。注重比对核实，通过定期获取国税部门"小转一"纳税人的开票、申报信息，积极摸排和及时掌握各类税源信息，全面梳理"小转一"个体工商户的纳税情况，充分利用第三方信息比对核实，严控税源流失。全面建立"小转一"纳税人台账制度，落实到人，分户核对，对"小转一"纳税人的经营和税收情况按月做好台账登记，动态监控纳税情况，杜绝漏征漏管，有效提升"小转一"纳税人的纳税遵从度，先后梳理增值税"小转一"纳税人1175户，核实查补地税税款798.63万元。

【加强欠税管理】明确欠税清缴目标，强化欠税清缴措施，使欠税管理工作常态化。6月，对全市所有欠税企业发送"依法诚信纳税，自觉远离黑名单"的手机短信和微信告示5000条，宣传并提醒各欠税企业，欠税管理将启用"黑名单"制度，列入税收失信行为"黑名单"的企业将"一处失信、处处受限"。7月，向江阴市政府信用办传递11个列入"黑名单"的失信企业相关信息，并在《江阴日报》予以刊登相关报道，以提高纳税人知晓度和惩戒影响力。加大银行扣款和扣押、查封、依法拍卖等税收强制执行力度，联合银行、公安等部门，对34个企业启动银行扣款手续，并加强与工商、房管、土管等部门的信息互通，逐步完善税收信用管理体系，切实提高欠税清缴工作实效，清缴新欠1.32亿元，入库陈欠1.48亿元，核实虚欠2727.72万元。

【现代化纳税服务体验区投运】对接"互联网+税务"，打造全天候、全方位、全覆盖、全流程和全联通的"现代化纳税服务体验区"，促进纳税服务进一步便捷普惠。纳税服务体验区3月设计方案、5月立项招投标、8月施工建设、11月建成投运。体验区将税收、科技和服务完美结合，打造集导税区、模拟体验区、税企互动区、阅读吧、自助办税区为一体的"全方位互动体验平台"。平台体现以纳税人为中心的体验式互动理念，依托于计算机、网络、移动终端，集信息、服务、互动于一体；平台区别于传统办税服务厅，具有颠覆性的服务环境，为纳税人带来前所未有的、愉悦的、惊喜的、便捷的、高效的服务体验，为纳税服务赋予更加立体、更加丰富、更加人性化的服务内涵。

【开展税银合作】7月27日，与江阴农村商业银行签订战略合作框架协议，拓展纳税信用级别增值服务，缓解小微企业融资难问题，支持小微企业健康发展。联合推出面向小微企业的专营信贷产品"税信贷"及更多适合小微企业的特色金融产品。银行依据小微企业的纳税信用报告、税款缴纳、所处区域、在银行开立基本结算户等情况审批确定企业的授信额度。针对中小微企业特点和银行业务需求，联合推出电子平台服务，把相关企业的完税状况、纳税信用等级评定情况等信息上传至平台，平台把企业相关纳税信息转化为银行需要的企业资讯，以便银行为有需要的纳税企业提供一站式融资服务，据此发放信用贷款15.13亿元，惠及企业439个，解决5107人就业。

【江阴市"纳税人之家"成立】5月12日，江阴市"纳税人之家"成立大会在江阴地税局召开。会议由江阴地税局联合江阴市工商联举办，旨在进一步发挥"纳税人之家"维权组织的积极作用，更好地维护纳税人的合法权益。江阴市委副书记蔡叶明、江阴市政协副主席黄丽泰出席会议。会议审议通过《江阴市"纳税人之家"章程》和理事会成员名单，选举常务理事、会长、副会长、秘书长、副秘书长。江阴市工商联副主席陶建国、江阴地税局局长任东飚任会长，聘请江阴市政协副主席黄丽泰担任名誉会长。

【立案检查企业87个】 稽查局先后组织开展对房地产开发企业、建筑安装企业、国家重点税源户、资本交易、出口退(免)税等行业和企业的税收专项检查,对87个企业实施立案检查,立案户数比上年增长30%,查补税款4765.90万元,其中查处百万元以上大要案4件,千万元以上大要案1件,大要案查补收入2888.48万元。

【涉税举报案件补税1711.75万元】 稽查局贯彻落实《税收违法行为检举管理办法》,完善稽查案件跟踪管理等工作职责和制度,制定查办税务违法举报案件的程序、要求,细化处理税务违法举报案件的流程、时限和手续。坚持对举报案件优先查处,限时查结,并在时间、人员、装备上全力保障,确保案件公平、公正、快速办结。同时加强监督,认真落实举报催办制度,建立重大举报案件领导负责制,强化举报分析,掌握工作主动权,准确把握税收政策,确保案件查深、查透。做到依法办事、特别是重视重点举报人的疏导工作,根据每一位举报人的具体情况,因势利导地做好相关政策法规的解释工作,保证依法办案,先后查处举报案件6起,查补收入1711.75万元。

【推进督察内审和反腐倡廉深度融合】 发挥督察内审独特优势,推进督查内审和反腐倡廉深度融合。信息共享,成果互补,督察内审部门将执法督查和应对复审中发现的6大类19小类37个问题传递给监察部门,监察部门将容易引发腐败的7项内容传递给督察内审部门。团队共享,优势互补,在对执法督察、应对质量复审、内部审计、廉政制度专项督查时,实现团队人员共享,12人次参加各项工作。责任共究,制度互补,对督察内审和廉政监察部门查处的问题,各自根据相关规定进行追责,形成执法责任追究和廉政责任追究互补的局面。风险共防,内外互补,通过全面排查执法风险和廉政风险,统一界定制约监督重点,完善权力制衡控制流程,仅对风险应对这一项工作,就梳理236个风险指标,确认790个关键流程节点,形成业务流程内部制约与反腐倡廉外部监督深度融合的内控机制。

【进行执法督察重点抽查】 4月25日—8月31日,对10个分局及稽查局2015年税收执法督察自查情况进行重点抽查,抽查督察企业356个,占自查企业的23.5%,有问题企业27个,查补税款49.38万元。抽查督查实施全业务环节、全工作流程、全管理部门、全督察手段,涵盖门临代开票、税收优惠管理、欠税管理、建筑业预清算、企业所得税后续管理、风险应对、税务稽查等各业务环节,采用案头审核、调阅档案、实地延伸等多种方法。对抽查督察发现的问题,通过督察报告、专题通报、典型案例等方式,指出存在的7大类14小类不足之处,提出完善制度、加强管理的工作建议,巩固执法督察效能。

【涉税风险自查填报系统运行】 自主开发"涉税风险自查填报系统",对纳税人涉税风险进行提醒。系统分为企业端与税务端两个方面,企业端以"涉税风险提醒函"的形式呈现风险名称、风险描述,纳税人根据风险情况自查后反馈的内容,有补税的填写自查申报表,提交打印出带有条形码的涉税风险提醒函交税务机关窗口扫描受理,34358个企业纳税人填报该系统,查补地方各税2.17亿元;税务端分为任务管理、扫描受理、自查审核、后续管理、回退反馈和相应的反馈查询统计模块,系统能对存量风险池中疑点按涉税事项进行分类,对风险等级低、涉及面广的疑点确认为可自查事项。7月,对5个企业进行试点,8—11月,批量推送,先后推送五批次2305个企业,自查补税1490万元,初步实现"还责于纳税人",同时也提高风险疑点处置效率和成效。

【实施"三项约谈"机制】 积极探索实施"做深案头审核,加强税务集体约谈,做实实地核查,快速有效实施中等风险应对"的路子,通过强化集体约谈、专项约谈和个别约谈三项约谈工作,提升风险应对的质效。对普遍涉税风险事项采取集体约谈的形式,提高处理效率;对专项工作采取专项约谈的形式,提升处理精度;对个别经集体和专项约谈还未取得效果的,则再采取个别约谈形式，强化应对威慑，准期风险应对率达99.06%，风险应对有效率达99.63%，中等风险户均应对天数由改革前的19天缩短为15天，中等风险户均应对绩效由改革前的27.36万元上升至38.87万元，完成风险应对企业2909个，风险应对绩效10.6亿元，风险应对贡献率达6.7%。

【荣获无锡市"典型引路、绩效提升"税收风险分析与应对技能系列竞赛团体一等奖】 在参加第八届无锡市（市级）职工职业技能大赛比赛项目之一——无锡市地税系统税收风险分析与应对技能系列竞赛活动中的业务考试（风险管理）中，130名风险应对人员参加考试取得团体第2名；在税收风险"分析能手"竞赛中，徐玺撰写的《非货币性资产投资个税风险分析》获得一等奖；在风险应对"优秀案例"竞赛中，唐瑞翰撰写的《江阴市红跃制衣有限公司中等风险应对案例》获得二等奖；在税收风险"应对之星"竞赛中，唐瑞翰、徐玺分别获得二、三等奖。该次竞赛江阴地税局荣获综合奖团体一等奖，何翔、徐玺荣获综合奖个人第2、3名，并被授予无锡市"五一创新能手"称号。

【获评无锡市地税系统绩效管理先进单位】 紧密结合工作实际，优化绩效考核指标，将年度重点工作、已部署但未完成或进展缓慢、成效不明显的重要工作纳入绩效考评重点内容，对基层单位绩效考评指标由无锡地税局85项压缩为70项，在8项指标中构建"绩效共享、责任共担"机制；研究制定组织绩效与个人绩效挂钩机制，将组织绩效考评结果作为个人绩效考评的重要参数，不断提升干部的组织观念和集体荣誉感；积极探索绩效考评结果的实质性运用，把年度绩效考评结果应用到干部岗位培训、选拔任用、评先评优、公务员年度考核、干部职业发展规划之中，全面释放工作正能量，被评为无锡市地税系统绩效管理先进单位。

【开展"菜单式"培训】 积极探索干部教育培训新路子，结合现行税收征管体系特点，岗位培训开启按需定制的"菜单式"培训模式，通过引入培训考评机制，实施培训"闭环"管理，设置"菜单式"培训课程13项，555人次报名参加"菜单式"培训，其中报名参加必修课程189人次、选修课程366人次。通过培训达到熟练程度的占77.49%，一般和不熟练程度的比例下降至22.51%，87.18%干部通过"菜单式"培训，业务实践能力得到提升。

【建立青年干部成长纪实档案】 启动青年干部成才"35助推"计划，为每名35周岁以下青年干部建立成长纪实档案，引导青年干部按照"精神上有追求，能力上有提升，作风上有改进，业绩上有突破"的"四有"目标建立短期、中期和长期个人目标；构建新进公务员多岗位轮换机制，安排新进公务员在"纳税服务、基础管理、风险应对和综合管理"四个岗位间进行轮岗实习，帮助新进公务员尽快熟悉各项税收业务；铺设青年干部成长绿色通道，年末根据青年干部目标完成情况实施本人自评和单位综合评估，启动"红、黄、绿"三色灯提醒机制，对表现优秀、全面发展的青年干部，在评先评优、挂职锻炼、外出培训上给予优先考虑。

【创建省级廉政文化建设示范点】 10月，顺利通过中共江苏省纪委检查组"省级廉政文化建设示范点"创建工作验收；12月，被命名为第七批"江苏省廉政文化建设示范点"。近年来，坚持以廉润心，构建文化建设新格局，做到强化责任抓创建、建章立制促长效、深化提高创品牌，通过布置廉政文化展区、设置廉政教育设施、开展廉政文化活动等工作，大力营造风清气正的文化氛围，让干部职工在潜移默化的熏陶中受到润物无声的教育。以人为本，激发廉政文化新活力，做到清风化雨育"廉心"、人文关怀传"廉情"、热情洋溢播"廉香"、文采飞扬倡"廉行"。通过廉政文化建设示范点创建活动，助推江阴地税事业的全面发展。

【进行作风建设专项整治】 建立健全常态化的监督检查机制，重点对违规收受纳税人礼金礼券、违规利用涉税中介机构谋取不正当利益等损害群众利益的突出问题，以及服务意识差、办事拖拉推诿、工作落实不力、工作纪律散漫等不良风气开展专项整治。先后开展作风纪律专项检查2次，实地检查11个基层分局237人次；并对未能实地检查的单位进行考勤抽查。元旦、春节、中秋节、国庆节等节日期间，配合中共江阴市纪委重点检查16个酒店、商场等消费场所，坚决制止利用假日节点公款购买赠送月饼、公款旅游、违规公款吃喝、违规发放奖金津贴和福利、违规出入私人会所、公款高消费娱乐等违纪行为，防止“四风”问题反弹。

【开展“顺应税收新常态，激扬江海新税风”主题活动】 在全系统开展为期9个月的“顺应税收新常态，激扬江海新税风”主题活动，组织全体税务干部重温江阴精神和江阴地税精神，重点开展“顺应新常态、找准新定位、立足新起点、鼓起新干劲、再铸新辉煌”五新大讨论，开展“五星五奖”（应对之星、管理之星、执法之星、稽查之星、服务之星，开拓奖、新星奖、金牛奖、笔耕奖、活力奖）先进个人评比等一系列活动，全体干部主动自觉参与到主题活动之中，建睿智之言、献务实之策，争当江阴地税新发展新跨越的参与者、推动者、见证者，形成全系统上下一心、共谋发展、心系事业的生动局面。

【加强地税文化建设】 组织开展俱乐部活动，成功组建网球、羽毛球、棋类、摄影、户外运动、花艺刺绣、游泳、健身操等17个俱乐部，并开展“花漾税月，美丽绽放”主题花艺沙龙、“地税好声音”歌咏比赛、“倡导绿色出行，传递税收力量”小蜜蜂骑行活动等系列主题文化活动；“暖心联盟”先后开展“与亲情相伴，携幸福同行”志愿活动、“我爱我家园，共创文明城”主题活动、关爱自闭症儿童和社区老人等活动，“暖心联盟”荣获江阴市十佳青年志愿者组织称号；举办“趣味游艺，喜迎新春”活动，组队参加第五届无锡市地税系统趣味运动会，并获得总分第二名；组织“多读书，读好书，传递正能量”的读书月活动，通过赠书、征文等引导干部职工在阅读中提升自我，提高自身素质修养。

【开展“我与税宣共成长·寻找最美税收宣传员”活动】 4月12日，与江阴国税局共同举办“我与税宣共成长·寻找最美税收宣传员”活动，邀请6名23年前的“税法小小宣传员”再聚首，再次体验作为税法宣传员的感受。1992年4月，全国第一个税收宣传月期间，江阴税务局开展税收宣传活动，当时有6名小朋友被选为“小小税法宣传员”。23年过去，如今这些当年的“小小税法宣传员”已成长为参与江阴经济社会建设的中坚力量。江阴地税局、国税局再次邀请这些当年的“小小税收宣传员”，举办“最美税收宣传员”座谈会，聆听他们对当年活动的回忆、对税收宣传的感触以及他们坚持税收诚信的故事，并继续聘请他们为江阴地税局、国税局“税收宣传志愿者”。

【税收宣传积分位列无锡市地税系统第一】 积极探索税收宣传对于社会公众新作用，不断提升税收宣传效果，先后开展“创客税收行”活动、“小蜜蜂”绿色骑行活动、“寻找最美税收宣传员”活动、“小微企业优惠政策宣讲会”、“创业税收优惠政策大礼包”进校园等活动。5月、9月、11月在《江阴日报》刊发3期《江阴地税》专刊，通过文化创建、纳税人维权、志愿服务等主题形象展现江阴地税风貌，22篇新闻稿被国家级媒体采用，其中OTO模式纳税服务体系在中央人民广播电台新闻频道播发；59篇新闻稿被省级以上媒体采用，其中25篇被头版或要闻版刊登；50篇新闻稿被市级媒体采用，税收宣传积分位列无锡市地税系统第一。

（程锡定）

宜兴地方税务局

【概述】 2015年，宜兴地方税务局紧紧围绕“依法治税、转型发展”的工作主题，服务大局，积极作为，狠抓落实，充分发挥税收职能作用，组织各项收入128.78亿元，同比增长4.15%，其中公共财政预算收入67.92亿元，占全市公财总收入的66.26%；征收社保费42.99亿元，同比增长7.91%，收入质量和总量实现了“双提升”。以征管质量指标为抓手，加强税收征管状况监控分析，深入排查7941户房产税税源登记和11415户土地使用税税源登记情况，继续做好私房出租、个体餐饮等社会化征收工作；抓紧“营改增”完成前的有利时机，大力推进建筑业、房地产业营业税专项征管工作，入库税款4.62亿元；以政府性拆迁安置房和政府性建设工程项目为重点，着力抓好即期性专项收入，入库税款17.39亿元。科学拟定收入统筹目标，强化收入动态管理和考核，加强风险应对督促管控，着力抓好管理型收入，实现中高等风险应对绩效5.14亿元，其中中等风险应对绩效4亿元，贡献率6.03%；全程监控各项分析类、预警类指标变动情况，全面提升税收收入质量。积极落实小微企业、促进创业就业、固定资产加速折旧、重组企业等各项税收优惠政策，为3626户企业减免税款7.16亿元；组织开展A类、B类企业专项检查，立案检查67户，清理积案22件，查处10万元以上大要案21件，其中100万元以上5件，稽查组织入库收入1.14亿元；自主发起中等风险应对任务760户，实现绩效2.95亿元，占总绩效的79%。在总结前期改革实践经验的基础上，统揽上级要求和基层实际，成立基础管理分局、税源管理科、督察内审科，逐步完善职能配置，理顺工作机制。创新开展企业财务管理工作，搭建企业财务信用管理系统，周铁镇试点初见成效，并全面启动第二批试点工作。有力推进《全国税务机关纳税服务规范》2.0、2.1及2.2版本的落地工作，全面落实“三证合一、一照一码”登记制度改革，大力做好网上办税服务外包，开通全省首个社保自助缴费终端。扩大“金色小蜜蜂”纳税人需求管理品牌的效应，深化宜兴市“纳税人之家”建设，在周铁、和桥率先开展国地税“互驻办税”试点，积极推广“税银合作”产品“税银贷”，升级微信公众号功能，推广使用“智慧地税”手机APP互动平台。围绕省局“干部能力提升工程”，努力打造各级“三型五强”领导班子。着力加强中层干部能力建设，试行机关科室负责人基层挂职锻炼。构建“三位一体”绩效管理模式，组建“3+1”分组管理模式和“机关+基层”两级绩效管理机构，协同推进组织绩效和岗位绩效考评工作。创建“能力方”教育培训品牌，引入“项目+团队”的思路，形成“内外结合、立体交错”的培训格局，部署开展“三严三实、三转三树”主题教育活动，丰富党组织和党员“统一活动日”以及“清风课堂”等活动内容，组织“我为地税形象增光彩——作风建设永远在路上”践诺签名活动，召开税风税纪特邀监察员座谈会，持续开展“神秘客户”访问工作，连续两年在宜兴市“千人评议机关”活动中荣获第一名。

【基本情况】 宜兴地方税务局，位于宜兴市宜城街道陶都路178号。主要负责宜兴市范围内地方税收、基金（费）的征收管理工作。正常企业纳税户25804户，个体户19843户。内设7个机关职能科室、2个直属机构、9个派出机构。实有干部264人、职工1人。

【机构设置及负责人】

办公室

主　任　秦　峰

副主任　路庆宣（2015年5月免）

刘　昕

吴　佳（2015年5月任）

人事教育科

科　长　宗建东（2015年3月免）

汤蕴瑾（2015年3月任）

副科长　汤蕴瑾（2015年3月免）

监察室

主　任　吴月蓉（2015年5月免）

石剑光（2015年5月任）

副主任　何晶晶（2015年1月免）

税源管理科

科　长　冯　峰（2015年1月任）

副科长　解江华（2015年1月任）

何晶晶（2015年1月任）

督察内审科

科　长　顾志中（2015年1月任）

副科长　龚旭东（2015年1月任）

规划财务科

科　长　吴建春

副科长　朱叶君（2015年5月免）

嵇玉明（2015年5月任）

数据管理科

科　长　丁文东

第一税务分局 位于宜兴市宜城街道陶都路178号。负责宜兴市地方税的征收及纳税服务工作，简称征收纳服局。

分局长 韩 俊（2015年5月免）
吴月蓉（2015年5月任）

副分局长 朱息芳
彭 凌
吴淑华

第二税务分局 位于丁蜀镇公园东路。负责丁蜀镇、湖父镇范围内（除第七税务分局管辖外）各类纳税人的税源管理工作。

分局长 蒋群英

副分局长 俞晓峰（2015年5月免）
朱叶君（2015年5月任）
严来荣

第三税务分局 位于张渚镇迎春路。负责张渚镇、西渚镇、太华镇、徐舍镇范围内（除第七税务分局管辖外）各类纳税人的税源管理工作。

分局长 谈 俊

副分局长 王黎敏（2015年5月免）
潘玲霞（2015年5月任）

第四税务分局 基础管理分局，位于宜兴市宜城街道陶都路178号。负责全市范围内各类纳税人的基础管理工作，按管辖区域范围内设八个股，分别为综合股、管理一股、管理二股、管理三股、管理四股、管理五股、管理六股、管理七股。

分局长 闻益军（2015年5月免）
尹 虹（2015年5月任）

副分局长 顾文良（2015年5月免）
周建武（2015年5月任）

第五税务分局 位于周铁镇周前路。负责和桥镇、周铁镇、芳桥镇、万石镇范围内（除第七税务分局管辖外）各类纳税人的税源管理工作。

分局长 华 萍

副分局长 庞 敏
俞彬涛（2015年5月任）

第六税务分局 位于官林镇公园路，负责官林镇、新建镇、杨巷镇范围内（除第七税务分局管辖外）各类纳税人的税源管理工作。

分局长 沈 晔（2015年5月免）
胡 军（2015年5月任）

副分局长 吴伟明

第七税务分局 位于宜兴市宜城街道陶都路178号。负责全市房地产开发业（含政府拆迁办）、总局省局定点联系企业、上市公司及其控股企业、银行保险业、非银行金融机构纳税人的税源管理工作。

分局长 孙永红

副分局长 李军彪（2015年5月免）
俞晓峰（2015年5月任）
鲁春琴

第八税务分局 位于宜兴市阳泉东路三里桥堍。负责江苏宜兴经济技术开发区、屺亭街道、新庄街道、宜城街道范围内（除第七税务分局管辖外）各类纳税人的税源管理工作。

分局长 董逸超（2015年1月免）
闻益军（2015年5月任）

副分局长 胡 军（2015年5月免）
杨志元
郭 姗（2015年5月任）

第九税务分局 位于环科园新城路。负责环保科技工业园、新街街道、高塍镇范围内（除第七税务分局管辖外）各类纳税人的税源管理工作。

分局长 徐海涛（2015年5月免）
韩 俊（2015年5月任）

副分局长 石剑光（2015年5月免）
王黎敏（2015年5月任）

风险监控分局 位于宜兴市宜城街道陶都路178号。承担风险管理协调、进度监控、绩效考核等职能，负责风险情形的归集分析和风险识别需求的提交，风险管理运行情况分析，参与市局风险指标和风险识别模型的建设和维护。

分局长 闻益军（2015年5月免）
顾文良（2015年5月任）

副分局长　李军彪（2015年5月任）
潘玲霞（2015年5月免）

稽查局　位于宜兴市宜城街道陶都路178号。负责全市地方税的税收检查工作。

分局长　程旭东（2015年1月免）
沈　晔（2015年5月任）
副分局长　尹　虹（2015年5月免）
路庆宣（2015年5月任）
陈媛媛

【"千人评议机关"活动蝉联第一名】　牢牢把握"从严治队"这条主线，坚持高标准、严要求，立足抓早、抓细。重点围绕不作为、慢作为、乱作为、慵懒散和"四风"问题，持续深入开展"机关作风年"活动，局领导分片定点深入基层、深入企业，主动开门纳谏，通过定期召开税风税纪特邀监察员座谈会、聘请"神秘客户"访问、第三方评价、满意度调查等方式，不断拓宽发现问题的渠道，听取意见建议，了解民情民意，梳理问题清单，逐条落实责任，实施消号整改，立说立行、立行立改，努力消除"门难进、脸难看、话难听、事难办"的"四难"问题。在宜兴市2015年度"千人评议机关"活动中荣获满意度第一名。

【成功创建省局首批"法治税务示范基地"】　始终把依法行政工作作为税收工作的"生命线"，牢固确立立足实际，构建宣教、制度、监督三位一体的依法治税体系。积极参与申报"H5""法治惠民"等多个创建项目，组织日常行政执法行为全面自查，举办"一把手"讲宪法活动，认真开展规范性文件清理修订工作和行政权力事项清理上报工作，严格细致做好大要案审理工作，理顺日常执法和管理机制，进一步提升执法的透明度和规范性。在省局法治税务示范基地创建工作中，顺利通过验收，被评为全省地税系统首批"法治税务示范基地"。

【积极落实税收优惠政策】　充分发挥税收在"稳增长、促改革、调结构、惠民生"方面的宏观调控作用，加强咨询服务、"12366"热线、微信等平台联动，全方位、多层次、广覆盖地开展各类税收优惠政策宣传。按省局规定及时调整"普通标准住房"的认定标准，受理5户次土地增值税清算退税申请，退税金额8918万元。积极落实小微企业、促进创业就业、固定资产加速折旧、重组企业等各项税收优惠政策，为3626户企业减免税款7.16亿元，减征和免征防洪保安资金2.68亿元，减免残疾人就业保障金3000万元。91.73%的企业享受了小微企业免征的优惠，900余户企业享受了购进固定资产一次性扣除的优惠，享受加速折旧额1.48亿元。

【完善法、税联动机制】　与宜兴法院建立并完善执行联动机制，充分发挥司法部门在税收征管和社保费征缴方面的保障作用，实现规范执法和强力压欠的双重功效。建立联动沟通制度，不定期召开联席会议，认真听取法院在涉税执法、欠税追缴和执行方面的司法建议，提升执法规范性。建立双向信息交换机制，一方面由法院及时传递案件涉及的不动产等信息，地税部门及时进行欠税（费）排查，及早对接相关程序；另一方面由地税部门向法院传递欠缴税（费）情况，确保欠缴税（费）及时进入执行程序。依托司法部门文书审查和流程审查程序，对文书制作和流程管理开展严谨审查，确保程序合法、流程规范。严格落实税收的优先受偿权，保证欠缴税费在强制执行、破产清算中得到优先清偿，有效保障法定税收权益，依托司法强制执行程序清理欠缴税款493万元，在司法拍卖过户环节入库税收4236万元。

【加强个人所得税工资薪金建档管理】　7月，开展个人所得税工资薪金全员全额扣缴申报管理工作，对重点行业、重点税源户的工资薪金建档情况重点监控，督促如实反映薪酬发放水平，提高工资薪金个人所得税管理水平。强化对重点企业、重点人群的宣传辅导，提升其对个人所得税政策的认知度和接受度，自觉自愿地履行好建档申报义务。做好跟踪辅导，及时解疑答惑，帮助纳税人做好申报事宜。密切监控工作推进进程，对工作中出现的问题及时进行分析,正确应对,有税申报人数比上年增长4.67个百分点。

【创新开展股权建档明细申报】 自行开发股权明细建档申报软件,全面强化股权转让环节的税收征管工作。在申报软件中建立被投资企业股权基础信息和股权变动信息两个模块,全面梳理企业股东信息,将个人投资金额、投资时间、投资方式等基础信息进行登记,并对股权变动情况进行跟踪登记,通过紧扣股东股权的持有和转让两个环节对企业股权实现"静态+动态"的链条式监控。依托网上咨询外包平台,做好政策、技术方面的咨询服务,力促股权建档工作全面落实,因此纳税人补申报缴纳个人所得税4469万元,同比增幅102.67%。

【创新开展企业财务管理工作】 组建专题调研组,走访多个乡镇和大批企业,围绕企业财务管理现状进行广泛调查,向宜兴市委市政府提交调研报告和工作建议,得到宜兴市委书记王中苏的肯定和宜兴市长张立军的专门批示。张立军批示指出:"加强企业财务管理是一项非常重要的基础性工作,地税局的建议很好。请市财政局具体牵头,会同国地税、经信委、统计等部门认真研究,搭建相应管理协调平台,建立镇级管理平台,强化制度和信息化平台建设,切实将此项工作抓扎实。"此项工作先在周铁镇试点,初见成效后全面启动第二批试点工作。同时作为规范企业财务管理的信息化载体,宜兴市企业财务信用平台研发上线。

【开展建筑业、房地产业营业税专项征管工作】 为进一步规范建筑业、房地产业税收管理,扎实稳妥做好相关"营改增"推进工作,确保"营改增"企业管户清、项目清、发票清、税款清,对建筑业、房地产业营业税开展专项征管工作。加强数据收集分析对比,通过定期通报,到企业调研,到分局实地检查等方式,及时排查工作中存在的问题与不足,明确分阶段工作方向和要求,通过加强日常跟踪指导,有力地推动专项工作的全面展开和有序清理,入库税款4.62亿元。

【加大执法督察力度】 充分发挥督察内审"查错纠弊、防范风险、促进管理、服务大局"的有效监督作用,认真组织风险应对复审,重点开展税收执法疑点核查工作。先后开展注销清算、存量房交易、个人所得税征管情况、建筑业等12批次的执法督察和内部离任审计、"三代"手续费、培训费、"三公"经费等4批次的内审事项,发现存在问题328户次,纠正整改问题325户次,督促补缴税款1467万元,退税7.5万元,重新补发执法文书5份,有效规范税收执法和财务管理行为。

【统筹深化风险管理】 加强规范管理和制度建设,切实发挥风险管理导向和引擎作用。建立风险管理团队,引入"项目+团队"的思路,按照《中等风险应对人员实地核查管理办法》要求,规范中等税收风险实地核查工作,完善大企业税收风险管理运行机制,加强风险统筹协调,逐步实现风险事项统筹管理,建立制度健全、过程可控、规范高效、团队保障的风险应对机制,召开风险应对双向绩效讲评会议,不断提升风险管理绩效。先后自主发起中等风险应对任务760户,实现绩效2.95亿元,占总绩效的79%。"风险激话"专栏上报经典案例、成功经验115篇,点击率3万余次,成为干部业务交流、借鉴提高的平台。

【全面细化基础管理】 按照省地税局的要求成立司职税源基础管理职能的基础管理分局,负责各类纳税人的基础管理工作。加强管户清查工作,清理1509户。强化契税税源调查核实工作,确定可收税源7782万元。加强对各单位定额执行情况的分析通报,开展餐饮业专项整治活动,对477户单位进行整治,清理漏管户13户,调增定额户数66户,调增定额227.06万元,补税128.76万元。深化私房出租税款征收工作,征收私房出租税收2170万元。完善存量房管理价格调整机制、价格认定质量后续管理机制和评估争议解决机制,保证存量房评估工作持续稳定运行。

【强化信息管税】 加强和改进综合治税网络等第三方信息、税源管理机构反馈税源信息的搜集分析利用,向国税、工商、供电、水务、公安、国土等部门采集数据18万条。强化风险源库基础信息建设，打造集风险基本信息、第三方基础信息、企业涉税风险查询、风险应对绩效于一体的风险查询平台。做好《纳税遵从和税源管理及税收征管状况监控分析平台》的推广与应用。围绕"大数据治税"，成立"智慧宜兴地税"建设领导小组，开展"我为'互联网+税务'献计策"主题大讨论活动。升级改造多媒体教室、高清视频会议系统、监控系统及约谈设备、虚拟云桌面。

【开通社保自助缴费终端】 1月5日，社保自助终端经过半年的研发测试，正式上线运行，该项目是江苏省首个社保缴费终端，也是"便民办税春风"行动的一项首创举措和惠民工程。城镇灵活就业人员最快只需2分钟即可通过该终端完成社保费的缴纳，减少排队等待的时间，也分担了高峰时期窗口人员的工作压力；税务窗口人员可通过该自助终端查询交易清单、查询社保费缴纳情况、进行票证配置和补打完税证明，基本覆盖社保地税窗口的全部职能。社保自助终端提供24小时服务，较以往只能在工作时间进行缴费的方式，更有利于参保人灵活安排时间，同时也实现了人员分流，提高了纳税服务质效。

【全面实施"三证合一、一照一码"登记制度改革】 从10月1日起，积极与市场监督管理局、国税局协调，有序做好对接相关工作。在市行政服务中心设立"三证合一"审批专窗，工商、质监、国税、地税通过省级信息共享平台进行数据交换，进一步缩减办理时间，降低企业运行成本，提升政府服务效能。宜兴地税局公众微信号第一时间推送出税收服务指南，提醒纳税人不再领取税务登记证，现场解答新设企业一般纳税人资格登记、发票领用、纳税申报等涉税事项。完善涉税信息管理制度，建立1个工作日内同步工商登记信息，审核接入大集中系统，及时做好银行账号报告、扣款协议签订、财务制度备案、数字证书办理、税费基金认定、发票核定，并结合企业股权变动涉税分析软件，提示纳税人降低涉税风险。

【深化"纳税人之家"建设】 为进一步畅通纳税人诉求表达、利益协调、权益保障渠道，不断创新纳税服务思路和手段，在2008年搭建"纳税人之家"征纳互动平台并成功运行的基础上，进一步深化"纳税人之家"建设，建立起由宜兴市工商联牵头、行业协会商会参加、地税部门参与引导，并联合法律、财税等方面的志愿人士指导监督的第三方维权新组织，实现"纳税人之家"转型升级。充分利用工商联在商会、行业协会中的领头羊效应，依托工商联定期活动机制，开展税企沟通交流，打破税企信息不对称所带来的发展弊端，及时了解企业诉求，扶持企业发展，增强企业发展的竞争力，不断提升纳税遵从度。

【建立"A+优"服务项目】 进一步拓宽需求采集渠道，建立"A+优"创新服务项目，为宜兴市A级纳税人提供专属系列定制服务，积极引导和促进企业纳税遵从度的全面提升。加强宣传平台联动，定期公布A级纳税企业名单，提高社会公众知晓度，提升企业知名度，优化企业形象。把服务A级纳税人作为重点工作，开通优先办理绿色通道，提供延时、预约服务项目，简化办理流程，确保办税效率和办税质量。专门设计、制作《纳税需求采集本》，建立纳税人随时记录、定期反馈，地税部门及时处置、按需服务的需求管理机制，增进征纳之间的沟通交流。建立A级信用企业点单咨询服务制度，由企业主动定制咨询服务内容和方式。持续深化"纳税人学堂"建设，联合"三师俱乐部"为企业提供定制高端高效的咨询辅导服务，解决企业涉税难点，扶持企业发展。

【积极推广"税银贷"】 与宜兴农村商业银行签订"税银合作"协议，将企业的纳税信用引入企业融资领域，推广税银合作产品"税银贷"，为纳税信用好的中小微企业在融资方面创造更多的便利。银行借助纳税信用体系判断企业诚信状况，解决企业与银行间的信息不对称问题，推动银行向诚信纳税中小微企业授信，降低融资成本，也推促企业形成诚信与发展的良性循环，实现三方共赢的良好态势，30户企业通过"税银贷"获得1亿元贷款。

【开展国地税"互驻办税"试点】 积极贯彻落实便民办税理

念和《国地税合作工作规范》的文件精神，在周铁、和桥率先开展国地税“互驻办税”试点，合力实现“进一家门，办两家事”的纳税夙愿。在试点服务区，国地税部门对所有窗口业务进行整合，双方工作人员统一服务标识、着装标准、作息制度。业务方面，不断协调业务流程，双方在税务登记、定期定额管理、办理缴税、发票领用、发票代开等业务上真正实现“一站式”办税，降低办税成本，实实在在给企业减负。

【政务信息再创佳绩】 紧扣工作实际、关注税收对经济民生影响、调查掌握政策落实情况、围绕部门工作成绩经验，努力把信息工作作为优化事业环境、争取上级支持、理清发展思路、排除工作障碍的重要手段。将税收调研信息作为突破口，通过领导点题、重点工作督查、热点政策跟踪等方式加大信息约稿力度。抓住上级需求，加大对省委省政府建议类信息，省地税局、无锡地税局《情况与建议》，无锡市委、市政府政策研究刊物的投稿力度，被中办、国办录用6篇税收专题信息，其中5篇被国家领导人批示，被国家级刊物录用调研文章2篇，被省局录用情况与建议2条。多篇专题分析材料分别在无锡地税局和省地税局内部专刊刊登；5条对地方发展的合理化建议得到宜兴市领导的认可和批示。

【开展“三严三实、三转三树”主题教育活动】 为了进一步提振信心、凝聚力量，促使全体地税干部更好地肩负起忠诚履职、安全履职的历史责任，从4月初开始到9月底，历时6个月，开展“三严三实、三转三树”主题教育活动，既是党的群众路线教育实践活动的深化拓展，也是化解现实困难矛盾的迫切需要，核心就是强素质、转作风、提形象。各单位认真制定教育活动方案，成立活动领导小组和活动工作办公室，坚持把“三严三实、三转三树”主题教育活动贯穿于税收工作之中，认真剖析反思存在的问题与不足，自觉对照“严与实”“转与树”的标准要求，切实整改到位，做到思想统一，知行合一，为地税事业的协调发展奠定了坚实的思想基础。

【推进绩效管理】 构建“三位一体”绩效管理模式，制定下发绩效管理相关文件，形成横向到边、纵向到底的绩效管理制度体系。组建“3+1”分组管理模式和“机关+基层”的两级绩效管理机构，协同推进组织绩效和岗位绩效考评工作。建立“日常工作季度讲评、重点工作双向讲评、年度工作综合讲评”的绩效讲评三项机制，进一步激发绩效管理新活力。建立“评议—诊断—建议—提高”的绩效讲评改进体系，通过预警提醒、沟通反馈，指导基层分局和干部个人进行绩效分析改进。以岗位绩效考评结果为依据，评选出“绩效之星”，切实发挥绩效管理“价值导向”的正向激励作用。

【探索人才培养路径】 创建“能力方”教育培训品牌，开展分层分类能力评估，组织条线培训、层级培训、年龄段培训、重点业务培训、实践需要培训等，形成具有宜兴地税特色的“内外结合、立体交错”的培训格局。探索团队管理新路径，引入“项目+团队”的思路，激发干部争先创优热情。稳妥做好干部竞岗轮岗交流、人事专项审核等工作。二分局被共青团中央和国家税务总局联合表彰为“2013–2014年度全国青年文明号”，一分局被省妇联授予“江苏省巾帼文明岗”。

【打造文化建设新亮点】 举行“率先路上谱新章”——2015文化建设成果汇演，展现斗志昂扬、无私奉献、团结奋进的地税精神。参加无锡局第五届趣味运动会，取得团体第一名的好成绩。“有涯无涯”书屋被中华全国总工会命名为“2015年全国工会职工书屋示范点”。确立“陶韵税风”地税文化品牌，开展“爱心爸爸团”之“悦书行”等系列活动，营造常态化“书香地税”氛围。深入推进“一支部一品牌”建设，继续抓好“社区好税官”品牌的维护与拓展，打造服务社会的民心工程。积极组织自行车骑行活动，开展“陶都厨神”“舌尖上的幸福地税”活动，推动工会和文化俱乐部建设，丰富干部职工的业余生活。加强阵地建设，围绕“税莲”品牌，改造廉政文化室。

【树立作风建设新形象】 开展主题教育活动，不断丰富党组织和党员“统一活动日”以及“清风课堂”等活动内容。组织“我为地税形象增光彩——作风建设永远在路上”践诺签名活动，引导全体干部树立“作风建设主人翁”意识。召开税风税纪特邀监察员座谈会，持续开展“神秘客户”访问工作，形成内外交互、明暗互补的监督检查格局。强化事前提醒，制定婚丧嫁娶报告、请休假廉政承诺两个制度，完善机关作风轮值制度，强化对全系统干部的日常管理监督。

（尹　焱）

锡山地方税务局

【概况】 2015年，锡山地税局遵循“法治引领、改革创新”工作主题，以组织收入为中心，深化征管改革，优化纳税服务，全力支持区域经济发展，组织各项收入79.11亿元，同比增长8.1%。其中税收收入45.72亿元，同比增长9.46%；社保费收入28.97亿元，同比增长8.98%；完成公共财政预算收入41.5亿元，增长15.33%，其中税收预算收入38.17亿元，同比增长11.90%。一是强化税收征管。对纳税遵从类、纳税服务类、基础管理类、风险管理类4类24项指标实时监控分析，进行专项应对；开展税源专项清查工作，完成重点税源核查任务754户，补税入库5029万元；加强国地税协作，完善协护税网络建设，充分利用第三方信息，对国土、国税、财政的第三方数据分析利用33819条；制定税收风险管理工作机制和大企业管理工作办法，指导和帮助企业防范和控制税收风险，完成中等风险应对1336户。二是推进依法治税。以“法润锡山·阳光地税”为主题，开展税收普法宣传，组织32场次，参加纳税人6600户次；设立税收违法案件举报中心、涉税信访举报统筹处置中心和纳税人维权服务中心，与辖区内律师事务所合作，维护纳税人合法权益，受理涉税举报信息61件；健全督察复审沟通交流机制，开展执法督查3616户次；开展国地税联合执法，进行专项检查和发票整治。三是优化纳税服务。建设“全功能、一窗式、一站式”窗口，编印《涉税事项提醒单》，实行办税服务厅“轮岗值班制度”，落实“三证合一、一照一码”登记制度，建立税收业务快速响应机制和服务需求采集制度，依托“纳税人学堂”开展形式多样的分级分类宣传辅导，以迎接“全国纳税服务满意度调查”为契机，开展上门走访和电话询访2000人次，向9000户小微企业发放《公开信》，“蓝翼志愿服务队”活动被《无锡日报》专题报道。四是加强队伍建设。分层次开展各类更新知识和专题业务培训6期，培训211人次，人均7天；编写《岗位绩效管理系统操作手册》和《岗位绩效管理使用指南》，通报月度、季度绩效工作情况，督促、提醒责任单位完成绩效目标；开展作风建设“巩固深化拓展”和“三严三实”主题教育活动，抓好党内两部法规的学习教育，建立明察暗访工作常态化机制，9件廉政文化作品被国家税务总局网站“税务廉政之窗”录用；开展建局20周年系列活动，组织20周年建功个人评选，评选出崇德向善、创先争优、爱岗敬业三类15名建功个人，激励干部爱岗敬业，争先创优。

【基本情况】 锡山地方税务局，位于无锡市锡山区东亭街道府北路4号。负责无锡市锡山区各类地方税收（基金、费）的征收管理工作。内设8个职能科室，下辖6个单位，实有干部职工143名。

【机构设置及负责人】

办公室

主　任　薛庆鸿

副主任　尤维新

人事教育科

科　长　王汉东

副科长　齐　艳

督察内审科

科　长　马　杰

副科长　于　霜（2015年2月免）

税源管理科

科　长　章秋明

副科长　李　彦

规划财务科

科　长　奚琳娜

数据管理科

科　长　张榆辉

监察室

主　任　江　浩

党总支

副书记　胡宏程

税收风险监控局

局　长　赵　斌

（股级正职，2015年2月任）

第一税务分局　位于无锡市

锡山区东亭街道府北路4号。负责省局明确的和市局明确的税源管理事项的受理和办理；负责全系统纳税服务体系、制度、标准建设；负责纳税信用等级评定、注册税务师管理工作；组织实施面向纳税人的日常税法宣传及纳税辅导；负责纳税人权益保护工作，纳税服务投诉受理和处理，督促、指导“纳税人之家”活动；负责组织纳税人满意度调查，公共宣传服务、个性化的咨询和诉求维权职能。

分局长　张敏慧（副科级）

副分局长　胡艳峰（股级正职）

王　治（股级正职）

第二税务分局　位于无锡市锡山区锡北镇八士蓉北大街31号。负责东北塘街道、锡北镇、东港镇辖区纳税人的中等风险应对工作；承担堵漏增收职能和税收（基金费）收入目标落实的主体责任，落实政府联系人制度，负责实施辖管对象的税源监控分析、税源排查联动和税源信息反馈等风险信息管理工作。

分局长　陈宏伟（副科级）

副分局长　周立清（股级正职）

第三税务分局　位于无锡市锡山区鹅湖镇鹅湖路10号。负责商务区、安镇街道、羊尖镇、鹅湖镇辖区纳税人的中等风险应对工作；承担堵漏增收职能和税收（基金费）收入目标落实的主体责任，落实政府联系人制度，负责实施辖管对象的税源监控分析、税源排查联动和税源信息反馈等风险信息管理工作。

分局长　邹　浩（副科级）

副分局长　许艳洁（股级正职）

第四税务分局　位于无锡市锡山区东亭街道学士路136号。负责开发区、东亭街道辖区纳税人的中等风险应对工作；承担堵漏增收职能和税收（基金费）收入目标落实的主体责任，落实政府联系人制度，负责实施辖管对象的税源监控分析、税源排查联动和税源信息反馈等风险信息管理工作。

副分局长　贾涛闻（主持工作，副科级）

副分局长　张　烽（股级正职）

第五税务分局　位于无锡市锡山区东亭街道学士路136号。按省局税源管理事项清单明确的管理内容和市局明确的税源管理事项专司基础管理职能，负责对除稽查机构以外的各个税源管理机构的欠税清缴和个体工商户的信息采集、停复业核查、个体定额典型调查、定额核定工作，负责对个体及社会零散税收委托代征工作站协管工作的管理，并积极履行发现税源信息并向风险监控部门反馈的职能。

分局长　沈潇敏（副科级）

副分局长　于　霜

（股级正职，2015年2月任）

稽查局　位于无锡市锡山区安镇街道东兴路198号。负责省局明确的税源管理事项的应对（高等风险应对和交办、转办案件查处），负责组织落实涉及地方税收的各种专项检查工作；办理有关人民信、访举报的税务案件；协调公安、检察、审判等机关处理税务稽查有关工作。

局　长　丁春盛（副科级）

副局长　邹涵君（股级正职）

【建立完善征管改革机制】　调整设立一个基础管理分局、三个风险应对分局，新设税源管理科、督查内审科，拟定《税源管理统筹联动工作机制》《税收风险管理工作机制》等8个运行机制，细化各分局税源管理工作职责职能，每季召开税源管理联动工作例会，编写《税源管理工作运行情况报告》，加强情况和建议反馈，分析工作优劣和存在问题，解决各类日常征管疑难问题，进一步优化征管效能。

【被评为“2014年度无锡市规范执法示范点”】　以创新内控机制为抓手，优化税收执法岗责流程，规范税收执法行为；组织开展“集中式”税收普法宣传32场次，6000户次纳税人接受宣传；开展国地税联合执法模式，以集中辅导、到户单独辅导、稽查约谈为主要形式开展稽查自查，自查入库税收3378.13万元，为地方经济发展营造良好的税收法治环境，被无锡市依法治市领导小组评为“2014年度无锡市规范执法示范点”。

【开展税收执法督查】　4月至9月，对2014年1月至2015年3月期间落实税收优惠政策情况、严格税收执法情况、《重大税务案件审理办法》执行情况、税收优惠政策及其他税收政策清理情况和其他自选项目等五大重点开展税收执法督查，发现有问题户86户次，涉及税款823万元，对发现的问题认真开展整改。

【推行“三证合一”、“一照一码”便民举措】 认真落实总局、省局关于“三证合一”、“一照一码”登记制度改革工作要求，成立领导小组指导推进登记制度改革，按照互联互通、信息共享的要求，对接工商、国税等职能部门，合作构建统一的信息管理系统，并编制办税指南；组织登记制度改革业务技术培训，熟悉掌握登记新模式操作流程。新登记模式推行后运行良好，获取新设立企业登记信息164户、变更登记企业信息252户。

【合作办理“税易贷”】 为解决小微企业融资难、融资贵的问题，与无锡农村商业银行合作，共同推出“税易贷”产品，10月30日，锡山办税服务大厅向无锡市谷一制衣有限公司出具“信用信息报告表”，促成企业成功办理“税易贷”。全年接受19户纳税企业申请，促进了纳税信用和社会信用的融合。

【上线试运行“智慧地税”纳税服务平台】 经1年9个月的建设，9月，“智慧地税”纳税服务平台（手机APP）上线试运行，为纳税人提供“智能化”的导航服务、“私人定制”式的宣传咨询服务和“动态化”的提醒式服务，全年认证企业2663户、用户4308户，登录用户1461户，访问总量1.7万次，新华社进行了专题采访。

【开通锡山地税微信公众号】 开通微信公众号，向纳税人提供“微提醒”“微互动”“微服务”三项功能，将最新的税收政策、热点问题和涉税动态第一时间推送至纳税人客户端，及时征集、回复纳税人的意见和建议，纳税人通过微信平台提供的各种链接还可以直接浏览地税门户网站各种信息，开辟了纳税服务沟通新渠道。

【办税服务厅被省总工会授予“江苏省工人先锋号”】 多年来办税服务厅秉承“爱岗、敬业、务实、创新”服务理念，坚持“始于纳税人需求、基于纳税人满意、终于纳税人遵从”的服务导向，不断转变服务观念，改进团队管理，创新服务方式，优化咨询辅导，积极推进办税服务厅“7个标准化”建设（外观标识标准化、服务设施标准化、窗口设置标准化、办税指南标准化、业务流程标准化、监督考核标准化、星级管理标准化），锻造“优质、高效、透明、便民”服务品牌，多次获“红旗窗口”、“锡山区工人先锋号”等荣誉。4月，江苏省总工会授予锡山地税局办税服务厅“江苏省工人先锋号”。

【开展人事档案专项审核工作】 对全体在编公务员开展人事档案专项审核工作，重点审核干部“三龄两历一身份”以及家庭主要成员和重要社会关系等重要信息，严格审核档案材料是否涂改造假，干部信息是否真实准确，重要原始依据材料是否完整规范，审核人事档案126份。

【启动员工成长帮助计划“EAP项目”】 深入开展干部队伍阳光心态课题研究，9月，启动员工成长帮助计划（EAP）项目，结合个人成长需求、团队进步需求、组织发展需求，进行心理辅导及团队培训，建设荣誉室、展示室、图书阅览室、心理调节室，组织“活力地税、绿色出行”和“低碳生活、文明出行”绿色骑行活动，常态化开展各类文体俱乐部活动，有效激发干部队伍活力和动力。

【以“三项规范”践行“三严三实”主题教育】 开展“三严三实”主题教育活动，落实《江苏省党员领导干部践行“三严三实”三十条行为规范》，召开党组中心组学习扩大会议进行专题学习，坚持以“三项规范”践行“三严三实”，厘定权力边界，做到心有所畏、言有所戒、行有所止。“三项规范”：规范到人，用职业道德基本准则、职业行为规范等“软约束”与“八项规定”、“六个严禁”等“硬杠杠”要求干部；规范到事，要求干部遵循流程要求，符合行为礼仪规范；规范到岗，明确岗位职责和工作要求，厘清层级权限和岗位规范。

【开展“巩固深化拓展”作风建设主题活动】 制订主题活动方案，分解工作内容，明确责任部门，开展“两个落实”自查，5月起，党总支、各支部按照计划时间表，认真实施“三查三找”（“查思想找差距、查行动找苗头，查措施找良策”），推进“四化”工作（推进纳税服务规范化、推行内控机制信息化、推行绩效改进持续化和推行监督检查常态化)，并进行党内政治生活制度、教育实践活动成果及整改落实的专项检查，起到去除不良作风、固化延伸内控机制三条防线的实效，促进队伍思想作风进一步转变。

【团总支被共青团中央表彰为“全国五四红旗团支部”】 近年来，全力打造服务型团组织，因地制宜开展区域化团建工作，深入锡山8个乡镇街道板块，开展“税收动漫”进乡村活动，将自导自演的微电影《纳税光荣》、情景剧《美丽税容送温暖》、《办税服务厅的故事》在各村镇、街道演出，为新型农民、家庭农场及时送上最新税收政策；成立“锡山区青商会纳税人之家”，与红豆集团联合共建“纳税人学校”，成立“青年法治宣讲团”，开展房地产建筑、化工橡胶、现代服务、机械制造、商贸行业的涉税法律宣讲活动，为企业健康发展保驾护航；在锡山特殊学校建立青年志愿服务基地，对特殊儿童开展长期定点帮扶；认真组织团员青年开展庆“五四”趣味运动会、“活力青春”拓展训练等特色活动，不断激发青年活力。5月4日，团总支被共青团中央表彰为2014年度“全国五四红旗团支部”。

【实现区级机关政风行风评议“五连冠”】 将政风行风评议工作纳入年度考评，以“守纪律、讲规矩”主题教育活动为抓手，开展纳税人满意度调查，召开53场次近9000名纳税人参加的税收政策服务通报会；定期组织政风行风评议走访活动，走访四套班子、9个乡镇（街道）领导、117个村（社区）级干部、450户企业代表活动，开门征求听取意见建议，及时反思和整改依法行政、作风建设等方面存在的问题。在区级机关作风与效能建设民主评议及考核中，以总分98.875分的成绩在行政和社会综合部门中拔得头筹，赢得“五连冠”。

【“361°渗透服务”组织被评为无锡市最佳志愿服务组织】 持续打造“361° 渗透服务”品牌，以税务渗透文化的服务形式，全方位、多层次为纳税人提供高效、便捷的个性化和差异化服务。建成网上办税、实体办税、自助办税“三位一体”办税服务体系，针对不同对象推出个性化、差异化、套餐式、预约式服务，相继组建“税务询访团”、巾帼“三师”团，开展“一对一、点对面、面对面”的税收询访服务和涉税维权活动，同时依托“蓝翼志愿服务队”积极开展公益性社会服务。8月，该服务品牌被无锡市文明委和无锡市志愿者总会联合表彰为2014年度无锡市最佳志愿服务组织，胡艳峰被评为“2014年度无锡市最美志愿者”。

【蓝翼志愿服务被《无锡日报》头版专题报道】 8月25日，无锡日报以《锡山地税人人都是志愿者》为题，在头版专题报道锡山地税蓝翼志愿服务队多年默默奉献的事迹。该组织成立于2010年1月，以关心下一代健康成长为主题，广泛开展法律咨询和维权、帮困扶弱、就业帮扶等志愿服务，积极支持弱势群体和贫困地区教育事业的发展，2013年被无锡市文明办、无锡市志愿者总会评为无锡市志愿服务活动“十大杰出先进集体”，2014年被江苏省文明办、民政厅联合授予江苏省优秀志愿者服务组织。

（林宇亮）

惠山地方税务局

【概述】 2015年，惠山地方税务局紧扣“创新治理、融和奋进”工作主题，大力推进税收现代化建设，组织各项收入85.47亿元，同比增长7.60%。全面落实税源管理事项清单制度，按照职责分工细化税源管理63类指标，形成了纳税服务、风险监控、基础管理、风险应对、税务稽查、执法督察六大系列专业化征管模式；组建税源管理团队，制定完善《规范建筑项目税收管理》《规范拆迁补偿涉税处理》等12项配套制度；大力推进税源项目化管理；借助大数据提升风险管理质效，建立各部门、各单位联动的征管状况监控分析责任机制和专人负责制，征管状况监控分析总体水平在无锡地税系统中名列第一。全面开展规范性文件清理工作，排查清理并制定新的管理规定、操作办法等文件，进一步规范执法过程，防范执法风险。强化涉税举报案件管理，开展执法联动，与公安、银行、法院开展执法协作，有效打击违法犯罪。全面推行督察内审，充分发挥督察内审职能作用，开展执法督察及专项执法督察，做好执法责任追究，并对领导干部进行经济责任审计，促进领导干部勤政廉政，全面履责。全面落实《全国税务机关纳税服务规范》，提升服务标准；启动"金钥匙"税收服务提优工程，有效提高干部职工服务本领；深入打造"阿福"税宣文化品牌，积极开展"阿福"税收服务区"4S"点建设，完善构建服务长效机制；推动"纳税人之家"转型升级，形成四团并立的组织架构，进一步固化活动成员，明确活动规则；推出《创新创业税收优惠政策10条》，积极落实各项税收优惠政策，全力发挥税收职能，助推创新创业；发放《日常办税涉税风险提醒》，指导纳税人有效规避低等风险；深化"宅急送"品牌，第一时间深入水灾受灾企业开展税务辅导；依托"纳税人学堂"，做好各类专项辅导；全面落实"三证合一、一照一码"登记改革，大力缩减新办企业办税成本。推进文化建设，围绕"幸福地税"建设目标，推进"融和"主题文化年建设，进一步推动队伍融和、征纳融和、社会融和；建成"怡缘税情"剪纸艺术展示厅，启用"职工书屋"，编印"笃行""求索""剪影"文化册，全面展示惠山地税局三年文化建设成果。纵深推进绩效管理，对照征管改革后《税源管理事项清单》，完善岗位绩效指标；承接市局组织绩效计划，制定《2015年惠山地税局组织绩效计划》；构建能力评价系统，荣获2015年度无锡地税系统绩效管理先进单位，并且在全市地税系统组织绩效考核中获得第一名的好成绩。践行"三严三实"，从"讲政治、守纪律、树形象"的高度，促进党风廉政和作风效能建设的不断提升。启动"正作风·优服务·增绩效"全员谈心活动，通过参观廉政文化教育基地、召开廉政专题教育会、开展"一把手"讲廉、撰写廉政学习心得等形式，提升干部廉政意识；出台《惠山地税局工作人员行为规范》《"金钥匙"窗口服务升级版质量测评标准》全面规范各岗位人员行为，将作风效能纳入绩效管理；修订《无锡市惠山地方税务局考勤管理办法》，全面启用智能考勤系统规范考勤管理；确立作风建设联络专员机制，开展"局长巡查日"活动，健全内部约束机制；组织专业第三方以外部视角暗访检视作风效能情况，推动作风效能提升。获得"全国巾帼文明岗"、江苏省首批"学雷锋"活动示范点等多项荣誉，多名干部分别获得江苏省青年岗位能手、无锡市劳动模范、无锡市五一劳动奖章、无锡好人、无锡最美军转干部等荣誉。

【基本情况】 惠山地方税务局，位于无锡市惠山区经济开发区吴韵路555号。负责无锡市惠山区各类地方税收（费、基金）的征收管理和稽查工作。内设9个职能科室、2个直属机构、5个派出机构。辖管纳税人36454户，其中企业纳税人19463户，个体户16991户。实有干部141人。

【机构设置及负责人】

办公室

主　任　孙　柯（正股级）

副主任　陈佰兴（副股级）

（2015年8月免）

税源管理科（2015年1月新设）

科　长　诸　亮（正股级）

（2015年1月任）

规划财务科

科　长　黄　靖（正股级）

数管理据科

科　长　张云龙（正股级）

副科长　吴光明（正股级）

人事教育科

科　长　丁立君（正股级）

（2015年1月免）

杨　杰（正股级）

（2015年1月任）

监察室

主　任　俞红霞（正股级）

督察内审科（2015年1月新设）

科　长　朱俊伟（正股级）

（2015年1月任）

档案管理中心

主　任　朱明明（正股级）

史志办

主　任　李　娟（正股级）

税政法规科（2015年1月撤销）

征管和科级发展科（2015年1月撤销）

第一税务分局　位于无锡市惠山区经济开发区吴韵路555号。负责全局纳税服务体系建设；负责制定全局纳税服务工作规范、操作流程及相关制度；负责全局纳税服务工作的调研规划、组织实施、考核评价工作；负责12366服务热线、地税网站、短信平台等纳税服务平台的运行和管理工作；负责全局税法宣传管理工作和纳税辅导工作；负责全局纳税人权益保护工作，受理纳税服务的投诉、举报，组织开展（除税务行政复议、应诉以外的）法律援助和救济服务，指导税收争议的调解，组织纳税人（社会）满意度和需求调查；负责全局纳税信用等级评定工作；负责全局办税服务厅规范化建设管理工作；负责驻区行政服务中心“地税窗口”、各办税服务厅和便民点的运行工作；负责全区地方各税、基金（费）以及社会保险费的征收工作；负责受理、办理（转办）依纳税人申请发起的涉税事项；负责全区纳税人在税务登记、纳税申报、发票购销等环节中一般性违规违章行为的处理；负责税款催报催缴、初次纳税鉴定、建筑房地产项目登记、低等风险任务应对、在纳税服务环节涉及的简易处罚。

分局长　陶晋吉（副科级）
副分局长　闵益红（正股级）
（2015年8月免）
邹莉敏（正股级）
周玮珏（正股级）
（2015年8月任）

第二税务分局　位于无锡市惠山区西漳天一街56号。负责惠山区所有纳税人的基础涉税事项的管理，除省局税源管理清单规定的基础管理事项外，还承担社会综合治税中个体零星税收管理职能，承担依照相关制度发现税源信息并向风险监控机构报送职能。

分局长　虞泽来（副科级）
副分局长　顾红宇（正股级）
陈军玉（正股级）
（2015年8月任）

第三税务分局　位于无锡市惠山区新兴东路1号。负责全区房地产、金融保险行业、洛社镇、西站物流园区企业纳税人的中等风险应对及相关工作。

分局长　王晓强（副科级）
副分局长　陈卫国（正股级）
闵益红（正股级）
（2015年8月任）

第四税务分局　位于无锡市惠山区锡陆路319号。负责钱桥街道、阳山镇（除房地产、金融保险行业纳税人）企业纳税人的中等风险应对及相关工作。

分局长　陆夏冰（副科级）
副分局长　章海萍（正股级）
杨敏刚（正股级）

第五税务分局　位于无锡市惠山区堰玉路。负责惠山经济开发区、堰桥街道、玉祁街道、前洲街道、地铁西漳站区、惠山城铁站区（除房地产、金融保险行业纳税人）企业纳税人中等风险应对及相关工作。

分局长　顾仁忠（副科级）
副分局长　丁燕峰（正股级）
陈　峰（正股级）
（2015年8月免）
陈佰兴（正股级）
（2015年8月任）

税收风险监控局（与数据管理科合署办公）　位于无锡市惠山区经济开发区吴韵路555号。制订全区风险管理工作计划；负责牵头建立和维护分行业、分税种、分行为的评估指标和评估模型；负责制定和维护税收风险排序规则，确定纳税人税收风险等级；负责税收风险的识别、排序、推送工作；负责组织开展风险情形调查，研究风险应对策略，推送给相关机构实施风险应对；负责对重要风险应对案件的复审工作及风险评估工作的督察、评价、考核工作。负责大企业管理职能、举报中心职能、综合治税网络等第三方信息管理职能、各单位（部门）反馈税源信息的搜集分析职能。

局　长　张云龙（正股级）
（2015年1月任）
副局长　吴光明（正股级）
（2015年1月任）
沈静娟（正股级）
（2015年8月任）

稽查局　位于无锡市惠山区经济开发区吴韵路555号。负责直接查处全区地方税务系统征管范围内的税务违法案件；负责牵头组织全区地方税收的专项检查、专项整治工作；负责受理涉税（地方税收）违法案件的举报管理工作；负责协助公安部门的协护税工作。

局　长　杨　磊（副科级）
副局长　朱俊伟（正股级）
（2015年1月免）
陈　峰（正股级）
（2015年8月任）

【组织各项收入85亿元】　组织各项收入85.47亿元，同比增长7.60%，其中地方税收51亿元，同比增长7.79%；税收公共财政预算收入43.33亿元，同比增长9.67%；入库社保费29.38亿元，同比增长10.55%；入库其他非税收入5.1亿元。重点做好两个所得税汇算清缴，汇缴入库企业所得税2.17亿元、个人所得税4953.86万元；推进个人所得税自行申报管理，年所得12万元以上申报5106人，补缴税款796.29万元；两处及以上所得申报1675人，补缴税款332.52万元，人均补税1985.20元；加强建筑业、房地产业营业税管理，入库营业税3684.77万元；做好"契、耕"两税管理，入库契税3.58亿元；开展欠税分类管理，清缴新欠1706万元，新欠发生率控制在0.20%，压缩陈欠1452万元，陈欠压缩率达到57.42%。

（沈艳琳）

【开展税收征管改革】 根据省局《关于完善和深化征管改革有关问题的通知》和市局关于征管改革的精神，结合惠山区征管实际，启动新一轮征管改革。改革以风险管理为主线，以信息管税为支撑，以分级分类为基础，进一步调整税源管理机构设置，设立一个基础管理分局和三个风险应对分局，撤销税收风险评估分局，设立风险监控局（与数据管理科合署办公），组建税源管理科，设立督查内审科，优化规划财务科，明确各部门职责，初步形成适合实际的"纳税服务、基础管理、风险监控、风险应对、税务稽查、执法监督"税源管理新体系。干部职工加班加点完成机构、人员和软硬件设备调整，2月2日，新的征管体制机制正式运行。

【积极落实各项税收优惠政策】 落实小微企业所得税优惠、营业税起征点提高、固定资产加速折旧等税收优惠政策，办理各类税收优惠业务2215笔，减免税金额3.05亿元，其中办理高新技术企业、研发费用加计扣除、节能减排等税收优惠127户次，减免税款1.45亿元；为小微企业办理减免税741万元，贯彻落实省市关于基金（费）减免政策，办理基金（费）减免0.56亿元，惠及2902户小微企业。推出《创新创业税收优惠政策10条》，全力发挥税收职能，助推创新创业。

（沈艳琳）

【开启税源项目管理新模式】 经过充分调研，结合辖区税源管理实际情况，借鉴PTCA的科学理念，将涉税信息按照相关业务类型、业务种类、涉及税种等维度进行分解和归集，形成一个个税源管理项目，并为每个项目管理制订操作指引，实施批量化、集约化管理，开启税源项目化管理新模式。先后制定《税费清缴操作指引》《强制执行操作指引》《土地使用税专项管理指引》等20个指引，开展拟上市公司股改核实等13个类别的项目化管理，完成企业和项目核实2312户次，入库税款7400万元。

（马香超）

【挖掘耕地占用税税源】 积极利用第三方数据，全面开展耕地占用税清理工作。通过有效利用江苏省国土资源厅及无锡市国土资源局官网数据，取得近3年辖区用地批文，同时与区国土局沟通，进一步取得用地批次明细，从源头掌握税源。将第三方信息与大集中系统的征收信息进行比对，深挖税源，巩固税基，建立规范化、常态化管理机制，并积极组织税源入库，将潜在税源转化为入库税款。经过清理、比对，挖掘税源4500万元。

【借助大数据提升风险管理质效】 深化风险管理工作，运用大数据思维，根据税源项目化管理内容，获取第三方数据资料，进行数据的筛选匹配。同时，数据科根据各类业务需求开展深度化、个性化数据查询分析工作，完善涉税数据分析利用，打造高效的信息化保障体系，批量形成风险企业清单。完成中等风险应对任务1004户次，应对入库税款2.54亿元。

【推进国地税合作】 贯彻落实《国家税务局 地方税务局合作工作规范》，与惠山国税局保持紧密联系，围绕"信息共享、协作服务、协同征管、联合稽查"合作中心，通过建立国、地税合作工作会议联动机制，制定《惠山区国、地税合作工作规范实施方案》，创建国地税信息交换平台、国地税委托代征平台，成立国、地税大企业管理团队、风险管理团队、协同稽查小组等，进一步明确合作方式、合作要求、合作流程，全面优化和整合国、地税优势资源，实现国、地税合作提质增效。

【规范督察内审工作】 制定出台《惠山局干部任期经济责任审计办法》《惠山局税收执法责任制实施办法》《税收执法督察内审联动工作机制》等5项制度，形成按季征求执法督察建议和项目的惯例，构建“分局、职能科室、督察内审”三级联动巡查机制，建立督察内审结果通报、整改巡查制度，确保督察内审工作始终在法治化、制度化、规范化的轨道上运行。开展代开发票专项执法督察、建筑业税收管理专项执法督察、土地增值税专项执法督察、全面税收执法督察、税收执法疑点核查5类内容的执法督查工作，发现问题80条，清理入库税款1093.7万元。对3名领导干部开展离任经济责任审计，对2名正职领导干部开展三年任期经济责任审计，以及“三代”手续费、培训费专项审计。

【强化涉税举报案件管理】 制定《惠山地税局税收违法举报检举线索统筹处置办法》，进一步理清各部门职责职能，明确工作流程，规范分类处置，强化跟踪反馈，充分发挥征、评、管、查各部门能动性，加强与国税部门的合作联动，全面规范举报案件管理，有效打击涉税违法行为，提升纳税遵从度。受理举报投诉案件47起，办结45起，查处涉税违法举报案件收入346.11万元。

【严格规范税收执法】 全面开展规范性文件清理工作，排查清理管理规定、操作办法等文件8个；制定《惠山地方税务局税收业务集体审议制度（试行）》《税务行政处罚标准化操作手册（2015版）》，进一步规范执法过程，防范执法风险。制定《税费清缴管理指引》《社保费清缴管理指引》，与公安、银行、法院开展执法协作，进一步加大税费征收力度，向16户社保欠费单位送达社保费征收决定书、对8户单位进行强制执行前最后催告，对6户欠税单位启动强制执行程序，进一步凸显税收执法刚性。

【筑牢信息安全防护体系】 利用“云桌面”技术，采用客户端—服务器模式，在服务器端实现所有数据运算和信息存储，利用云端存储，完善数据安全防控体系，避免拷贝、刻录等引起的数据泄露；通过控制中心管理所有的“虚拟桌面”，对计算机软硬件资源实现统一调度分配，减少软件管理维护时间、降低硬件配置升级成本；并且借助“云桌面”的优势，引入用户身份认证系统，做好人员权限分配，确保用户层面的数据安全。

（沈艳琳）

【全面升级“纳税人之家”】 召开第二届会员代表大会，选举产生惠山区“纳税人之家”第二届理事会，85%以上的理事会成员为工商联、商会、行业协会等第三方组织和纳税人代表，突出纳税人的主体地位。升级版“纳税人之家”撤销行业性参事团，按区域和职能不同设置7个纳税人参事团和1个稽查参事团，增设争议调解团，形成参事团、资讯服务团、监督评议团和争议调解团“四团”并立的局面。建立参事议事、税情公开、争议调解、法律援助、案件庭审、监督评议、联同帮扶七大机制；固化活动成员，优化活动细则，突出“纳税人之家”的维权功能。

（马香超）

【推行“一事三卡”强化执法服务监督】 “一事三卡”即在执法服务事项开始时发放“税收服务区”联系卡，公布服务内容和服务渠道，纳税人还可通过扫描卡片上的二维码，添加“惠山地税纳税人学堂”微信号，实时获取最新的税收政策；执法服务过程中发放服务监督卡，向纳税人告知电话、QQ群、电子邮箱等多种监督评议渠道，邀请企业对地税服务质量、服务效率、廉洁自律情况等进行监督；执法服务事项结束后发放地税工作人员情况反馈卡，由服务对象就干部服务效能和满意度等内容做出综合评价，反馈信息直达纪检部门，并由纪检监察部门定期组织到企业回访。

（沈艳琳）

【实行“三证合一、一照一码”登记改革】 积极贯彻落实《国务院办公厅关于加快推进“三证合一”登记制度改革的意见》（国办发〔2015〕50号）及有关文件规定，组织干部职工开展“一照一码”业务及系统操作培训，将重点难点进行整理，编写“一照一码”操作手册。推进系统升级，并将升级前工商传递的信息同步处理到位。利用“纳税人之家”、“纳税人学堂”、12366等多种渠道，及时向社会公众和纳税人宣传“一照一码”登记制度改革内容和新办企业的纳税权利和义务。10月1日，惠山区开出首张“三证合一、一照一码”营业执照，标志着“一照一码”政策正式实施。税务机关不再受理企业、农民专业合作社的税务登记业务，不发放税务登记证，改为引导企业前往行政服务中心（综合窗口），申领由工商部门核发的加载法人和其他组织统一社会信用代码的营业执照。

（马香超）

【推广“智慧地税”APP提升纳税服务】 11月，以“贴近服务，方便快捷”为切入点，通过线上线下并行推广“智慧地税”APP，大力提升服务水平，让纳税人充分享受高效、便捷、个性化的纳税服务。根据“智慧地税”APP设置的不同用户分类，引导各类用户签订协议，帮助定制个性化服务内容。推荐纳税人通过“智慧地税”APP实时了解企业的申报、税费缴纳、办件进度、违法记录等各类信息，并在线与相关部门进行联系，加强征纳双方的实时互动。积极落实《纳税服务规范（2.2版）》要求，规范并公开各类涉税流程和办理时限，持续推动纳税服务品质的提升。指导纳税人通过“智慧地税”APP发帖和“我的建议”板块进行业务咨询和监督，提出意见和建议，并积极做好意见的收集和反馈，全面推动纳税服务质效的提升。

（沈艳琳）

【启动“金钥匙”税收服务提优工程】 借鉴国际“金钥匙”组织理念，启动“金钥匙”税收服务提优工程，围绕“规范+”这一主题，以“用心服务、快乐你我”为目标，整合创新现有服务举措，形成流程化、体系化服务，促使税收服务的细化与下沉来解决纳税人在办税中的各种实际问题。6月份，进行首期培训，邀请专业培训讲师围绕优质服务的内涵与技巧和税收服务高效团队建设两方面内容进行授课，通过理论学习、案例分析和游戏互动等形式让干部系统掌握高标准服务理念、服务要领、服务礼仪。

【继续打造“阿福”税宣文化品牌】 制作并发放“阿福”“三合一”权益清单，创建“阿福”流动宣传车，制作“阿福”税宣大礼包，推出《创新创业税收优惠政策10条》《日常办税涉税风险提醒》，成立“在线维权调解室”、构建“分级分类微信朋友圈”、开辟“在线微课堂”、建立局长接待日线上、线下“O2O”服务模式等，打造“互联网+税收宣传”立体化税收服务新格局。

【建设职工书屋】 11月4日，职工书屋建成，无锡地税局局长丁源、副局长胡建光共同为“职工书屋”揭牌。职工书屋占地500多平方米，藏书1.2万余册，以税收专业书籍为主，涵盖政治、历史、经济、文学、健康养生、工具书等24个类别，书屋按功能划分为电子阅览区、图书借阅区、报刊阅览区、休闲交流区四个区域，设置借阅排行榜、好书推荐和“我想读的书”三个版块。通过信息管理系统实现书籍出入库、借阅和资源共享等的智能化管理，被江苏省总工会评为2015年度全省“职工书屋”示范点。

【“怡缘税情”剪纸艺术展示厅落成】 邀请国家级剪纸大师陈静怡女士以税收为素材，设计创作近40余幅税收剪纸作品，将建局以来的点滴税事、特色工作、品牌亮点等融入高超的剪纸作品当中，发扬传统民俗文化，彰显当代税务精神，实现本地民俗特色文化与税收的再度融合。11月4日，无锡地税局局长丁源和国家级剪纸大师陈静怡女士共同为“怡缘税情”剪纸艺术展示厅揭牌。

（马香超）

【积极开展爱心帮扶】 3月，组织开展“雏鹰圆梦”工程主题活动，“爱心妈妈”以所在部门为单位分成8个组分别与惠山区8所学校现场志愿结对，一一认领孩子们挂在心愿树上的心愿卡，承诺帮孩子实现一个个朴实又美好的愿望。5月29日，爱心志愿者来到惠山区特殊教育学校为孩子们庆祝六一儿童节。中秋节前夕，“爱心妈妈”们来到阳山中心小学，与结对的6名儿童开展“大手拉小手、有爱月更圆”活动，向孩子们送上爱心助学金，并送上中秋佳节祝福。开展“一周薪金献爱心”，持续推进社会帮扶活动，不断汇聚社会正能量。“爱心妈妈”志愿团获得“苔花奖”最美公益团队奖，一分局被惠山区老龄工作委员会授予“敬老文明号”。

（沈艳琳）

【推进绩效管理】 对照省局《税源管理事项清单》，分岗位逐条梳理岗位绩效管理指标事项，制定量化指标1108条，其中机内指标724条，机外指标384条，覆盖征、评、管、查、行政综合各岗位，完善岗位绩效管理系统；以社会主义核心价值观和政治品德、社会公德、职业道德、家庭美德、行风税纪为主要内容，制定品行管理指标，梳理形成109条品行管理指标，以积分的模式对干部品行进行管理；将岗位胜任力作为能力评价的核心，从自我、人际和工作等层面，对各胜任力要素进行定义，确定选取70项岗位胜任力要素，根据工作表现，将干部从高到低划分A–D四个等级，对干部的能力进行科学评价。10月底，品行管理和能力评价系统正式上线运行，与岗位绩效管理一起形成“两管理、一评价”的综合绩效管理体系。

【狠抓党风廉政建设】 严格落实党风廉政建设“两个责任”，局党组按季召开会议专题研究党风廉政建设和反腐败工作，制订党风廉政主体责任清单、监督责任清单、领导责任清单、问题清单、整改清单和基层责任清单，厘清责任边界，推动党风廉政建设责任落实。对照省局《税源管理事项清单》，定位143个职务犯罪高危部位和环节，加强监控。推出“鉴史问廉”“教育崇廉”“书香思廉”教育套餐，与检察院签订廉政合作备忘录，完善“党风廉政建设分析报告”、全员廉政谈心、“廉政承诺书”等制度，确保党风廉政不出问题。联合惠山区人民检察院以双方多年来税检共建预防职务犯罪的实践为素材，筹划拍摄廉政教育微电影《廉洁是福》，获得江苏省检察系统预防职务犯罪专题微电影评比“十佳作品”第二名、全国检察系统首届预防职务犯罪专题微电影评比优秀奖、无锡市廉政微电影微视频征集评选一等奖、江苏省廉政微电影微视频评选三等奖。

【在惠山区机关作风评比中实现“十二连冠”】 加强作风效能建设，启动“正作风·优服务·增绩效”专项活动，开展包括全员谈心、内部大讨论、典型激励、确立作风建设联络专员机制、组织第三方检查、开展“一把手抓作风”专题讲演、推进考勤机制落实在内的七大项活动，出台《惠山地税局工作人员行为规范》《“金钥匙”窗口服务升级版质量测评标准》，将作风效能纳入绩效管理，严格落实作风效能扣分制、规范服务窗口、基层分局、业务科室、行政后勤各部门、各岗位行为准则，制定《无锡市惠山地方税务局考勤管理办法》，采用人脸识别技术进行考勤管理。在惠山区机关作风效能评比中连续12年获得第一名。

（马香超）

第一税务分局

【概述】 2015年，第一税务分局围绕“法治引领，改革创新”工作主题，紧扣“制度、惠民、文化”，推进纳税服务事业创新发展。全面落实全国纳税服务规范，强化督察内审，加大科室“一级”巡查，建立办税服务厅和“12366”服务质量日常巡查模式，夯实基础工作；完善“二级”督察，由制度业务科每月督察征管监控指标、“12366”话务质量、业务事项受理等情况，出具各类督查报告13份，通报33件次事项，全部列入岗位绩效考核；深化第三方“三级”检测，开展第三方及“神秘客户”纳税服务现场检测，缩短问题查办时限，开展不定期实地督查，“神秘客户”反馈《检测评价表》260张，征集意见建议233条。调整窗口人力资源及岗位功能，平稳度过办税高峰，征收税费446.5亿元，新办税务登记21216户次，代开门临发票27万张，发售发票7346万份。契税所实现存量房交易受理、核定计税价格、办税“一窗式”办结，市区征收契税10.24亿元。加强市区35家街道个体委托代征工作站资金安全管理，处理问题数据2万条，涉及金额1500万元，清理历史遗留税款43万元。发布助推发展和优化服务“10+10”举措，使各项税收优惠政策和服务举措更加透明。落实总局《纳税服务投诉管理办法》，受理纳税服务投诉、社保费意见建议等诉求222个，办结率97%以上，代为接收涉税违法案件286个。在固定开展"局长接待日"基础上，全面推行局长服务联系企业制度，通过上门走访、电话、座谈会等方式为80家企业服务82次。在办税服务厅（室）广泛开展"五零竞赛"活动，提升作风效能和窗口形象。选拔首批省级"首席办税员"5名、"首席咨询员"2名、市级"服务明星"7名，通过竞争机制激发工作积极性。开展"税故事"征文、举办"纳福迎春"税故事主题文化等活动，展现干部规范执法、乐于奉献的良好形象。开展"缘来地税"系列主题活动，同时打破科室和岗位分工限制开展项目运作，促进青年干部与纳税服务事业共同发展。被江苏省妇女联合会评为"江苏省巾帼文明岗"，办税服务科被江苏省总工会评为"江苏省工人先锋号"。

【基本情况】 第一税务分局，位于无锡市工运路18号。主要承担市区范围内地方税款、基金（费）的征收工作，承担税务登记、纳税申报、涉税审批、发票发售、初次纳税鉴定、纳税服务环节涉及的简易处罚等涉税事项的受理和办理工作，以及对个体及社会零散税收委托代征工作站的代征管理及税收资金安全管理、对市区范围内的税收会统票对账核算、税务发票印制、库存、对账核算、真伪鉴定等管理工作。内设5个科室，实有税务干部84人，编外工员78人。

【机构设置及负责人】

耕地占用税与契税管理所

所　长　李　军

副所长　徐　忠

新区耕地占用税与契税管理所

所　长　徐　忠

综合科

科　长　龚　韵

副科长　邱晓琛

制度业务科

科　长　蒋　虹

副科长　尤　一

维权服务科

科　长　钱建峰

副科长　钱正兴（7月任）

宣传咨询科

科　长　王婷婷

副科长　石　赟（7月任）

办税服务科

科　长　徐林峰（2月免）

胡　璇（7月任）

副科长　蒋月丹（7月任）

陈　鸿（11月免）

孙　涛

第一办税服务厅　位于无锡市工运路18号。

第二办税服务厅　位于无锡市新区旺庄路138号。

驻行政服务中心窗口　位于无锡市太湖新城观山路市民中心十二号楼行政服务中心地税窗口。

滨湖便民办税点　位于无锡市滨湖区滴翠路98号。

南长便民办税点　位于无锡市南长区通扬南路80号（南长区行政服务中心二楼）。

梅村便民办税点　位于无锡市新区梅里路93号。

胡埭便民办税点　位于无锡市滨湖区胡埭街道振胡路13号。

马山便民办税点　位于无锡市马山梅梁路20号。

耕地占用税与契税管理所　位于无锡市石皮路9号。负责市区范围内契税、耕地占用税征收。

【全力以赴应对春节前办税高峰】 从1月1日至春节前夕，各办税服务厅迎来办税高峰，日均受理业务高达2000笔。对此提前启动应急预案，加大人员分流，减少纳税人排队积压现象。将2014年新招录人员全部调配充实到办税服务厅一线，统筹做好人员保障工作。根据业务办理情况，新设3个咨询辅导窗口，重新调整综合业务和咨询辅导窗口数量。充分发挥办税服务厅导税服务、预约服务、限时服务、延时服务、提醒服务等各项服务功能，引导纳税人错峰办税。并实时监控办税服务厅各系统、设备运行情况，加强各方协调沟通，第一时间发现、解决问题，确保现场秩序井然，办税需求及时响应。

【契税所快速应对二手房交易新政】 3月31日起，个人住房转让营业税免征期限由超过5年（含5年）改为超过2年（含2年），二手房市场回暖，市区契税所二手房交易量增加明显。经统计，新政实施后的一周时间里，市区契税所受理二手房业务410套，其中享受营业税优惠新政的二手房有60套，占二手房总量的14.6%，开票金额4787.19万元，优惠营业税268.08万元。契税所组织窗口人员学习新政精神，面向纳税人广泛宣传新政，注重做好新政实施后的风险内控工作。

【驻政务服务中心窗口实现税务变更国地税联合办理】 8月1日起，除设立登记外，办理变更登记也开始实施“三证合一”。通过积极参加前期研讨工作，对表格信息栏目、资料收取标准、资料流转方式等方面提出可行性意见。针对试行过程中出现的问题，及时与其他部门沟通，进一步完善并联审批的系统。对于日益增加的“三证合一”工作，窗口加紧学习新政策、新流程、新操作，保质保量完成联办工作。及时将税务登记后续事项告知书、培训通知书等反馈给纳税人，加强跟踪服务。

【开展办税服务厅突发事件应急演练】 以省局大集中系统无法正常工作为模拟场景，由窗口人员扮演企业办税人员，导税、咨询辅导、综合服务以及值班长等全岗全员按照应急预案进行演练。在演练之前，组织办税服务厅全员学习总局纳税服务司有关文件精神，熟悉掌握各类突发事件的应对和处置方法。演练过后，窗口人员就演练情况进行集体讨论，从窗口设置、服务态度、硬件配备等各方面总结不足，思考如何科学整合服务资源，减少纳税人排队等候时间，同时充分发挥网上办税和自助办税的优势，减轻实体办税服务厅的压力。

【编印《阿福讲税故事》】 按照“用好文学力量，讲好税收故事”理念，组织编写面向广大中小学生的税收知识读本——《阿福讲税故事》。《阿福讲税故事》从“故事入手”话税收，精心选取了12个纵贯古今中外、与税收有关的小故事，运用浅显易懂的故事化语言讲述税收知识，并结合每个故事主题精心绘制“萌萌哒”卡通漫画作为配图，激发阅读兴趣。同时在每个故事之后推出“阿福税语”栏目，借助无锡家喻户晓的泥人阿福卡通形象，以“点睛”的方式为小读者们归纳提炼故事中的税收理念。

【开展行政处罚培训】 结合行政处罚自查活动和市局案卷通报，整理出平时工作中的易错点、易混淆点，做成共享文档。组织行政处罚岗人员学习《中华人民共和国行政处罚法》等相关法律法规，明确处罚依据、违法事实、处罚标准、文书制作等要领。建立专岗问答机制，执法上遇到问题，由专岗人员负责解释和指导；坚持定期督查，由专岗在月底前对当月情况进行专项督查，排查错误数据并及时纠正；建立反馈机制，由其他执法人员负责分类收集错误案例，做好详细记录，并汇总给专岗，定期召开培训会议对执法干部进行知识更新。

【把好“三代”税款手续费申请关】 建立前台窗口涉税资料受理岗审核与后台手续费审核专岗两层初审机制，对代扣代缴、代收代缴、代征税款即“三代”税款手续费申请进行严控把关。前台窗口涉税资料受理岗主要负责审核资料报送的完整性、逻辑性，重点审核入库税款的真实性；手续费审核专岗主要负责重点审核委托代征协议及有效期限等要点，及时与市财政局协调。报送市财政局1840户单位1615次手续费申请，涉及个人所得税税款手续费5860.49万元，营业税等其他税款手续费3006.43万元。

【升级办税服务硬件环境】 全面更新大厅中悬挂的各类标识牌和自助机联系人卡片，新的标识牌明确地税机构改革后各厅点的确切位置以及各类业务对应的科室。先后更换LED电子显示屏、自助服务区电脑等设备，并添置自助扫描仪，方便纳税人办理网上涉税申报事项。优化办税大厅环境。等候休息区中配备饮水机、茶具、纸笔等便民设施，在办税大厅实现无线网络wifi全覆盖。

【与44家代征单位签订《委托代征协议书》】 通过协议明确各委托代征单位的代征范围及代征期限、委托代征的税种及附加、计税依据及税率等事项。在签订协议书之前，通过召开协税护税座谈会、与基础管理局集中开展检查专项行动等措施，对全市个体委托代征工作站进行代征管理及税收资金安全的专项整治工作。随着协议的签订，将采取线上互动、强化绩效考核等措施，加强对各代征单位的日常沟通及管理，及时跟踪掌握各代征单位执行代征税款和发票、票证使用情况，发现问题及时予以纠正，确保委托代征工作顺利开展和税款及时足额入库。

【打造“梦之队”强化青年干部培养】 积极探索青年团队建设，通过组建“梦之队”，将股级、副股级之外的团员按照兴趣特长或岗位职能分为6支“梦小队”，围绕打造“强基工程、满意工程、凝聚工程和爱心工程”，开展全方位学习、实践和展示活动。一方面先后开展“开讲啦”、“2014年新进公务员座谈会”、“‘中秋悦谈’共团圆”以及“纳服迎春 税故事主题活动”四季“缘来地税”系列活动，培育基层团建品牌；另一方面，6支“梦小队”在导师团的带领下，开展税收故事通讯社、职业生涯规划设计团、征管质量观察室、税宣产品设计团、税情搜罗分析团、智慧地税推广团项目运作，并推出阶段性成果，全面融入纳税服务工作之中，实现组织与个人的共同发展。

【“爱@接力”志愿服务队获评市十大最佳志愿服务组织】 “爱@接力”志愿服务队自2012年组建以来，依托纳服爱心基金、纳服爱心基地、“地税妈妈”爱心团队、青春义工群等四个子品牌，募集善款23870元，持续推进与宜兴沈俊伟开展的“地税妈妈”爱心行动，在迎龙桥街道锡惠里社区成立“地税纳服志愿者基地”，与社区15户困难家庭结对，连续三年举办青少年税收夏令营，青春义工群投身公益活动，义务献血18人次，交通协勤12次，向贫困儿童捐赠图书244册。“爱@接力”志愿服务队被无锡市志愿者总会、无锡市精神文明建设指导委员会评为“无锡市十大最佳志愿服务组织”。

【被表彰为“江苏省巾帼文明岗”】 深入开展“巾帼展风采”系列活动，激发妇女建功立业新活力，成功应对年末建筑业开票等多个办税高峰，主动发起“微笑每一天为无锡地税添彩”倡议，市行政服务中心地税窗口等部门多次收到纳税人表扬锦旗；通过组织纳税服务知识更新培训班，举办道德讲堂等活动，提升女干部综合素质，涌现出江苏地税岗位标兵等一批先进典型。被江苏省妇女联合会表彰为“江苏省巾帼文明岗”。

【办税服务科获评“江苏省工人先锋号”】 办税服务科以专业化改革和标准化管理为抓手，紧扣“始于纳税人需求、基于纳税人满意 、终于纳税人遵从、减轻纳税人负担、提高纳税服务效能”主题，全力构建标准化、集约化、信息化的纳税服务新模式，使纳税服务工作更加高效便捷。坚持从严治队，建立健全和认真落实各项规章制度，将廉洁从税意识作为干部职工培养的重要一课，坚持反腐倡廉和税收中心工作相结合、加强教育与严格监督管理相结合，督促所有税务干部牢固树立廉政意识和纪律观念。围绕税收中心工作，加强干部队伍建设，突出以人为本和文化引领，深入开展业务技能培训，全面推进作风效能建设，努力打造一支思想过硬、业务精湛、作风优良、和谐团结的新型干部队伍，被江苏省总工会授予“江苏省工人先锋号”。

（房　媛）

第二税务分局

【概述】 2015年，第二税务分局围绕“法治引领、改革创新”工作主题，以组织收入为中心，打造效能团队，深化环节管理，全面完成各项工作任务，组织各项税收123.23亿元，同比增长10.51%，其中公共财政预算收入95.82亿元，同比增长13.88%。在税收工作中，强化增收举措，优化全员全程组织收入工作机制，完善税源分析预测和监控机制，狠抓“营改增”行业税收清理、土地增值税清算管理、市级契税常态化管理、政府平台税源管理四个专项管理工作；提升征管质效，建立重点税源管理框架，完善土地增值税清算审核模板，加强房地产项目数据管理，加强建筑业项目清理，探索银行、保险、证券行业集约式风险应对模式，推进风险分析闭环化和风险应对规范化，深化与法院、产监处、公安办等第三方的协作；建设内控体系，强化制度防控，强化内控风险管理；促进税企和谐，主动搭建互动平台，对接企业需求，开展专业团队服务；打造效能团队，深入开展“一五三”培训工程：将100%的干部培养成适合岗位需求的专业型人才，将50%以上的干部培养成一岗多能的复合型人才，将30%以上的干部培养成引领各项工作的标杆型人才。强化党风廉政建设，打造活力团队，加强绩效管理。荣获2015年度全市地税系统绩效管理先进单位，在“典型引路 绩效提升”税收风险分析与应对技能系列竞赛中获得三等奖，王晓艳被评为无锡团市委“青春新榜样”。

【基本情况】 第二税务分局，位于无锡市崇安区新生路65号。负责总局、省局列名企业，市属企业和房地产开发经营企业的地方税收管理。下设5个科室，实有干部52人。

【机构设置及负责人】

2015.1.1 — 2015.1.31

综合科

科　长　倪颖洁

综合管理科

科　长　王晓艳

副科长　朱燕娜

基础管理科

科　长　沈　健

副科长　吴晓蕙

风险应对科

科　长　孙千尊

2015.2.1—2015.12.31

（2月份组建新的二分局）

综合科

科　长　徐林锋（2月任代理科长，7月任）

副科长　周慕琳（2月任）

业务管理科

（2月成立，7月终止，拆分为业务管理一科和业务管理二科）

科　长　薛永刚（2月任，6月免）

副科长　王晓艳（2月任，6月免）

副科长　华　强（2月任，6月免）

业务管理一科（7月成立）

科　长　华　强（7月任）

业务管理二科（7月成立）

科　长　薛永刚（7月任）

副科长　陈俊峰（7月任）

风险应对一科

科　长　张晓东（2月任）

副科长　张　晔（7月任）

风险应对二科

科　长　沈琴华（2月任，6月免）

　　　　王晓艳（7月任）

副科长　吴晓蕙（2月任）

【组织税收123亿元】 优化全员全程组织收入工作机制，做到全员参与，全员落实；完善税源分析预测和监控机制，对占收入比重97%的389户企业实施每月精确预测，全面掌握行业税源；狠抓执行确保增收举措落地有声，组织税收123.23亿元，同比增长10.51%，其中公共财政预算收入95.82亿元，同比增长13.88%。

【开展房地产业营业税专项核查工作】 对辖管的房开项目开展数据比对分析，由14个专项征管工作小组开展调查核实。通过全面普查，典型剖析，内外宣传，深入核查，核实出企业少缴不动产营业税1.2亿元，少代扣代缴甲供材营业税2229万元；房开企业支付工程款未取得发票涉及建筑业营业税7601万元；通过专项征管补缴入库不动产营业税8193万元。

【加强金融保险企业风险应对】 开展金融保险业营业税的精细化管理，堵塞税款流失漏洞，特邀稽查局业务骨干，围绕金融保险业征管工作开展业务交流，借鉴办案经验，取长补短；强化收入预测，按季做好税收入库统计分析工作，深入企业开展专题调研，对税收收入形势进行预判与分析；认真梳理金融业税收政策，通过座谈会、专题辅导、上门走访、政策培训、政策解答、网送税法等形式加强与企业沟通，提供纳税咨询和税法宣传辅导，征收入库金融保险业营业税21.84亿元。

【探索行业标准化应对模式】 积极探索分行业、标准化应对工作新模式，根据保险业、金融业、房地产业等行业特点梳理应对策略、优化约谈方案，推行分行业的标准化应对方式，开启“自查、约谈、总结”的全方位工作模式。梳理行业典型风险情形32条，其中主要涉及营业税14条、个人所得税6条、房产税4条，形成保险行业适用的全面自查提纲；加强风险集约应对，通过风险应对机构集体约谈，纳税人提交统一制式自查报告，集体审议自查报告；通过集体约谈，提高税法的遵从度。

【推进建筑项目专项清理】 发挥行业管理优势，多方联动扎实推进建筑项目专项清理。加强与属地分局联动，将房开企业已付工程款、施工方未按规定开具发票的情况，提供给相应的属地分局，对重点房开项目开展走访，了解付款进度、建筑项目税收缴纳情况；加强与第一税务分局联动，梳理完善系统内项目登记信息，与第一税务分局衔接项目登记变更和预清算流程任务发起；加强与建设方对接，推进市属建筑项目清理，完成预清算项目168个，最终清算项目14个，完成进度达87%。从7月1日起落实税款总绩效2030万元，其中开票入库900万元，应开票尚未开票的应缴税款为1130万元。

【房地产项目管理数据应用上线】 发挥大数据管理在税收征管中的作用，强化对房开企业项目税收的源泉征管，全面深入掌控土地增值税清算涉及的各项数据。房地产管理数据应用项目于8月上线，数据调查表涵盖5个城区300余家房企近千个楼盘，调查表分列40项，含名称、时间、面积、备案、收入、成本、税金、售比、土地增值税清算等事项。调查表外挂在地税办税大厅网页，由纳税人按月序时填列。实行从基础管理向风险管理的转化，从税收管理员到税收管理岗的转化，实现对房地产项目流转税税源的准确预测。

【土地增值税清算实现历史突破】 专门成立土地增值税清算审核模板专项工作团队，建立土增税清算审核模板，明确16项必审内容、40个审核要求、72条审核路径，完善清算业务操作模板，实现土地增值税清算审校历史性突破，清算申报40个项目，审核8户，补缴税款1.44亿元，退税3.12亿元。

【加强银行业集体约谈应对】 据银行业共性特点梳理应对策略、优化约谈方案，推行分行业的标准化应对方式，开启“自查、约谈、总结”的全方位工作模式。梳理行业典型风险情形32条，其中主要涉及营业税22条、个人所得税7条、房产税4条，其他税种7条，形成银行业适用的全面自查提纲；开展风险集约应对，通过风险应对机构集体约谈，解读典型风险情形，讲解涉税政策，明确自查要求，由纳税人提交统一制式自查报告，进行集体审议，筛选实地核查对象；及时沟通协调，在风险应对过程中理顺个人所得税执行相关政策口径，及时与市局有关处室沟通协调，拿出切合实际的处理意见。纳税人经集体约谈后自查整改补交税款1200万元。

【开展“改革思辨”思路创新大讨论】 党支部围绕如何在“四个地税”建设中创先争优、如何在风险管理履职中探索实践、如何在提升队伍形象中尽心尽责、如何在党建工作中主动创新等内容展开热烈的讨论。提出进一步优化全员全程组织收入工作机制，完善税源分析预测和监控机制，加强重点税源管理，加强堵漏增收，服务区域经济发展；在经济逐步转型、征管改革深化、房地产行业增速放缓的形势下，主动作为，突出环节管理，打造效能团队，努力提高征管质效；加强依法治税，强化内部控制和风险防范，注重监督检查和持续优化；加强队伍管理，激发干部活力，抓好党风廉政，改进干部作风。

【建立分局内部微信群】 建立“税事你我他”分局内部微信群，干部职工实名制加入，方便业务问题讨论，增强政策学习针对性，起到加强内部交流、实时研究政策信息的积极作用，成为推进“一五三”大教育工程的有力举措。微信群的建立，解决业务学习的及时性，提高业务学习的灵活性。

【召开领导班子专题民主生活会】 1月13日，在领导班子专题民主生活会上，党支部书记倪丽英代表领导班子汇报工作落实情况，剖析领导班子合力有待进一步释放、调研力度有待进一步加强等3个问题。倪丽英还与两位副分局长围绕学习、工作、作风等方面存在的突出问题，开展批评与自我批评，分析系统学习不够深入、党性修养有待进一步提高等13个问题，提出强化理论武装、密切党群干群关系、提高领导科学水平等14条改进措施。

【召开党工团选举大会】 2月26日，召开党工团选举大会。全体干部参加会议，通过无记名投票的方式选举产生新一届的党支部委员，倪丽英任书记、富春雨任副书记兼纪检委员、武亮任业务委员、徐林锋任组织委员、许伟民任宣传委员兼青年委员；选举产生新一届的工会委员，富春雨任主席、沈琴华任副主席、宗庆任组织委员兼财务委员、沈晓东任宣传委员兼经审委员、黄劼任女工委员兼文体委员；选举产生新一届的团支部委员，袁源任团支部书记、钱梦昳任宣传委员、曹又丹任组织委员。

【举办“榜样引领 携手同行”事迹报告会】 9月28日，举办“榜样引领 携手同行”事迹报告会。经过推荐，选出“青年尖兵”袁源、“税苑玫瑰”唐丽娟、“军转先锋”宗庆、“耕耘楷模”徐根楠、“税伍达人”张国平5位先进典型。事迹报告会上，以三句半、诗词朗诵、微电影、亲历人讲述等多种形式讲故事、传经验、谈感悟，生动的诠释朝气蓬勃、奋发进取的精神，默默奉献、不计得失的品德，温柔坚韧、执着敬业的精彩，求精求新、矢志卓越的追求。

（肖一兵）

第三税务分局

【概述】 第三税务分局认真贯彻落实十八届三中、四中全会精神，深入开展“三严三实”教育活动，以组织收入为中心，以作风建设“巩固深化拓展”主题活动为抓手，紧紧围绕“法治引领、改革创新”的工作主题和“四个地税”的奋斗目标，主动适应新常态，紧抓改革机遇加快推陈出新，制定落实风险管理、综合治税、科技征管等3大类17条堵漏增收措施，通过绩效管理促进各项工作的落实，开展所得税年度申报、税收法制技能、依法行政能力等各类培训12场次，完成中等风险应对户数875户，组织入库各项收入152.97亿元。坚持依法治税，严格落实执法规范，被表彰为全省地税系统首批“法治税务示范基地”。深入开展“春风伴税宣，服务送政策”系列活动，牢固树立“经济决定税源，管理增加税收，服务促进发展”的税收经济观，走访重点税源企业65户次，解决涉税难题52件。队伍建设工作稳步推进，全力打造“税通·人和”文化品牌，积极搭建“双向直通”党建平台，开展“党员微帮助”活动150户次，组织党工团干部参加社区困难群体走访慰问，开展“爱心同行、共筑和谐”“税校连心，伴我成长”“诚信志愿者联盟”等公益活动12次。签订领导班子和科室两级党风廉政建设责任状，开展“一把手讲廉”、“预防职务犯罪”警示教育、参观江阴长泾镇廉政教育馆等活动5次，征集廉政文化作品16幅。

【基本情况】 第三税务分局（高新技术产业开发区分局），位于无锡新区旺庄路138-2号。主要负责高新开发区3.8万户机构纳税人与5.9万个自然纳税人风险应对工作，承担堵漏增收职能和税费收入任务落实的主体责任，落实政府联系人制度，负责实施区域性的税源监控分析、税源排查联动和税源信息反馈等风险信息管理工作。内设6个科室，实有干部职工65人。

【机构设置及主要负责人】

综合科

科　长　秦玲敏（副科级）
副科长　张　佳（副股级）
　　　　（2015年9月免）
　　　　濮志晔（副股级）
　　　　（2015年9月任）

业务管理科

科　长　徐自强（副科级）
副科长　尤　澜（副股级）
　　　　过佳佳（副股级）

风险应对一科：

科　长　黄　晨（副科级）
副科长　徐　冰（正股级）

风险应对二科:

科　长　赵芍霞（副科级）
副科长　钱晓峰（副股级）

风险应对三科：

科　长　成玉刚（副科级）
副科长　诸文珏（副股级）

风险应对四科：

科　长　曹海鹏（副科级）
副科长　拾煜（副股级）

（濮志晔）

【管理增收2.5亿元】 制定《关于建立风险应对工作运行机制的实施意见》，完善风险应对工作运行机制，优化风险应对资源配置，牢牢掌握组织收入工作的主动权，综合配套运用纳税辅导、风险提醒、纳税人自我修正、约谈、税收核定等递进措施，规范风险处理方式，完成中等风险应对户数875户，实现税款1.31亿元；通过绩效管理促进各项工作的落实，主动分析排查入库税款2.5亿元。组织入库各项收入152.97亿元，同比增长4.85%。

（徐自强）

【利息、股息、红利所得个税入库2.6亿元】 启动专业团队对采集到的第三方涉税数据进行归类整理，全面提升个人所得税征管质量，强化日常数据质量监控，通过对系统异常数据进行比对，查找管理薄弱环节，重点加强对有限合伙企业的分红信息采集和分析应对，归纳风险情形特征和风险指标，建立行业风险评估数据模型，与风险管理平台实施对接，分析基础税收信息2520条，排查有效信息疑点1210条，实现利息、股息、红利所得的个人所得税2.6亿元。

（过佳佳　杨　晨）

【建筑业项目核查补缴税款221万元】 组织建筑业营业税专项核查工作，借助甲方开展前期调查，对外地来锡施工方项目约谈建设方掌握项目付款情况，查看施工合同，掌握项目施工进度，按照“先易后难，普遍参与”的原则，开展上门服务，避免纳税人“多头应付”，共开展核查项目486户次，纠正信息错误147户次，补缴税款221.33万元。

（顾　宇）

【开展重大涉税项目税源排查】 开展孵化器企业专项检查，涉及相关企业26户次，查补税款1020万元；组织劳务派遣企业进行自查，专题辅导企业38户，入库税款160万元；通过第三方合作，关注企业对重组并购、股权转让激励、增资扩股、企业上市等重点事项，从资本运作股权转让查补税款4200万元，有效遏制区域企业的税款流失。

（徐自强）

【深入开展涉外税收事项管理】 先后向韩国发送200份税收自动情报，向美国发送1份税收专项情报；积极探索关联企业反避税研究，成功对岱棱真空科技（无锡）有限公司向境外的借款利息进行反避税调整；大力开展对外支付核查工作，核查入库预提所得税247.61万元。

（顾　宇）

【完善税收执法内控管理制度】 制定《重大事项集体审议制度》《中等风险应对二级审议制度》等业务管理制度，进一步强化制度防控，规范干部执法行为。按照《税收风险应对操作规范和指引》的要求，制定《业务规程和风险防控办法》，按事项梳理流程节点，按岗位梳理职能职责，降低执法风险；制定每季重点执法检查和效能监察计划，规范执法行为，促进管理性增收。

（徐自强）

【加强准上市企业税源监控】 认真落实新形势税源监控主体责任，深化税源监控分析，针对准上市企业业务量大、交易复杂并兼有专门税收筹划的情况，经过摸底排查，锁定准上市企业15家，纳入“重点涉税事项备忘录”式管理机制，共收集并解决了上市准上市涉税问题15个，涉及股权转让、利股红分配、转增股本等行为税源5120万元。

（顾　宇）

【积极推进风险应对重点工作】 加强重点行业、重点事项等高风险领域风险管理，兼顾定性与定量指标，针对性开展分类评估，在评估方式上对风险等级高的企业实施综合性、个性化评估审计，对风险等级较低的企业实施行业评估和行业联评等；在评估手段上从偏重单一税负指标进行简单对比，向综合应用风险指标、评估模型等工具深挖漏洞转变；在评估结果处理上综合配套运用纳税辅导、风险提醒、纳税人自我修正、约谈、税收核定等递进措施，规范风险处理方式，先后完成中等风险应对户数875户，实现税款1.31亿元。

（徐自强）

【走访企业帮助解决难题】 领导班子成员6次带队开展集中企业走访，采取座谈、现场办公、实地察看等多种方式，及时解决纳税人所反映的困难和问题，突出帮助重点税源企业解决应急困难，促进其各项经营业务正常开展，先后走访了深航、喜开理、希捷国际、华光锅炉、尚德等重点税源企业65户次，解决涉税难题近56个。

（濮志晔）

【召开智慧地税App上线推广培训会】 科学掌握智慧地税App的推广进度，携手纳服局共同举办两场智慧地税App培训会，邀请986家企业参加，356户企业当场完成协议签订。

（杨　晨）

【周伟根荣获“无锡市劳动模范”】 周伟根副分局长率先在全市地税系统组织成立“税收征管创新工作室”，集中团队力量不断试探征管改革深水区，探寻化解征纳矛盾的新方法，使征管工作走在全系统前列，率先推行“三位一体”征管模式，在经济下行的形势下，仍助推新区地税收入突破百亿元大关，凭借出色的业绩，荣获“无锡市劳动模范”称号。

（濮志晔）

【业务管理科荣获江苏省“巾帼文明岗”称号】 业务管理科女税官发扬巾帼不让须眉的精神，担负新区30000家企业和个体工商户的税收减免、政策咨询以及地方各税管理等诸多重要工作，开展“春风行动”“百名税官下企业”“阳光服务”“市民学校”等系列服务活动。通过努力，业务管理科被江苏省妇联表彰评选为2015年度江苏省“巾帼文明岗”。

（顾　宇）

【被表彰为全省地税系统首批“法治税务示范基地”】 以法治税务示范基地创建活动为契机，认真开展依法治税工作回头看，全面深入排查问题，有效整改、完善机制、提升质效，不断推进依法治税工作的提质增效。通过努力，顺利通过省局验收，荣获全省地税系统首批“法治税务示范基地”，成为无锡地税系统首个获此殊荣的风险应对分局。

（朱　莉）

【被表彰为新区2015年度“文明服务先进单位”】 积极抢抓“苏南国家自主创新示范区”和“国家传感网创新示范区”战略机遇，以组织收入为中心，以作风建设“巩固深化拓展”主题活动为抓手，紧紧围绕“法治引领、改革创新”的工作主题和“四个地税”的奋斗目标，入库各项收入152.97亿元，同比增长4.85%，管理型增收超2.5亿元，为新区财力保障做出贡献，被新区管委会评为“2015年度文明服务先进单位”。

【选举产生新一届党总支委员会】 党总支采用差额选举的办法对支部委员会成员进行改选，采取无记名投票的方式，选举出新一届的党总支委员会。党总支从技能人才建设的角度推进专业团队化管理以适应征管改革的需要，参与管理、党务、群团、文化建设等工作，成立风险应对、后续管理、信息报道、政策宣讲等专业团队5支，开展“党员微帮助”活动140户次，党员带头参与率85%以上，为组织收入和各项工作提供强大的精神动力和组织保证。

（濮志晔）

【全面完善干部教育培训机制】 全面推进干部培训的制度化、常态化、实用性，按照“干什么、学什么，缺什么、补什么”的思路，由综合科、业务管理科结合工作实际下达学习计划，结合最新文件，通过每周10题，及时更新知识储备，使干部常学常新。先后开展所得税年度申报、税收法制技能、依法行政能力等各类培训12场次。

（徐晓军）

【多措联动奏响清风“廉”韵】 积极贯彻市局党风廉政建设暨作风效能建设工作会议精神，召开全体干部会议，严格各项廉政纪律，落实“一岗双责”工作要求，签订党风廉政建设责任状，开展“一把手讲廉”“预防职务犯罪”警示教育、参观江阴长泾镇廉政教育馆等活动5次，征集廉政文化作品16幅。

（濮志晔）

【青年干部积极参加读书月活动】 开展读书月征文活动，征集文章25篇，并选出优秀作品，发挥集体才能自编自导情景词朗诵《在追求梦想的路上，我们都一样》，被市局选送参加全市读书月开幕式表演，并被市委市级机关工委评为第九届太湖读书月优秀节目。

（顾　宇）

【着力打造“税通·人和”文化品牌】 将品牌战略引入地税文化建设，以德育建设为根基，大力做好“心”字文章，倾力打造“税通·人和”文化品牌，寓意“沟通无限、共建和谐”美好愿景，为税收事业发展提供强有力的精神支撑。开展社区困难群体走访慰问，组织开展“爱心同行、共筑和谐”“税校连心，伴我成长”“诚信志愿者联盟”等公益活动，不断提升地税干部社会形象。

（濮志晔）

第四税务分局

【概述】 2015年，第四税务分局紧紧围绕“法治引领、改革创新”的工作主题，牢固树立依法治税理念，主动服务经济发展新常态，以组织收入为核心，以绩效管理为抓手，严格落实征管改革和干部队伍建设新要求，围绕新常态，展现新税风，推进税收现代化建设稳步发展，全年组织各项收入66.82亿元，同比增长2.50%；其中组织税收36亿元，同比下降5.08%；实现公共财政预算收入24.45亿元，同比下降13.46%。积极与区财政、经信、国土等各级协护税部门建立定期联络机制，及时获取辖区内企业经营动态，有效了解税源情况。通过加强一次性税源排查，全年征收个人所得税12.95亿元，同比增长28.69%；通过与地税二分局协作，对辖区内建筑项目施工情况进行信息数据共享比对，及时掌握项目施工情况，为扎实做好建筑项目预清算提供数据支撑，征收建筑业营业税4.86亿元。通过开展土地增值税清算专业化团队应对，征收土地增值税0.31亿元，同比增长47.56%。以"创建法治税务示范基地"为目标，把依法治税作为税收工作的生命线，贯穿各项工作的始终，努力提高干部的依法行政意识和依法行政能力，着力完善"法治地税"制度体系建设，确保行政权力在法律和制度的框架内运行。以绩效指标评价为抓手，以建设"智慧地税"为中心，引入科学管理理念，加强信息资源的继承整合和高效利用。建立工作目标落实制度和定期提醒、通报制度，奋力实现风险绩效的争先进位，风险应对准期完成率95.25%，风险应对贡献率5.41%，通过风险应对实现税收1.75亿元，入库税收规模在市区分局排名第二，超额完成市局下达的管理绩效收入1.5亿元的任务。梳理并重新制定了各项风险应对管理规定，包括《税收风险应对管理办法》《风险应对延期规范》《外部人工风险采集流程报送规范》《风险应对绩效考核管理办法》，明确集体审议原则，案件流转及办结规定时限和绩效考核办法，合理分配资源，提高应对绩效。通过打造"幸福地税"和"惠民地税"，凝聚干部队伍的精气神，加强领导班子和队伍建设。以"5·10"思廉日为契机，组织廉政教育活动，结合案例，由"一把手"为全体干部上廉政课，告诫广大干部要牢固树立清廉意识，加强自律；召开班子成员和中层干部会议，对照"两个责任"清单，组织开展专题对照检查；组织参观预防职务犯罪教育基地等活动4次，征集廉政文化作品37篇，使干部职工经常接受警示教育，绷紧依法行使职权的弓弦。组织干部职工主动参与社区公益、社区党建、社区公职等公共服务事务，开展"红帆党员微帮助"活动，发挥党员干部模范带头作用，与美湖社区、南湖社区、马山小学达成牵手共建机制，并在江南大学创业园区建立全市首家"税企e+助创基地"。先后走访无锡贝斯特、金鑫集团、华瑞制药、华东重型机械等重点税源企业230次，解决314件涉税难题。先后获得"全市青年就业创业工作先进集体""三星级法治地税建设示范单位"等表彰。

【基本情况】 第四税务分局（原第七税务分局，2015年1月更为现名），位于无锡市滨湖区滴翠路98-1号。主要负责滨湖区内除重点税源应对局辖管对象以外管户的中等风险应对工作，至2015年12月31日，管辖各类纳税人35510户，其中企业纳税人22898户，个体工商户12358户，非企业单位254户。内设5个科室，实有干部54人，职工1人。

【机构设置及负责人】

综合科

科　长　潘　奇（2015年2月免）

　　　　潘　皎（2015年2月任）

副科长　娄从杰（2015年2月免）

　　　　严　杰（2015年7月任）

业务管理科

科　长　王广前（2015年2月免）

　　　　钱文宏（2015年6月任）

副科长　刘　杰

风险应对一科

科　长　蒋保足

副科长　李鸣伟

　　　　尹欣慰（2015年6月免）

风险应对二科

科　长　潘　皎（2015年2月免）

　　　　潘　奇（2015年2月任）

副科长　钱文宏（2015年6

月免）

蒋开一（2015年2月任）

风险应对三科

科　长　方世佩（2015年6月免）

惠天海（2015年2月任）

副科长　朱利亚（2015年2月免）

邵届化（2015年6月任）

【开展工业集中区厂房税源清理检查工作】 对辖区内的工业集中区域开展生产用房税收专项清理活动，通过落实区域税源联系人制度，确保以重点税源户为主的常规日常性税源预测和以分税种税源调查为主的阶段性税源调查顺利开展。利用街道、社区两级协护税网络组织，加强对工业集中区的编查工作，摸清生产用房建设的户数，掌握生产厂房建设进度动态。同时分区域、分类对相关纳税人进行涉税政策的税务行政指导，促使纳税人及时取得生产用房的建筑业发票，及时将完工厂房列入固定资产管理，及时完善房产税源登记，并通过实地勘察、限期改正的措施实施税源的跟踪管理，督促纳税人补缴入库营业税400万元，扩大房产税税基500万元。

【成立全市首家"税企e+助创基地"】 为加大对滨湖区创业大学生、中小企业支持力度，4月份，在江南大学成立无锡市首家地税创业导师团"税企e+助创基地"。基地活动室设在江南大学大学生创业园，活动室常设咨询辅导区、自主办税区和宣传手册取阅区、专题讲座区等功能区域，导师团定期与园区大学生开展活动。同时在江南大学内招募培训一支"税收政策义务辅导员"队伍，负责对创业大学生的日常辅导，对企业财务管理跟踪督导，发现涉税隐患及时消除，降低大学生创业税收成本，对30名大学生提供了创业税收政策帮扶，受理创业税收咨询90余次。

【精准服务助力企业上市】 6月，组建纳税服务专业团队，每月定期走访区内7户重点拟上市企业，了解企业上市最新进展，调研企业遇到实际问题，及时上报协调解决；吃透政策文件精神，加强税收政策辅导，规范企业涉税申报缴纳，为企业成功上市打好基础；加强与区经信局联系，联合开展拟上市企业政策辅导座谈会，加强与稽查局配合，取得此类企业个人所得税涉税信息，建立跟踪管理制度，全程辅导企业个人所得税申报缴纳，入库拟上市企业个人所得税0.8亿元。

【加强对投资公司税源监控管理】 通过关注投资公司经营管理是否合规、收入分配是否合法，重点关注各类投资公司签订理财合同条款等关键内容，对是否依法扣缴个人所得税进行严格的审核把关，防止税款流失，制定专人负责投资企业的税收服务工作，做到企业一落户、服务就到位，企业有需求、税务必联动，在组织收入工作取得进展的同时促使各类投资企业步入良性发展的轨道，入库该行业税收1.6亿元，同比增长200%。

【加强"房、土"两税管理】 9月，为进一步推进房产税和土地使用税税源管理，从滨湖区国土局取得自2006年到2012年辖区内200多户挂牌和协议出让土地的单位名单，通过与大集中系统中企业"房、土"登记信息进行比对，排查登记不全、数据有出入的疑点问题，对比掌控税源。先后排查出105户重点企业少登记、少申报土地使用税。以电话询问、税务约谈、实地核查等方式逐一核实疑点问题，纠错补漏，提醒督促企业补缴入库土地使用税。同时进一步核查税源登记、"房、土"两税缴纳等情况，对征管信息系统内"房、土"登记信息进行修正维护，有效提高征管信息系统"房、土"登记信息的准确性，通过信息对比、疑点排查、实地排查，查补入库土地使用税1600万元，入库房产税2800万元。

【助推"华东药谷"发展】 为帮扶生物医药企业更好发展，针对医药产业园部分生物医药制造企业对外部销售渠道依赖度高、议价能力低以及自主研发药品较少等情况，一方面鼓励企业改变销售模式，开拓自主销售渠道，减少药品流通环节的税收流失；另一方面，分析不同销售模式所带来的涉税风险点，组织税收专业团队主动上门开展送政策上门服务，帮助做好相关减免税备案，让企业用足用好税收优惠政策，协助企业完善内部风险控制机制、规避涉税风险，促进企业从低端仿制到高端创新的快速转型发展，医药产业园区缴纳税收6.70亿元，同比增长11.06%。

【补征单笔个人所得税7159万元】 在案头审核中发现某投资公司于2015年上半年开具发票1.8亿元，但是该公司今年的企业所得税预缴数却存在偏小的情况，于是立即对公司开展实地约谈，在调查中发现，该公司于2015年6月对该公司三位员工额外发放奖金1.59亿元，但却未扣缴申报奖金的个人所得税。据此确认该公司未将额外发放奖金与当月工资、薪金收入合并申报，存在少扣缴个人所得税的问题。在有理有据的剖析下，该公司承认未按规定及时扣缴个人所得税，补缴个人所得税税款7159万元，并加收滞纳金28万元，成为2015年无锡地税局单笔补征金额最大的个人所得税工资薪金税款。

【构建创客“绿色通道”】 11月，深入江南大学国家科技园，就创客们关心的税收政策进一步解读，从办证、纳税、筹划等环节向大学生创客介绍新办企业需要注意的准备工作，并为广大学生提供可以最大限度减少往返次数的优选方案。同时编制发放《小微企业税收优惠政策合辑》，通过案例分析和导师答疑等途径整合解读各类创业政策、资源路径，为创业青年打造全景创业地图。全年在江南大学开设税务课堂12场次，服务受众逾300人次。

【积极参与“12·4”全国法制宣传日活动】 12月，参加由市委宣传部等单位主办的“让宪法成为社会共同的信仰”主题宣传活动。宣传活动在无锡市滨湖区万达广场展开，根据现阶段税收政策及地税工作特点，整理相关税法宣传手册，将“智慧地税”App的推广宣传单和无锡地税微信平台宣传单及时分发到群众手中。同时就税收知识进行普及和宣传，耐心解答群众关心的个人所得税、房产税等涉税问题。现场发放宣传资料300份，帮助群众关注地税官方微信30人次。

【与美湖社区开展结对共建活动】 参加社区文明建设，与美湖社区结成文明共建对子，大力支持社区文明发展。双方制订了社区共建工作方案，按季度召开联席会议，通过共建开展活动，及时解决在共建中存在问题，确保共建活动深入开展。双方围绕党建、廉政文化、共青团工作进行互动交流，协助社区党组织宣传国家方针政策，强化社区居民的依法纳税意识。同时积极为美湖社区提供物力、财力等支持，帮助社区居民解决实际困难，向社区困难群众及孤寡老人赠送粮油、大米等物品价值2万元。

（马戎真）

第五税务分局

【概述】 2015年，第五税务分局紧紧围绕“法治引领、改革创新”工作主题，加强“四个地税”建设，突出组织收入、税源管理、风险应对、依法治税、税收服务、干部队伍、文化建设七方面重点工作，全面完成了各项目标任务，征收各项收入70.82亿元，同比增长1.29%，其中征收地方税收26.91亿元，征收公共财政预算收入19.86亿元。在税收工作中，建立组织收入联动机制，强化税收收入预测分析，加强税源排查堵漏增收，打造“扁平化”税源管理模式、开展“集约化”管理事项处置、实施“团队化”管理项目应对，完成了上级交办的各项税源管理任务；在落实规范执法行为、强化执法监督、落实税收优惠政策等方面下功夫，努力营造公平公正的税收环境；积极构建了和谐税收体系，严管与善待并举，以凝聚队伍向心力为重点，强化党风廉政建设和作风建设，开展“雁翔税月”系列文化活动，激发队伍活力，提升队伍素质，先后荣获第三次全国经济普查先进集体、无锡市青年文明号示范点、南长区服务城区经济发展优胜单位。

【基本情况】 第五税务分局，位于无锡市南湖大道590号。负责崇安区、南长区、北塘区内除重点税源应对局辖管对象以外管户的中等风险应对工作；承担堵漏增收职能和税收（基金费）收入任务落实的主体责任，落实政府联系人制度，负责实施辖管对象的税源监控分析、税源排查联动和税源信息反馈等风险信息管理工作。下设6个科室，实有干部职工72人。

【机构设置及主要负责人】

综合科

科　长　倪颖洁

副科长　钱洁（7月任）

业务管理科

科　长　曹　煜（1–6月以副代正，7月任）

副科长　朱燕娜

副科长　陈　欢（7月任）

风险应对一科

科　长　杜　茗

副科长　朱明晔

风险应对二科

科　长　蔡　寅（1–6月以副代正，7月任）

副科长　李　莉（7月免）

副科长　胡大立（7月任）

风险应对三科

科　长　孙千尊

副科长　胡大立（7月免）

副科长　戴　琦（7月任）

风险应对四科

科　长　沈　健

副科长　张宇雄

【组织各项收入70.82亿元】 面对严峻的经济税收形势，多措并举挖掘潜在税源，建立组织收入联动机制，强化税收收入预测分析，加强税源排查堵漏增收，税收收入呈现先抑后扬的特征，共征收各项收入70.82亿元，同比增长1.29%；其中征收地方税收26.91亿元，征收公共财政预算收入19.86亿元。

【建立税收联动机制】 建立以税源监控、风险管理、收入分析为主要抓手的组织收入联动管理工作机制，对内落实目标分解，明确职责分工，强化风险管理，形成以税源分类监控为核心的联动工作机制；对外支持经济发展，优化财税对接，大力依托各级政府和协税护税组织，形成以第三方涉税信息为支撑的联动工作机制，实现组织收入在数量、质量、增速、结构四个方面的突破。

【不动产司法拍卖入库税收1400万元】 针对法院查封、扣押、强制拍卖不动产日益增多的情况，建立与法院的协税护税网络，跟踪法院在淘宝网开设“司法拍卖”进行网上公开拍卖的情况，发现辖区内进入破产程序的金玉良缘贸易有限公司正被法院强制拍卖市中心一评估价格2亿元的商业用房，主动与无锡市中级人民法院联系，对拍卖该商业用房的产权转移行为入库税收1400万元。

【强化医疗机构个人所得税专项管理】 3月初，逐一走访排查崇安、南长、北塘三城区范围内10余家主要医疗机构，摸清、掌握年终奖金的发放情况。加强监控促申报，将申报进度纳入日常监控范围，提高督促力度；针对征纳双方信息不对称的现象，探索并初步建立医疗机构专项沟通机制，掌握医疗机构聘请的专家坐堂收入、闲置房屋出租收入等情况，有效堵塞征管漏洞，组织三城区医疗机构年终一次性奖金的个人所得税1500万元。

【加强建筑项目税收征管】 多方搜集系统内、外的与建筑项目有关数据，主要有区和街道重点项目基本情况、财务报表“在建工程”栏目余额数、建筑项目开票数、税源登记数、“房、土”两税征缴数等相关数据。根据各项数据的特性，深度挖掘数据与数据之间逻辑审核关系，在调取近5年财务报表中“在建工程”有余额的单位进行分析比对，经过整理排查，梳理出602户待核查单位，并从中抽取12户单位进行调查摸底，通过前期排查，及时对发现的问题进行总结，明确核查方向，典型引路，全面扎实开展核查工作，入库税收6500万元。

【开展税源“三化”管理】 打造“扁平化”税源管理模式，对机外税源管理事项进行分析梳理，综合考虑人力资源配置、事项难易程度、任务对象数量等要素，减少管理层级，对部分重要性、复杂性和政策性强的税源管理事项由业务管理科、专业团队直接承担或牵头管理；开展“集约化”管理事项处置，对部分面广量大可以集中处理的事项，通过集中培训、风险自查、重点抽查的方式进行集约化处理；实施“团队化”管理项目应对，抽调业务骨干组成专业团队，着力破解工作中的难点问题，对部分重要事项进行团队化应对。

【加强“事前事中事后”风险应对管理】 以风险管理为导向，通过事前分析，明晰风险任务疑点与应对重点；事中指导，召开风险应对团队分析会，集中团队力量研究解决具体难题，明晰税收政策和应对措施；事后审议，对涉案金额较大、具有典型代表意义的风险应对案件进行集体审议，突出依法合规性，不断提升风险管理效能，完成中等应对风险任务1234户次，入库中等风险应对税款1.41亿元，在市局举办的全系统“典型引路 绩效提升”税收风险分析竞赛中荣获二等奖。

【主动服务大学生创客企业成长】 积极响应李克强总理提出推动“大众创业、万众创新”的号召，为南长区大学生“众创空间”提供全方位的支持，针对大学生创客企业在创办阶段的特性，由青年志愿者团队扎口，与大学生创客企业保持互动沟通，对大学生详细介绍“三证合一”后如何办理、注销税务登记证，并主动编写大学生创客企业涉税服务指南，将无锡地税局征管改革后各项业务流程用简明易懂的方式介绍清楚，并将优惠政策一一列明，大力支持大学生创客企业“众创空间”的成长。

【推进岗位绩效管理】 对组织绩效目标层层分解，分别形成领导班子成员、正副科长、一般工作人员三个层级的个人绩效目标，使个人行为与组织目标趋向一致；年度目标与月度任务相结合，按月编制分局《重点工作目标任务书》，分解目标、任务到人、以月保季、以季保年；沟通辅导与质量控制相结合，编制计划加强沟通，把握工作主次，实施过程中通过《绩效通报》掌握进度，对未达标事项分析原因，提出改进措施与后续处理建议；定量考核与定性评价相结合，基于绩效管理系统自动抓取的数据按照考评规范给予个人岗位绩效五个级别的定性动态评价。

【在清名桥历史文化街区设立“阿福税收小站”】 在继续办好商业大厦、八佰伴、王兴记、三凤桥、家乐福、穆桂英、中国旅行社等七个“阿福税收小站”的同时，4月，选择无锡唯一的世界文化遗产地清名桥历史文化街区，设立第八个“阿福税收小站”，无锡“阿福税收小站”升级首次落到名胜景区，进一步扩大了税收宣传的辐射面和影响力。税务干部耐心向游人、街区小业主们解释无锡“阿福税收小站”这一税收宣传品牌，并向群众宣传个人所得税、二手房买卖、私房出租等涉及百姓民生的税收政策。

【开展“雁翔税月”系列主题文化活动】 开展“雁翔税月·心灵家园”读书交流活动，开展“雁翔税月·七彩课堂”主题公益活动，团支部与芦庄试验小学结对，开设“税收——道德讲堂”课，开展捐赠书籍建立“阿福书柜”等丰富多彩的活动；组织“雁翔税月·手作嘉年华”主题交流活动，在“清明桥历史文化街区”设立“雁翔税月—手作嘉年华”交流基地，并在“三八”国际妇女节、“八一”建军节组织干部开展交流活动。

（钱　洁）

第六税务分局

【概述】 2015年，第六税务分局紧紧把握征管改革的关键环节，主动应对税源基础管理的难点，圆满完成年所得12万元以上及二处以上个人所得税自行申报工作，申报人数48013人，补税1026万元；有效规范社会保险费征缴工作，管理正常参保单位25万户，征收社保费178.82亿元，社保征缴率达99.83%；顺利完成2014年度企业所得税汇缴工作，对12787户查账征收企业、4689户核定征收企业进行年度汇缴；加大欠税和社保欠费清缴力度，清理欠税8536.79万元；创新推行税务信用“红名单”，助力中小微企业成长发展，探索推行税务信用“黑名单”，与银行共建企业征信管理体系；采取集约化处理方式，全面做好催报催缴工作；推进文化建设，成立“爱无残缺”志愿者服务队，组织“知行杯”全市地税系统乒乓球邀请赛，组织开展“寻找最美读书人”摄影活动。

【基本情况】 第六税务分局，位于无锡市梁溪区工运路18号。主要负责市区基础税源管理及基金费的管理。下设7个科室，实有干部职工82人。

【机构设置及负责人】

综合科

科　长　杨晓敏

副科长　钱小波

业务管理科

科　长　徐　祎

副科长　唐太芳

副科长　赵晓龙

基础管理一科

科　长　王　辉

副科长　陈　林

基础管理二科

科　长　顾　磊

副科长　雷　澍

基础管理三科

科　长　杜晓玲

副科长　王　欣

基础管理四科

科　长　匡海军

副科长　朱慧婷

基础管理五科

科　长　陆志平

副科长　蒋　萍

【采用媒体公告送达方式进行集约化催报管理】 2月，严格按照《税收征管法》规定程序，对未按规定期限办理纳税申报和报送纳税资料，或者未按规定的期限向税务机关报送代扣代缴、代收代缴税款报告表和有关资料的2238户纳税人（扣缴义务人），发出《责令限期改正通知书》，并首次采用在《无锡日报》发布公告的方式进行文书送达，对催报工作实施集约化管理。

【召开协税护税座谈会】 3月18日，组织召开2015年协税护税座谈会，崇安、北塘、南长、新区、滨湖区的财政局负责人，26个街道领导及财政所负责人，各委托代征工作站代表等80余人参加会议，会议介绍分局新组建的情况以及年度的工作重点、介绍无锡征管改革情况和分局的主要职能及协护税工作内容。各区财政局负责人做了发言，阐述与地税部门加强沟通协作的工作思路，还与各委托代征站的负责人签订委托协管协议书。

【与人民银行共建征信体系】 4月10日，在市局党组成员、总经济师严郓带领下与中国人民银行无锡市中心支行协商签订《企业信用信息共建战略合作备忘录》。双方共同加强企业征信管理，由税务部门将企业不申报、未按期申报等涉税行为提供给中国人民银行征信部门，中国人民银行征信系统据此出具税务信用等级报告给商业银行。商业银行以此报告作为其发放金融贷款的依据，对存在严重纳税失信行为的企业的信贷申请进行限制，从而将纳税人纳税信用级别与企业融资发展有机结合，实现纳税服务与金融服务的对接。

【税银合作助力小微企业发展】 为进一步加强纳税信用体系建设，树立守信激励的纳税信用价值导向，有效解决小微企业“融资难”问题，满足小微企业融资需求，与江苏银行进行互动合作，创新“红名单”工程，由税务部门筛选出企业纳税记录较好、税务信用等级较高、具有融资需求的小微企业，将其列入税务信用“红名单”提供给江苏银行。通过减少贷款审批环节和手续、降低贷款利率、提供贷款额度等三个方面，切实帮助小微企业得到“更快、更便捷”的贷款资金，助推小微企业生产发展。

【完成个人所得税12万元自行申报工作】 成立以分管局长为组长的工作领导小组，形成“业务管理科统筹抓+基础管理科具体抓”的工作模式，专题部署个人所得税12万元申报工作；根据主题税源平台中的数据，对符合条件的纳税人进行筛选，并采取点面结合的模式进行宣传；在申报过程中按照“普遍优化税收服务、重点群体紧要关注”的思路，对高收入行业，采取点对点联系、直接送政策上门等税收政策宣传工作，48013人自行纳税申报个人所得税，补税1026万元。

【做好个人独资和合伙企业汇算清缴工作】 成立汇算清缴工作小组，分管局长专门负责，业务管理科牵头协调，各基础管理部门进行任务分解。将个人独资、合伙企业个人所得税汇算清缴与企业所得税汇算清缴工作集合起来，做到统筹兼顾两不误.对核定征收个人独资企业、查账征收个人独资企业以及合伙企业分别列出具体工作要求，重点关注合伙企业和征收的个人独资企业，定期通告汇算清缴工作进度，使个人独资和合伙企业汇算清缴达到100%。

【全面完成企业所得税汇算清缴工作】 利用国、地税交换信息平台和征管系统全面梳理汇缴企业对象，摸清应汇缴户底数，防止重复和漏管，做好企业所得税汇缴的提醒和辅导工作，引导企业根据汇缴培训计划合理选择培训时间，同时委派骨干参加各个培训分会场，深入了解企业经营信息和纳税情况，开展宣传辅导、现场答疑，顺利完成12787户查账征收企业和4689户核定征收企业的年度汇缴工作。

【走访装备制造企业调研产业发展情况】 中央陆续出台一系列扶持装备制造产业的优惠政策并制定"中国制造2025"的战略目标、鼓励装备制造产业的发展后，侯平局长带领税务干部连续走访辖区十余家装备制造企业，调研了解企业生产经常情况，听取企业负责人在生产经营、融资发展、财税政策、政府管理等方面的意见。并针对企业不同特点和需求加强精准服务、分类指导，满足企业多样化的税收需求，及时为无锡亚中自动化设备有限公司等多家企业办理固定资产加速折旧、高新技术企业认定指导、企业研发费用加计扣除等税收事项，切实支持实体经济发展，增强企业发展活力和动力。

【开展"阿福小税官"税收宣传活动】 1月18日，在无锡国际学校举办"我是阿福小税官"活动，活动采取"双方互动、分组竞赛、知行合一"的游戏方式，通过游戏活动获得一定的收入，算出个人应该缴纳的个人所得税，然后将税金上缴"国库"进行重新分配，建造桥梁、道路、学校等。小学生们通过简单的游戏活动了解税收与人们日常生活的关系。

【强化股权转让税收管理】 对有重大股权转让的8户企业进行调查，发现纳税人、扣缴义务人涉嫌少缴或少扣缴税款2772万元。对此约谈被调查对象的法人和财务负责人，从面谈中捕捉信息来确定或排除疑点，对疑点无法解释且金额较大的，进一步采取实地调查的方式，在调查过程中注重对企业的税法宣传、财务辅导工作，使纳税人做好股权转让的申报工作，并与房管、土地、工商等相关部门加强联系协调，提高管理的针对性。

【规范社会保险费征缴工作】 研究制订《社会保险费陈欠户重点管理办法（拟）》，将重点欠费单位纳入重点监控范围，切实加强日常监管和动态跟踪，将累计欠费额达到50万元以上的欠费单位列为重点监控对象，实施建档管理，一户一档，跟踪控管，全力追缴。同时，主动作为，密切与社保局、法院、工商、人民银行等部门的数据交换、沟通联动，提高社会综合治费能力、拓展社保费征缴成效，征收社保费178.82亿元，征缴率99.83%。

【召开领导班子"三严三实"民主生活会】 12月28日，深入贯彻"严以修身、严以用权、严以律己，谋事要实、创业要实、做人要实"的要求，召开领导班子"三严三实"民主生活会。在民主生活会上，局长侯平围绕"三严三实"进行对照检查，在理想信念、道德境界、思想改造、履责用权、教育管理、理论学习等方面深入查摆问题，剖析产生问题的原因并有针对性的提出整改措施。领导班子成员结合工作和生活实际，查摆自身存在的问题42条，开展批评与自我批评。

【举行"5·10"思廉日系列活动】 6月16日，召开"5·10"思廉日一把手讲廉活动，努力将党风廉政建设工作落实到"依法履职、忠实履职、高效履职、安全履职"的税收工作主线上，不断凝聚"清莲"地税正能量，着力为"四个地税"建设提供坚强保障。组织税务干部到无锡市预防职务犯罪警示教育基地——雪浪检察院接受实地警示教育，让干部深刻意识到职务犯罪就在身边，认识到要正确行使手中的权力，常怀律己之心，常思贪欲之害，筑牢拒腐防变的思想防线。

【召开党工团选举大会】 2月28日，召开党支部委员会选举会议、工会委员会选举会议和团支部委员选举会议，全体干部职工参加会议。根据《党章》规定、党建工作要求进行党总支选举，并根据党员实际情况，选举成立三个党支部，选举侯平为党总支书记。根据《中华人民共和国工会法》、《中华人民共和国工会章程》以及机构改革实际，进行工会选举，成立新的工会委员会，选举路平为工会主席。根据《无锡地方税务局第六税务分局团支部换届选举办法》规定，结合团建工作要求及实际，选举王欣为团支部书记。努力把组建好党群组织作为深化征管改革的重要一环和加强现代化建设的重要组成部分，充分发挥基层党组织的战斗堡垒作用和工会、共青团组织的桥梁纽带作用。

【与江苏银行结对共建党工团组织】 3月11日，与江苏银行无锡分行结对共建党工团组织。市局党组书记、局长丁源，党组成员、总经济师严郓一行及分局领导班子、党工团负责人等参加，与江苏银行无锡分行签订党、工、团结对共建承诺书，相互赠送书籍。局长丁源对双方形成“结对共建、资源共享、携手共进、互惠共赢”的共建模式表示肯定，并对如何进一步加强沟通交流、密切税银合作提出三个“深度融合”的殷切希望：积极适应新常态，将结对共建与繁荣文化深度融合；积极探索新路径，将结对共建与管理业务深度融合；积极承载新使命，将结对共建与服务民生深度融合。

【开展扶助孤残儿童活动】 3月3日，走进市儿童福利院，给260多名残孤儿童送去营养食品、紧缺物资，给残障儿童带去温暖的关爱和呵护。“地税妈妈”们在教学区、活动区、康复区、休息区了解孩子们的日常起居、学习环境、康复课程、医疗器械等情况，与他们零距离接触。与儿童福利院结对共建，将扶助残孤儿童作为重点创建项目之一，并成立“爱无残缺”志愿者服务队，以实际行动带动和影响身边的所有人来关爱社会弱势群体，使折翼的天使们感受到人间的温暖。

【举办“知行杯”乒乓球俱乐部邀请赛】 10月11日，举办无锡地税系统“知行杯”乒乓球俱乐部邀请赛，12个代表队报名参赛，近80名干部职工参与活动。活动分为两个阶段，第一阶段为小组循环赛，第二阶段为淘汰赛，宜兴局代表队获得团体冠军，惠山局代表队获得团体亚军，江阴局代表队获得团体季军。

（赵　雯）

第七税务分局

【概述】 2015年2月，第七税务分局在征管改革和职能调整中重新组建，无锡地税局党组成员、纪检组长邵云来分局对执法督察工作提出了“理清思路、建立制度、强化培训、形成合力”的要求。3月，无锡地税局党组书记、局长丁源明确指出分局工作的定位和思路，即牢牢把握服务大局、促进管理、辅助决策的督审工作定位，要求从明确职能定位、规范制度流程、创新工作机制、把握工作重点、抓好人才培养等五个方面扎实开展各方面工作。全年风险应对复审户数111户，占市区风险应对完成户数的3.48%，发现问题66户，补缴税款517.12万元；完成对4家单位的建筑业专项执法督察，选取39户企业开展案头核查和部分实地延伸核查；完成6家单位的年度执法督察抽查，发现问题31个，涉及纳税人62户次，纠正违规税款513.70万元。同时，以“管理流程模板化、数据信息多样化、评审体系标准化”为主框架完成“执法督察项目化运作”创新课题；在系统内推出“每周工作提醒”；记录阶段性工作结果和证据；于每周五下午讨论绩效推进情况和疑点、难点问题，推进绩效管理的具体实施；强化干部培训和业务研讨；深入开展服务型基层党组织建设，搭建“图书角”，设立“微课堂”，美化“文化廊”，提升干部的文化素质和思想道德水平，综合科获评无锡市“青年文明号”。

【基本情况】 第七税务分局，位于无锡市滨湖区滴翠路98-1号5楼。主要负责实施全系统税收法律法规、部门规章及规范性文件执行情况的日常监督检查；负责实施全系统组织税收收入质量、风险应对质量等执法质量情况的监督检查；组织落实市区税收执法责任制工作；负责全系统税收执法风险数据信息归集、分析、利用等工作。内设两个科室，实有干部职工13人。

【机构设置及主要负责人】

综合科

科　长　张　佳（2015年6月1日任）

副科长　张　佳（2015年6月1日免）

督察科

科　长　侯　宇（2015年2月1日任）

副科长　周余珍（2015年2月1日任）

【重新组建第七税务分局】 根据《江苏省无锡地方税务局关于完善和深化税收征管改革的实施意见》，于2015年2月组建第七税务分局（执法督察局）。首任局长张农高（兼），副局长顾建碧（正科职）。5月，顾建碧调出任税收风险监控局局长；张晓阳调进任副局长（正科职）。综合科，负责分局内部行政、文秘、人事、财务、固定资产和后勤管理等工作，对口市局行政处室工作；负责落实市区税收执法责任制工作；负责全系统税收执法风险数据信息的归集、分析、利用等工作。督察科，负责实施全系统税收法律法规、部门规章及规范性文件执行情况的日常、专项、重点监督检查；负责实施全系统组织税收收入质量、风险应对质量等执法质量情况的监督检查工作。

【开展建筑业专项督察】 5月初到6月上旬，先后对一分局、三分局、江阴局、惠山局在建筑业项目登记管理、窗口代开建筑业发票等10个方面的执行情况开展专项督察，选取39户建筑企业开展了案头核查和部分实地延伸，发现了包括建筑业纳税义务产生与缴税时间不同步、建筑项目预清算工作成效欠佳等几类问题，形成的督察报告《关于建筑业项目预清算的情况与建议》被局长丁源批示，列入市局当期重点工作计划。

【完成全市税收执法督察抽查】 6月16日至7月31日，分两个督察小组对第六税务分局、第二税务分局、宜兴局，第五税务分局、锡山局和稽查局开展重点抽查，抽查内容主要包括落实税收优惠政策情况、严格税收执法情况等四大类12个项目，发现问题31个，涉及纳税人62户次，纠正违规税款513.70万元，其中发现少征税款513.59万元、多征税款0.11万元，全部整改到位，加收滞纳金3.18万元、补收罚款0.03万元。

【实施风险应对质量复审】 先后推送3批中等风险应对复审任务、1批高等风险应对复审任务，合计111户，占市区范围风险应对完成户数比例3.48%，超过省局年度绩效管理2%的监控指标，其中发现问题66户，发现问题率59.46%，补缴税款517.12万元，加收滞纳金16.74万元。

【创刊《执法督察专报》】 为了更好地实现执法督察工作的中心定位，促进全系统干部队伍的安全尽责履职，分局编撰《执法督察专报》，通过督察动态、分析建议、基层反映、他山之石等，向市局领导直接反馈督察中发现的问题与建议，先后编写5期，其中分析建议8篇、基层反映5篇。

【探索"执法督察项目化运作"】 将项目管理的理论与方法，引入税收执法督察的领域，通过规范化、科学化、标准化的管理来提升督察工作质效。该项目以"管理流程模板化、数据信息多样化、评审体系标准化"为主框架，其中两个督察模板的制订，理清了既有两种督察任务的工作流程，明确了各个工作节点的职责，并通过内外评价强化内控，对督察工作的开展具有重要作用。

【组织干部培训】 2—4月先后参与了20场次省、市局组织的各条线培训。5—9月，伴随着专项督察、重点督察的开展和深入，还组织了4场有针对性的查前、查中培训，并在工作阶段性完结时，组织全员业务讨论学习。9—12月，随着创新项目的框架完成，开展了12次督察创新实战应用讨论，在工作中验证创新成果。

【开展党建交流活动】 8月25日，组织全体干部前往江阴华西村，参观吴仁宝故居和华西之路展览馆，并与现任村支书吴协恩进行面对面交流，了解学习华西村作为中华第一村的成长经历以及进入20世纪90年代以来，华西村自身转型发展的再创业历程。吴协恩书记向干部每人赠送一本《吴仁宝箴言》，让大家可以从生活工作的点滴话语中感受老书记的人格魅力、坚定的共产主义信念和终身为人民服务的崇高境界。10月10日，走进无锡市锡山三建实业有限公司，学习企业先进的党建文化和党群工作经验。11月4日，与税收风险监控局党支部交流党建经验，着眼于如何更好的服务基层、服务大局。

【开展廉政教育】 5月7日下午，全体党员干部走进滨湖区“明廉清心”感悟教育基地参观学习，依次观看廉政教育微电影，参观廉政文化走廊、反腐决心、案例警示、认识误区、滨湖预防等教育展区，认真聆听工作人员的讲解，详细了解古今中外反腐倡廉建设的历程；通过对典型案例的近距离接触，深入剖析党员干部违法违纪的思想根源，提高了对预防职务犯罪重要性的认识，增强党员干部廉洁自律的信心、决心和拒腐防变的能力、毅力。

【打造“护航”税收文化品牌】 围绕执法督察工作定位和特点展开业务、凝聚团队、培育文化，在税源专业化改革的大潮中，为改革的顺利进行、为干部的安全履职护航。开设“图书角”，除了税法业务类书籍和推荐必读书目等之外，包括亨利·基辛格的《论中国》等一批传世经典或热门典籍，成为干部的案头书。设立“微课堂”，作为干部文化素养提升的延伸领域，由干部自己备课授课，交流包括业务、廉政、文化等诸多方面的心得。美化“文化廊”，将督审工作规范、德能勤绩廉的考核要求、岗位职责、廉政格言等，均纳入文化廊的公示范围，一方面提供直观的视觉展示，另一方面通过日积月累将这些内容渗入每一位干部的行动自觉，通过外在的文化廊，筑牢心中的文化墙，以文化促廉洁，优环境促自觉。

（张　佳）

税收风险监控局

【概述】 2015年，根据《江苏省无锡地方税务局关于完善和深化税收征管改革的实施意见》，撤销税收风险评估分局，设立税收风险监控局。税收风险监控局按照市局党组关于深化完善征管改革的统一部署和相关要求，全面梳理省地税局明确的25项税源管理事项和改革赋予税收风险监控局的新职能，迅速明确角色定位和肩负使命，根据新形势、新要求，对原风险评估分局相关机制进行“升级”，对税收风险监控局承担的各项职能逐一梳理细化，做到职能清、任务清、目标明，为充分发挥税收风险监控局在全系统风险管理新格局中的职能作用、打下坚实基础。做好风险指标和模型的建设维护工作，统一进行风险识别并对识别的税收风险进行排序、定等，区分不同风险等级，分类处置应对任务。以风险分析竞赛的方式，收集34个风险分析识别项目。落实税源反馈制度，对“资产损失、政策性搬迁、专项用途财政性资金延迟计入应纳税所得额、企业重组特殊性税务处理”4类事项建设风险指标开展专项识别。组织中等风险应对人员进行风险应对业务基本业务技能培训，分三期对全系统514位风险应对人员开展风险应对系统功能熟悉、工作流程运用，审核约谈技巧等全面培训。全年推送风险管户12311户，其中中等风险推送11932户；完成风险应对11554户，其中中等风险完成应对11179户。风险应对入库绩效31.5亿元，应对贡献率5.49%。

【基本情况】 税收风险监控局，位于无锡市新生路108号。负责省地税局明确的25项税源管理事项的集约化处理；负责全市税收风险管理的统筹组织；承担涉税举报信息处理职能、税源管理机构反馈税源信息的归集分析利用职能，其他第三方涉税信息（包括系统内外、上级下级等各方面提供的涉税信息及互联网涉税情报信息）的归集和分析利用等管理职能，负责风险识别、风险等级排序、风险任务推送工作，组织实施风险指标、风险模型的建设和维护工作，承担大企业管理的组织职能，负责制定风险管理的各类制度规范、管理流程优化和风险应对管理等工作。内设4个科室，实有干部20人。

【机构设置及负责人】

综合科（涉税信访举报统筹处置中心）

副科长　杨　蕾（2015年2月任）

风险识别一科

科　长　杜　昉

风险识别二科

科　长　刘　桁

任务管理科（大企业管理科）

科　长　陈荣良

副科长　陈　静（2015年6月任）

（杨　蕾）

【开展第三方信息分析利用】 以第三方数据分析利用为税收风险应用重要抓手，依托市税收保障平台，沟通协调数据的交换和传递；主动和税政等业务处室对接，深度挖掘数据风险利用价值；充分发挥二市二区局各自区域优势，形成互补合力。采集国税、国土、人民银行、工商、社保等40个部门第三方数据1449万条数据，创建33个风险指标，实现风险绩效10.31亿元。

（徐秀龙）

【开展互联网涉税信息采集利用】 进一步完善互联网涉税信息采集利用机制，继续采集团购、天猫、影院、物业等信息，针对尚未利用的物业信息建设风险指标，推送应对，产生应对绩效135.32万元；将天猫信息向市国税局共享。在此基础上，新增27个网站的51项数据采集需求，覆盖我局征管的上市企业在上交所、深交所、创业板的所有企业的相关信息、三市县商品房销售信息、发改委等13个政府网站、产权交易等7个行业信息网站。以“一项一表”方式逐项分析采集数据，应用物业楼盘信息、江苏省土地市场网、物价团平台等网站采集的楼盘物业数据、国有土地受让相关数据、团购消费数据建设风险指标，识别风险疑点并推送应对，产生应对绩效1.47亿元。与市国税建立数据共享机制，向国税提供天猫销售数据用于线上商品交易监控。

（刘　桁）

【构建税收风险管理运行机制】 从规范风险管理制度体系入手，制定《风险管理工作机制》，明确“计划统筹、协同采集、各自分析、集中识别、规范应对、科学评价”的24字风险管理要点，通过六大环节环环相扣、规范运作、部门协作的工作机制和运作流程，充分发挥风险监控部门的统筹协调作用，使各部门各司其职、顺畅运行，构建风险管理大格局。

（杨　蕾）

【开展团队化风险识别和处置工作】 组建风险管理人才库，组织专业团队人员开展团队化识别，实现风险识别人机结合。会同税政一、二处，分别对建筑项目风险进行分项调研，完成建筑业、房地产业专项风险应对。开展企业所得税汇缴、高收入个人所得税风险、非居民企业申报风险团队化识别与应对工作，其中非居民企业申报风险补缴税款4781万元。

（陈　静）

【组织开展“典型引路，绩效提升”税收风险分析与应对技能系列竞赛活动】 为切实增强基层地税组织税收风险分析与应对能力，培养一批优秀的税收风险分析与应对人才，有效提高税收风险分析与应对绩效，会同人事处、无锡市总工会联合举办“典型引路、绩效提升”税收风险分析与应对技能系列竞赛。系列竞赛包括全系统业务考试（风险管理类）、优秀案例与文书展评、风险分析竞赛、风险应对绩效评比4个子竞赛项目。473名税务干部参加全系统业务考试（风险管理类）；40份案例文书参与优秀案例与文书展评；34份税收分析报告参与风险分析竞赛。根据竞赛结果，6家单位获得“团体优胜奖”；6个案例被评为风险应对“优秀案例”，6人被评为税收风险“分析能手”；10人被评为税收风险“应对之星”。荣获个人综合奖第一名的毛南媛同志，由无锡市总工会授予“无锡市五一劳动奖章”荣誉称号；荣获个人综合奖第二名、第三名的何翔、徐玺，由无锡市总工会授予“无锡市五一创新能手”荣誉称号。

（陈智能）

【开发“风险应对任务管理与绩效评价系统”并上线运行】 为强化对风险应对任务过程和应对质量的全环节监控，成功开发应用“风险应对任务管理及绩效评价系统”，并荣获无锡地税系统创新项目二等奖。系统包括质量监控、任务管理、绩效评价、全局通报四大类40多个指标，既涵盖上级部门的考核评价要求，又满足日常管理需要，既包括组织绩效考核指标，又包括个人绩效评价指标，既注重事后评价，更关注事中控制。

（陈荣良）

【开展大企业监管试点】 组织开展中国海洋石油总公司等6户

总局定点联系企业集团的无锡13户成员企业2010–2014年的税收审计工作，企业自查补报税款397.35万元，约谈自查税款173.48万元，实地核查应补9.78万元。9月起，对列入试点的大企业开展大企业税收服务与监管试点工作，工作分为信息收集、风险自查、风险识别、风险应对和反馈提高5个阶段。对选定的企业集团总部和重点成员单位进行风险事项分析排查和初步确认，运用软件工具开展税收风险分析，补缴税款600万元。

（陈　静）

【统筹处置涉税案件的举报管理】 3月，成立涉税举报案件统筹处置中心，制定《税收违法举报检举线索统筹处置办法（试行）》，制定涉税检举案件处理流程，设计开发《涉税检举案件处理电子流转单》，并入绩效管理平台进行日常管理。统筹推送举报任务485户，准期完成率98.89%，查补税款1267.37万元。

（陈荣良）

稽查局

【概述】 2015年，稽查局认真贯彻落实全市地税工作会议和全省地税稽查工作会议精神，以服务税收工作大局和"四个地税"建设为中心，主动适应新常态，以落实稽查职能定位、提升稽查绩效为目标，开展稽查体制、机制改革，增强稽查执法能力，打造稽查高素质干部队伍。全年立案检查140户，结案户数146户，结案率104.29%，查补收入总额2973.47万元，其中百万元以上案件11户，千万元以上案件1户。开展高风险应对辅助系统专门培训，统一每个风险指标处理的工作底稿和应对内容，实现风险应对过程标准化和规范化，提升高风险应对体系闭环管理实效和高风险应对工作绩效。在高风险应对过程中认真履行稽查职责，着力稽查成果转化，深入推进稽查成果增值利用工作，放大稽查工作效能，努力在"以查促查，以查促管，以查促收"上取得成效。通过互联网、第三方数据等各种信息平台扩大对被查单位外部信息的采集面，丰富信息来源。拓宽税务稽查的办案思路，加强外围调查取证的运用，重点关注被查单位的业务往来单位和关联企业之间的交易行为，提高证据的完整性。强化查后分析调研工作，一方面规范稽查报告中稽查建议的撰写，更多的针对征管工作及制度的盲点、漏洞，提出有参考性的稽查建议；另一方面做好各项专项检查的总结工作，努力提升专项检查总结的质量，并逐步实现由总结向调研转变，系统归纳检查中发现的问题，实现稽查成果由"零星碎片化"向"整体集成化"转变，被评为全市地税系统"依法行政示范单位"。

【基本情况】 稽查局，位于滨湖区周新西路2号。主要负责指导、协调和管理全市地方税务稽查工作；组织落实税务稽查法律、法规、规章及规范性文件，拟订具体实施办法；监督检查全市地税系统征管对象执行地方税收法规、政策及制度情况；组织查处税务违法案件；牵头组织全市地方税收专项检查工作；组织全市或区域性地方税收专项整治工作；受理税务违法案件的举报，承担案件的转办、查办工作；协调公安、检察、审判等机关处理税务稽查有关工作；承担风险部门推送的高等风险的应对工作。内设9个科室，实有税务干部职工50人。

【机构设置及主要负责人】

综合行政科

科　长　金　成（副科级）
（脱产攻读博士）

副科长　蔺国威（副股级）
（3月任）

业务管理科

副科长　谭　涛（正股级）
（3月任）

副科长　秦怀宇（副股级）
（7月任）

检查执行科

科　长　刘　婷（副科级）
（3月任）

张　凌（副科级）
（3月免）

副科长　冯　科（副股级）
（3月免）

案件审理科

科　长　华　斌（副科级）

副科长　唐　峰（副股级）
（7月任）

案源管理科（税收违法案件举报中心）

科　长　张　凌（副科级）
（3月任）

刘　婷（副科级）
（3月免）
副科长　陈　涛（副股级）
（3月任，7月免）

检查一科
科　长　王　健（副股级）
（3月任）
副科长　陈　涛（副股级）
（3月免）

检查二科
科　长　张　琦（正股级）
（3月任）
谭　涛（正股级）
（3月免）
副科长　赵海忠（副股级）

检查三科
副科长　冯　科（副股级，主持工作）（3月任）
王　健（副股级）
（3月免）

检查四科
科　长　许　刚（正股级）
（3月任）
张　琦（正股级）
（3月免）
副科长　陆佳峰（副股级）
（赵倩倩）

【提升稽查办案中心工作效能】 按照省局对办案中心的建设要求，对现有的市稽查局、宜兴稽查局两个办案中心的相关设施及办公器材进行补充配备，对重点案件以“办案中心”为载体，制定包括办案中心的案件准入准出规则、案件日常管理制度、案件实施工作手册、案件约谈询问规则、案件汇报讨论制度、案件文书制作规则、案件审理规则、案件成果利用管理规定以及办案中心人员管理规定等配套制度和管理办法，为完善一级稽查管理提供可靠的保障。同时结合地域、现有办公条件等因素，筹备新建锡山稽查局办案中心，为专业化、现代化稽查提供新的主阵地。

（谭　涛、赵倩倩）

【完善稽查信息化系统】 以完善稽查信息化应用系统功能、夯实数据中间仓库、扩展“互联网+”手段为基本思路，坚持规范与创新相结合、坚持技术与制度相结合、坚持统筹与分步相结合的基本原则，建成覆盖计划、选案、检查、审理、执行、查询、分析等稽查业务处理全过程，具备监控管理、绩效管理、内部控制、统计分析、情报共享、成果应用等功能的税务稽查信息化体系，实现流程化、规范化、痕迹化、高效化和智能化的信息化管理机制，为稽查实务提供了有力支撑。

（谭　涛、赵倩倩）

【召开市国地税稽查业务协作会议】 12月份，牵头与市国税稽查局召开稽查业务协作会议。会上，国、地税稽查局就强化稽查选案沟通、重大案件违法信息互通、协同开展案件协查、举报管理协作、加大对税收违法行为的后续惩治力度、强化与公安联合办案和案件及线索移送的管理等重点工作进行了深入的交流，并就具体问题达成共识，形成具体操作办法。双方商定，将进一步完善无锡市国、地税稽查协作机制，实现制度化、常态化管理，推进国、地税稽查执法的有机协作、深度融合，实现合作共赢，提升执法成效。

（秦怀宇　赵倩倩）

【开展“读书月·悦读”活动】 5月份，各党支部召开读书月活动动员大会，全体干部职工积极踊跃参与读书月各项活动，畅谈读书感想和心得，把读书学习作为提升能力、提升修养、提升服务的重要途径。并做到“四个一”，即推荐一本好书、撰写一篇读书心得、举办一次读书征文、开展一场演讲比赛，引导干部职工在读书过程中开阔眼界、拓展思维，积极营造浓厚的书香地税氛围。

（赵倩倩）

【开展“三严三实转作风，坚定信念扬红帆”活动】 党员干部积极参与市局组织开展的“三严三实转作风，坚定信念扬红帆”活动，党员干部在下户工作时发放税法宣传资料、讲授税收政策法规并围绕小微企业、个人所得税、房产税等社会关注度高的税收政策，深入了解实情，倾听企业诉求，收集意见建议，为企业提供现场服务，帮助企业解决涉税实际难题。不断深化党员志愿服务活动内容，积极引导在职党员干部主动到企业“亮身份、树形象、作表率”，认真倾听企业的意见和建议，努力了解企业生产经营过程中的难处以及一些困难企业的迫切需求，使广大党员主动融入企业、关心企业，带头践行群众路线，带头改进工作作风，进一步提升党员的党性修养和大局意识。

（赵倩倩）

【获评全市地税系统"依法行政示范单位"】 积极开展"法治税务示范基地"建设，深入推进依法治税工作，增强稽查服务税收中心工作的能力，强化稽查柔性服务，抓好预告自查工作，开展各种类型的防范税收风险专题讲座，采取集中约谈、个别辅导、及时提醒等方式方法，帮助企业查找风险点。坚持文明执法，落实各环节的规范化操作和执行，深入运用专业化案件集中管理，强化执法"痕迹工程"，将"执法加服务等于税收遵从"的管理理念应用于稽查实践。随着工作的推进，各职干部依法行政意识、素养、水平得到显著提升，执法风险防控能力日趋增强，依法治税水平持续提高，被评为全市地税系统"依法行政示范单位"。

（赵倩倩）

无锡地税系统2015年度荣誉榜

集 体

一、无锡地税系统获得荣誉

全国文明单位

网站建设工作总局发文表彰

第八次全国国际税收优秀科研成果评选二等奖

江苏省第四批优质服务品牌

江苏省按比例安排残疾人就业工作先进单位

全省地税系统“2014年工作先进单位”

2014年度全省地税系统政务信息工作先进单位

2014年度全省地税系统税收宣传工作先进单位

2014年度全省地税系统优秀税收科调研成果一等奖

2014年度全省地税系统优秀税收科调研成果二等奖

2014年度江苏省国际税收研究会优秀研究成果三等奖

全省地税系统综合型趣味运动会团体二等奖

2014年度全省地税系统国际税收优秀案例

2014年度市级机关部门（单位）绩效管理和作风建设综合考评二十佳单位

2014年度无锡市“规范执法示范单位”

2014年法治无锡建设实事项目优质项目奖

2014年度无锡市“五四红旗”团委

无锡市市级机关“地税杯”射击比赛团体第二名

第七届市级机关工作人员办公技能大赛团体一等奖

2014年度信用信息报送先进单位

无锡市第三次全国经济普查先进集体

二、全国五四红旗团支部

锡山地方税务局

三、全国巾帼文明岗

惠山地方税务局

四、2013-2014年度全国青年文明号

宜兴地方税务局第二税务分局

五、2015年全国工会职工书屋示范点

宜兴地方税务局

六、全国模范职工小家

江阴地方税务局第一税务分局

七、第十一届全国法治漫画动漫微电影作品征集活动动画类三等奖

惠山地方税务局（吉娃娃和有奖发票）

八、第十一届全国法治漫画动漫微电影作品征集活动动画类优秀奖

江阴地方税务局（禹贡的故事）

九、全国检察机关首届预防职务犯罪专题微电影评比活动优秀奖

惠山地方税务局

十、省级廉政文化示范点

江阴地方税务局

十一、江苏省扶残助残先进集体

江阴地方税务局

十二、江苏省按比例安排残疾人就业工作先进单位

锡山地方税务局

十三、江苏省“学雷锋”志愿服务活动示范点

惠山地方税务局

十四、江苏省巾帼建功先进集体

第一税务分局

宜兴地方税务局第一税务分局

第三税务分局综合管理科

十五、江苏省“工人先锋号”

江阴地方税务局第一税务分局

锡山地方税务局第一税务分局

第一税务分局办税服务科

十六、全省廉政微电影微视频评选三等奖

惠山地方税务局

十七、省局法治税务示范基地

宜兴地方税务局

第三税务分局

十八、省局依法行政示范单位

惠山地方税务局

稽查局

十九、2014年度省局信息化建设工作先进单位

数据管理处

二十、2014年度纳税服务工作表现突出单位

第一税务分局

二十一、2015年度全省地税系统稽查案例分析优秀案例

稽查局

二十二、2014年省局税收调查综合先进单位

规划财务处

二十三、全省地税系统“纪念中国人民抗日战争暨世界反法西斯战争胜利70周年合唱比赛”三等奖

宜兴地方税务局

二十四、2012—2014年度市级机关退管工作先进集体

无锡市地税局退管会

二十五、2012—2014年度市级机关先进退休职工之家

无锡市地税局退休职工之家

二十六、全市离退休干部先进集体

无锡市地税局退管会

二十七、2014年度无锡市规范执法示范点

宜兴地方税务局

锡山地方税务局

第一税务分局

第五税务分局

二十八、2015年度无锡市市级机关“执法为民先进单位”

稽查局

二十九、2012-2014年度无锡市“五四红旗”团支部

第一税务分局

三十、2014年度无锡市党政信息工作先进单位特等奖

办公室

三十一、无锡市廉政微电影评选

一等奖：惠山地方税务局

三等奖：宜兴地方税务局

三十二、无锡市政务服务工作先进单位

地税局驻市政务服务中心窗口

三十三、2014年度无锡市十大最佳志愿服务组织

第一税务分局（爱@接力志愿服务队）

三十四、2014年度无锡市最佳志愿服务组织

锡山地方税务局（361° 渗透服务组织）

三十五、2014年度无锡市百个最佳志愿服务项目

惠山地方税务局（“雏鹰圆梦”工程志愿服务项目）

三十六、无锡女性公益“苔花奖”最美公益团队

惠山地方税务局

三十七、全市青年就业创业工作先进集体

第四税务分局

三十八、社会主义核心价值观微故事征文活动

一等奖：“俞红霞：一位‘中国好人’的美丽税月”（惠山地方税务局）

三等奖：“侯志文：爱洒黄土高坡”（宜兴地方税务局）

个　人

总局税务行业标准化建设工作先进个人

蒋震宇、胡江波

二、受到总局稽查局通报表扬

张迪秋

三、2015年度国家税务总局纳税服务工作表现突出个人

路　平、蒋　虹

四、第八次全国国际税收优秀科研成果评选一等奖

吴志峰

五、第八次全国国际税收优秀科研成果评选三等奖

丁　源、李　青

六、第八次全国国际税收优秀科研成果评选三等奖

龚　韵、邱晓琛、谢　菲、沈　奕

七、第八次全国国际税收优秀科研成果评选三等奖

张海波、孙　柯

八、江苏省政府办公厅信息工作先进个人

汪泽峰

九、江苏省青年岗位能手

胡恩飞、荣宁升

十、2015年度江苏省扶持残疾人就业先进个人

严　郓、薛　枫、华维真

十一、2015年度按比例安排残疾人就业工作先进个人

吴晓红、章秋明

十二、江苏省第十届集邮展览镀金奖

董朝阳

十三、2014年度省局信息化建设先进个人

李　俊、胡江波

十四、2015年度省局大企业税收风险管理工作先进个人

顾建碧、陈　静、余　玮、马伟红

十五、2014年度全省地税系统政务信息工作先进个人

朱　凯、濮志晔

十六、2014年度全省地税系统宣传工作先进个人

于佳蔚、单　芸

十七、2014年度省局纳税服务工作表现突出个人

蒋　虹

十八、2014年省局税收调查工作先进个人

赵锡珍

十九、积极参与省局稽查工作受表扬同志

张迪秋、殷敏杰、张　凌、吴晓林

二十、2014年度省局稽查局重点税源企业稽查先进个人

董　敏、王军峰、葛　李、陈雪琴、唐丽娟

二十一、2014年度省局稽查局重点税源企业稽查优秀检查组

蒋国芳、秦　泰、王有满

二十二、全省地税系统综合型趣味运动会竞技项目男子跳远第三名

陈　斌

二十三、2013-2014年度江苏省国际税收研究会先进工作者

徐学良、徐舜尧、孙　柯

二十四、全省地税系统首届“逐梦杯”税收好新闻摄影比赛三等奖

秦　峰、孙　柯

二十五、全省地税系统首届“逐梦杯”税收好新闻摄影比赛优秀奖

濮志晔

二十六、2014年度《江苏地税》优秀稿件

陈　静、苏　慧、盛梦丹

二十七、2012-2014 年度无锡市劳动模范

李　青、周伟根、宗建东

二十八、全国文明城市创建表现突出个人

何　杰

二十九、无锡市五一劳动奖章

毛南媛

三十、无锡市五一创新能手

娄从杰、何　翔、徐　玺

三十一、2015年“无锡好人”

朱明玥

三十二、2014年度无锡市最美志愿者

胡艳峰

三十三、2014年度无锡市行政执法办案能手

曹　煜、吴　晶

三十四、2012—2014年度市级机关关心老年工作好领导

胡建光

三十五、2012—2014年度市级机关关心下一代先进工作者

华元根

三十六、2012—2014年度市级机关优秀退管工作片片长

王锦志

三十七、2012—2014年度市级机关先进退管工作者

唐未央

三十八、民革全省优秀党员

陈娅君

三十九、民革无锡市委员会表彰“优秀博爱志愿者”

华支敏

四十、2014年度无锡市优秀共青团员

曹冰倩、周文磊

四十一、2015年度无锡市“青春榜样”

邹莉敏、石　赟、王晓艳、濮志晔、王　欣、陈　欢、张哲骁

四十二、2012-2014年度无锡市市级机关优秀共青团干部

陈　宁

四十三、2012-2014年度无锡市市级机关优秀共青团员

刘　杰、陈　欢、孙　庄、濮志晔、崔　彤

四十四、2014年度无锡市政府网站管理工作先进个人

何瑛瑛

四十五、无锡市政务服务工作先进个人

任　未、宗　丹、王黎佳、刘　昕、吴晗冰

四十六、2013年度无锡市纪检监察信息工作先进个人

薛　聪

四十七、全市青年就业创业工作先进个人

邵届化

四十八、无锡市第三次全国经济普查先进个人

沈治国

四十九、2015年度无锡市最美“三创三先”之星

张云龙

五十、第七届市级机关工作人员办公技能大赛

一等奖：周　森

二等奖：马戎真

三等奖：赵晓龙、钱 洪

五十一、无锡市最美家庭

张新华、王筱姝

五十二、2012年至2014年度全市内部审计工作优秀个人

谭献华

五十三、全市办公室系统主题征文活动三等奖

谢　菲

五十四、无锡市市级机关“最美读书声”二等奖

姚　臻

五十五、无锡市市级机关“地税杯”射击比赛领导干部个人赛

第四名：严　郓

五十六、无锡市市级机关“地税杯”射击比赛男子个人赛

第六名：薛新华

第九名：邹一波